독일의 종교와 철학의 역사에 대하여

Zur Geschichte der Religion und Philosophie in Deutschland
by Heinrich Heine

All rights reserved by the proprietor throughout the world in the case of brief quotations embodied in critical article or reviews.

Korean Translation Copyright ⓒ 2017 by Hoewhanamoo Publishing Co., Seoul
Copyright ⓒ 1997, 2013 by Philipp Reclam jun. GmbH & Co. KG, Stuttgart.

This Korean edition is published by arrangement with Philipp Reclam jun. Verlag GmbH, Stuttgart through Bestun Korea Literary Agency Co, Seoul.

이 책의 한국어판 저작권은 베스툰 코리아 출판 에이전시를 통한 저작권사와의 독점 계약으로 도서출판 회화나무에 있습니다. 저작권법에 의하여 한국 내에서 보호를 받는 저작물이므로 무단전재 및 무단복제를 금합니다.

하인리히 하이네 \ 태경섭 옮김

독일의 종교와 철학의 역사에 대하여

회화나무

독일의 종교와 철학의 역사에 대하여

지은이 하인리히 하이네
옮긴이 태경섭
펴낸이 강지영
디자인 이은혜
펴낸곳 (주)회화나무

출판신고번호 제2016-000248호   **신고일자** 2016년 8월 24일
주소 04072 서울시 마포구 합정동 독막로 8길 16 302호
전화 02-334-9266   **팩스** 02-2179-8442   **이메일** hoewhanamoo@gmail.com

1판 1쇄 인쇄 2019년 5월 10일
1판 1쇄 발행 2019년 5월 17일

ISBN 979-11-960556-3-9 03850

책값은 뒤표지에 있습니다.
잘못 만들어진 책은 구입하신 서점에서 교환해드립니다.

이 도서의 국립중앙도서관 출판도서목록(CIP)은 서지정보유통지원시스템 홈페이지
(http://seoji.nl.go.kr)와 국가자료종합목록시스템(http://www.nl.go.kr/kolisnet)에서
이용하실 수 있습니다.(CIP제어번호 : CIP2019012891)

목차

1판 서문	7
2판 서문	9
I	23
II	91
III	161
최초의 시작	247
다양한 역사 이해	254
옮긴이 후기	263
한국어판 편집자 해제	267
독일어판 편집자 해제	309
하인리히 하이네 연보	346
찾아보기	352

일러두기

1. 이 책에 실린 세 편의 글은 뒤셀도르프 하이네 판본(Düsseldorf Heine Ausgabe(DHA), 1973~1997)을 원본으로 한 독일 레클람 출판사의 *Zur Geschichte der Religion und Philosophie in Deutschland*(Jürgen Ferner, Reclams Universal-Bibliothek, 1997)를 저본으로 영문판 *On the History of Religion and Philosophy in Germany and Other Writings*(Terry Pinkard, Cambridge University Press, 2007)를 참조하여 우리말로 옮긴 것이다.
2. 외국어의 우리말 표기는 국립국어원의 외래어 표기법에 따랐다.
3. 본문에 나오는 주요 인물과 저작의 원어는 원서에 따라 병기하되, 국내에서 단행본으로 출간된 저작의 원어는 병기하지 않았다.
4. 옮긴이가 독자의 이해를 돕기 위해 삽입한 문구와 각주에는 '옮긴이'를 달았다.
5. 독일어판 편집자 각주와 한국어판 편집자 각주를 구분하기 위해 한국어판 편집자 각주는 ❸으로 표시했다.
6. 원서의 이탤릭체는 고딕체로 표기했다.
7. 원서의 〈 〉는 글자 위에 ‥ 을 표시했다.
8. 단행본과 잡지는 『 』로 표시하고, 논문 등은 「 」로 표시했다.

1판 서문

이 책자는 원래 프랑스 잡지 『르뷔 데 되 몽드Revue des deux mondes』[1]에 기고한 글이며, 특정한 시대적 목적을 가지고 작성된 글이라는 섬을 특히 독일 독자들이 알아두셨으면 한다. 이 책은 독일의 정신사를 조망하는 글이며, 일부분은 예전에 프랑스 독자들에게 발표한 적이 있고, 또한 독일어로는 「독일 근대 문학의 역사에 대하여Zur Geschichte der neueren schönen Literatur in Deutschland」라는 기고문으로 발표되었다.[2] 정기 간행물이 주는 여러 가지 압박과 출판사

---

1   1834년 이 잡지에 「루터 이후의 독일에 대하여De l'Allemagne depuis Luther」(Première Partie: März, Deuxième Partie: November; Troisième Partie: Dezember, 1834)란 제목의 시리즈로 이 책이 실렸다. 번역은 피에르 알렉상드르 스페쉬Pierre Alexandre Specht(1798~1874)가 맡았다.

2   하이네는 여기서 1833년 잡지 『뢰로프 리테레르L'Europe littéraire』에 발표된 연재물 「독

의 재정적인 어려움, 연구 자료의 부족, 부족한 프랑스어, 오직 나에게만 적용된 최근 독일에서 공포된 해외 인쇄물에 대한 법령[3] 등과 같은 여러 가지 어려움으로 인해 독일 정신사의 많은 부분들을 연대기적으로 배열하고 하나의 통일된 제목으로 묶어서 출간하는 일이 여의치 않았다. 지금 출간되는 이 책은 내적 통일성과 외적 완결성을 갖추긴 했지만 애초에 목표로 했던 좀 더 커다란 전체[4]의 단편일 수밖에 없다.

    내 조국의 안녕을 빌며, 1834년 12월 파리에서 쓰다.

하인리히 하이네

일 문학의 현재 모습Etat actuel de la littérature en Allemagne」을 염두에 두고 있다. 「독일 근대 문학의 역사에 대하여」라는 제목의 독일어본은 같은 해에 발표되었다. 이 책은 하이네가 이후에 개작한 문학사 『낭만파』의 기초가 되었다.

3   칼스바트 결의(1819년 9월 20일) 이후 전지 20장 이하의 인쇄물에 대한 검열 결정은 1832년 6월 5일 연방의회에 의해 해외에서 출간된 책에 대해서도 책이 독일로 유입되는 한에서 효력을 갖게 되었다. (칼스바트 결의는 독일 연방의회가 자유주의자들과 학생운동을 탄압하기 위해 출판 검열과 대학에 대한 감시 등을 강화한 법안이다. 역)

4   1835년 하이네는 자신의 문학-철학사적 논문들을 합쳐서 『독일론De l'Allemagne』이라는 제목으로 출간했다.

2판 서문

이 책의 초판이 인쇄되고 책을 받아 펼쳤을 때,[1] 나는 도처에 눈에 띄는 삭제된 부분을 보고 깜짝 놀랐다. 형용사가 빠져 있고 삽입문이 누락되고, 맥락을 고려치 않고 한 부분을 통째로 빼서 의미는 물론 때로는 어떤 주장인지조차 모르게 만들어버렸다. 이렇게 책을 불구로 만들어버린 것은[2] 신에 대한 외경심이 아니라 카이사르에 대한 공포심이었다. 독재자에 대한 공포심은 정치적으로 의심스러운 모든 문장을 철저하게 삭제하였고, 반면 종교와 관련해서는 가장 의

---

1 『살롱』 제2권을 가리킨다. 1835년 초 호프만과 캄페 출판사Hoffmann und Campe Verlag에서 간행된 이 잡지는 철학적인 글도 싣고 있었다. 초판의 일부는 1834년에, 나머지 부분은 1835년에 발표되었다.
2 검열관이 이전 판본에서 15개의 문장을 삭제했다.

심스러운 문장조차도 삭제하지 않았다. 그렇게 해서 애초에 애국적이고 민주적이었던 이 책의 본래 성격은 사라지고, 완전히 낯선 정신이 무시무시하게 나를 마주보고 있었다. 그것은 스콜라주의 신학적 논쟁들을 상기시키는 것이었으며, 인간주의적이고 관용적인 나의 본성에는 매우 역겨운 것이었다.

처음에 나는 삭제된 부분들은 2판을 찍을 때 다시 복원할 수 있으리라는 기대를 가지고 있었다.[3] 하지만 지금 복원은 불가능하게 되었다. 함부르크의 대화재로 인해 출판인의 집에 있던 내 원고가 소각되었기 때문이다. 기억의 힘에 의존하기에는 기억력이 너무 약했고, 책을 꼼꼼하게 톺아보는 일은 내 눈 상태가 허락지 않았다. 나는 독일어판보다 먼저 출간된 프랑스어판에서 상당량의 삭제 부분 중 일부분만을 번역해서 끼워 넣는 것으로 만족할 수밖에 없었다. 수많은 프랑스 잡지 속에 인쇄되어 논의되었고, 또한 작년 프랑스 하원의 위대한 정치가 중 한 사람인 몰레Louis-Mathieu Molé[4] 백작이 논평하기도 했던 초판의 삭제 부분 중 한 부분은[5] 이 새로운 판본의 끝에 수록되어 독일에 대한 멸시와 비난에 관한 진실을 보여줄 것이

---

3 하이네는 마침내 1852년 여름에 호프만 캄페 출판사에서 간행된 『살롱』 2권의 두 번째 판을 위해 검열된 부분을 다시 수정하려 했지만, 그것은 불가능한 일이었다. 왜냐하면 초판의 수고를 분실했기 때문이었다. 초판의 수고는 하이네가 생각한 것과는 달리 함부르크의 대화재에 의해 소실된 것이 아니었다. 결국 하이네는 7군데를 수정하는 데 그쳤다.

4 루이스 마티유 몰레(1781~1885). 프랑스의 정치가.

5 검열관에 의해 완전히 삭제된 결말 부분("이러한 불평들을 진지하게 논박할 정도로 우린 어리석지 않다"부터 마지막까지)을 가리킨다. (이 책에서는 238쪽부터.)

다. 진지한 독자들께서 단호히 말하듯, 해외에서의 독일에 대한 멸시와 비난에 관해 나는 책임을 져야 한다. 내가 이 책에서 낡고 관료적인 독일에 대해서, 구태의연한 속물국가이면서도 단 한 명의 골리앗도, 단 한 명의 위대한 인물도 배출하지 못한 이 나라에 대해 불만에 가득 찬 목소리를 토해낼 때 그것을 마치 실제의 독일을 말하는 듯이, 다시 말해서 위대하면서도 비밀에 가득 차 있고, 독일 민족과 잠자는 군주—그 왕관은 꼬리 긴 원숭이가 쓰고 있지만—가 있는, 소위 익명의 독일에 대해 말하는 것처럼 표현하고 있다는 것을 독자들은 잘 알고 있다. 현명한 독자들은 내가 참된 생각을 표현하는 것이 오랜 기간 동안 정말 불가능했다는 점 때문에 이러한 비유적 표현을 오히려 쉽게 이해했다. 특히 현재 독일연방의회는 '청년독일파'[6]에 대해 집필 금지 명령을 내렸고,[7] 그것은 특히 나를 표적으로 삼아 언론·출판 탄압의 역사에서 전대미문의 예외적인 억압 상태로 나를 몰아넣었다. 얼마 후에 이 정도 표현의 자유가 가능해졌지만 사상의 자유는 여전히 금지 상태였다.

  이 책은 불완전한 단편적인 글이며 그렇게 남아 있어야 할 책이다. 솔직히 말해서 나로서는 이 책이 출간되지 않는 편이 좋았을 것

---

6   1830년 프랑스의 7월 혁명에 자극을 받아 예술 지상주의를 표방하는 고전주의와 낭만주의에 대항해 문학의 정치 참여를 주장한 자유주의 성향의 젊은 문인들의 모임. 하이네와 루트비히 뵈르네Ludwig Börne가 주도적 역할을 했다. 옮긴이

7   프랑크푸르트에 있는 독일연방의회는 1835년 12월 '청년독일파'의 저술 활동을 금지했다.

이다. 출간되고 나서 몇 가지 사안, 특히 신에 관한 문제에 대해서 내 생각은 심각하게 바뀌었고, 몇 가지 주장들은 좀 더 나아진 지금의 생각과 배치된다. 하지만 화살은 활을 떠난 순간 더 이상 사수의 것이 아니고, 말은 입술을 떠나자마자, 심지어 인쇄기로 복제되는 순간 말하는 사람의 것이 아니다. 게다가 내가 이 책을 출간하지 않고 나의 전집에서 뺀다면, 다른 권한을 가진 자가 강력하게 이의를 제기할 것이다. 물론 몇몇 작가들이 그랬던 것처럼 표현을 완화하고 문장을 치장해서 도피처를 마련할 수도 있겠지만, 이중적인 표현이나 위선적이고 얄팍한 치장은 내 성미에 맞지 않는 일이다. 정직한 사람에게는 어떤 상황에서든 자신의 오류를 공개적으로 고백할 수 있는 양도할 수 없는 권한이 있기에, 나는 여기서 그 권한을 부끄러움 없이 사용하고자 한다. 그러므로 나는 이 책에서 특히 신이라는 커다란 문제에 관련된 모든 서술이 그릇되고 사려 깊지 못했다는 것을 솔직하게 고백한다. 또한 이신론은 논리적으로 허망하며[8] 단지 현상세계에서만 근근이 목숨을 부지하는 이론이라고 말하는 학파에 동조한 주장도 마찬가지로 잘못됐고 사려 깊지 못했다. 그렇다. 이성 비판이 안셀무스 Anselm von Canterbury[9] 이래로 우리가 잘 알고 있는 신의 존재에 대한 증거들을 말살하고 신의 현존에 종언을 고했다는 것도 사실이 아니다. 이신론은 살아 있고, 너무도 생생하게

---

8 특히 이 책의 3장 시작 부분에 나오는 칸트에 관한 논의를 참조할 것.

9 캔터베리의 안셀무스 또는 안셀름(1033~1109). 이탈리아의 기독교 신학자이자 철학자로 신의 존재를 존재론적으로 논증한 『모놀로기온』의 저자이다. 편

살아 있다. 이신론은 죽지 않았다. 최근의 독일 철학은 이신론을 죽일 수 없었다. 거미줄 같은 베를린의 변증법[10]은 개도, 고양이도 죽일 수 없었다. 하물며 신을 어떻게 죽일 수 있겠는가! 나는 변증법의 살해 행위가 얼마나 미약한 것인가를 스스로 시험해보았다. 변증법은 항상 죽이지만, 사람들은 여전히 살아 있다. 헤겔학파의 문지기라 할 수 있는 저 냉혹한 철학자 루게Arnold Ruge[11]는 이전에 『할레 연감Hallischen Jahrbücher』에서 자신의 문지기용 몽둥이로 나를 완전히 때려눕혔다고 주장했지만, 같은 시간에 나는 파리의 가로수 길을 이전보다 더 생생하고 건강한 모습으로 걷고 있었다. 불쌍하고 용감한 루게! 내가 후에 이곳 파리에서 그 무시무시한 살해 책자—『할레 연감』—를 보지 않았다고 그에게 말했을 때, 그의 얼굴에는 조금의 웃음기도 머무를 수 없었다. 내 홍조 띤 뺨과 굴을 먹을 때의 왕성한 식욕은 그가 거명했던 시체의 이름과는 전혀 어울리지 않는

10 헤겔 철학을 뜻함.

11 아르놀트 루게(1803~1880). 루게는 그의 논문 「하인리히 하이네—그의 글에서 나타나는 Heinrich Heine, charakterisiert nach seinen Schriften」에서 하이네를 날카롭게 비판했다. 이 논문은 청년헤겔파의 핵심적인 출판 기구인 『독일 학문과 예술을 위한 할레 연감Hallischen Jahrbücher für deutsche Wissenschaft und Kunst』 25~29호(1838)에 실렸다. 거기서 루게는 도입부에 학자의 '강직함'에 대해 말하면서, 이러한 강직함이 학자들을 향한 시적 재능을 지닌 천재들의 비난이 아무 탈 없이 통과되고, 소위 저 "천재적 야생염소가 […] 안전하고 뻔뻔스럽게 되는" 것을 막는다고 말했다. 그다음에는 다음과 같은 구절이 나온다. "하이네보다 더 나쁜 인간은 없다. 누군가 그를, 이 뻔뻔스러운 염소를 정말 때려눕힐 수 있다면, 그는 최소한 궁정의 추밀고문관 자리에 앉을 것이다." 루게는 나중에 하이네에 대한 입장을 수정했다. 그가 1843년 파리에 왔을 때, 그는 『독불 연보Deutsch-Französischen Jahrbücher』의 공동 발행인으로서 계속해서 하이네와 함께 일했다.

다는 것을 증명했다. 사실 그 당시에 나는 건강하고 살이 붙어서, 가장 살찐 상태의 나는 몰락 직전의 네부카드네자르Nebuchadnezzar¹² 왕처럼 기고만장해 있었다.

아아! 몇 해가 지나자 육체적·정신적 변화가 일어났다. 그때부터 나는 이 바빌로니아 왕의 이야기를 자주 상기했다. 그는 스스로를 천상의 신으로 생각했지만 오만의 정점에서 처량하게 추락해 짐승처럼 땅을 기어다니며 풀을—아마도 채소였을 가능성이 높지만—뜯어 먹었던 왕이었다. 이 이야기는 훌륭하고 위대한 책「다니엘서」에 실려 있다. 나는 이 신앙심 없는 자기 숭배자의 이야기를 선량한 루게와 조금은 완고한 친구 마르크스Karl Marx¹³ 그리고 포이어바흐Ludwig Feuerbach, 다우머Georg Friedrich Daumer, 바우어Bruno Bauer, 헹스텐베르크Ernst W. Hengstenberg¹⁴ 등 이러한 부류의 여러 사람들

---

12 『구약성경』「다니엘서」4장 참조. (신바빌로니아 제국의 군주로『성경』에는 느부갓네살이라는 이름으로 나온다. 기원전 587년 예루살렘을 파괴하고 유대인을 바빌로니아에 유폐한 것—바빌론 유수—으로 잘 알려져 있다. 🔖)

13 카를 마르크스(1818~1883). 마르크스는 1843년부터 1845년까지 파리에 체류하면서 루게와 함께『독불 연보』를 편집하고 하이네와 교류를 했다.

14 루트비히 포이어바흐(1804~1872)는 헤겔 철학에 기반을 두면서 유물론 철학을 구상했다. 그는 주저『기독교의 본질』(1841)에서 기독교를 인류학으로 이동시키고자 하였다. "신에 대한 인간의 앎은 인간의 자기 자신에 대한 앎이다." 종교철학자인 게오르크 프리드리히 다우머(1800~1875)는『삶의 종교Religion des Lebens』란 책으로 기독교에 등을 돌렸지만, 1858년 가톨릭 신자가 되었다. 브루노 바우어(1809~1882)는 처음에는 신학 강사였다. 하지만 날카로운 성경 비판으로 본 대학의 강사 자리를 잃게 되었고, 가장 급진적인 기독교 비판자의 한 사람이 되었다. 하이네는 지금까지 언급된 좌파 헤겔주의자들에 아이러니컬하게도 정통 루터주의자인 헹스텐베르크를 덧붙였다. 에른스트 빌헬름 헹스텐베르크(1802~1869)는『복음 교회 신문Evangelischen Kirchen-Zeitung』의 편집인이었다.

에게 읽어보라고 권했었다. 『성경』에는 이들의 주목을 끌 만한 더 아름답고 기이한 이야기들이 많이 있다. 그중 바로 시작 부분에 에덴 동산의 금단의 나무와 뱀에 관한 이야기가 나온다. 뱀은 헤겔Georg Wilhelm Friedrich Hegel이 태어나기 6000년 전에 이미 완전한 헤겔 철학[15]을 강의한 몸집이 작은 여강사였다. 이 교양이 넘치는 발 없는 숙녀는 절대적인 것이 어떻게 존재와 앎의 동일성에 있는지, 인간이 인식을 통해 어떻게 신에 이르고, 같은 말이지만 인간 속에 있는 신이 어떻게 자기 자신을 의식하게 되는지를 매우 예리하게 보여주었다—이 문제에 대해 "인식의 열매를 맛보라, 그러면 너는 신처럼 될 것이다"라는 태초의 말보다 더 명확한 표현은 없다. 이브는 하느님의 말씀 가운데 "과실을 먹어서는 안 된다"라는 단 하나만을 이해했다. 그리고 금지되었기 때문에 그녀는 그것을 먹었다. 멋진 여자다. 하지만 그 유혹의 사과를 먹자마자 그녀는 순진무구함을 잃었고 소박한 직접성을 상실했다. 이브는 미래의 수많은 황제와 왕의 시조가 될 위치에 있는 자신이 벌거벗고 있음을 부끄럽게 생각하고 옷을 요구했다. 물론 그것은 무화과 잎으로 된 옷이었을 것이

---

15 헤겔은 원죄 설화를 선악의 변증법으로 가져와 자신의 체계에 연결시켰다. "이 이야기의 핵심은, 인간은 자연적 인간이어서는 안 된다는 것이다. 즉, 이 이야기 속에는 참된 신학이 말하는, 인간은 자연적으로 악하다는 것이 담겨 있다. 다시 말해서, 악은 자연성에 존재하는 것이고, 인간은 자유로써, 그의 의지로써 빠져나와야 한다는 것이다. 더 나아가서 정신은 다시금 자기 자신 속에 있는 절대적 통일에, 즉 화해에 이르며, 자유는 바로 정신의 이러한 자기 자신으로의 회귀, 자기 자신과의 화해를 내포하는 것이다.(헤겔,『종교철학 강의Vorlesung über die Philosophie der Religion』Bd. 1, hrsg. von Georg Lasson, Hamburg 1925, Nachdr. 1974, S. 88)

다. 그 당시에 리옹의 실크 제조업자가 있었을 리 없고, 에덴동산에 패션디자이너나 옷가게가 있을 리 만무하기 때문이다―이것이 천국이 아니겠는가! 놀라운 점은 여자가 사유하는 자기의식을 가지게 되었을 때, 여자가 처음으로 사고한 것이 새로운 옷이라는 점이다! 이 성서의 이야기, 특히 뱀의 말은 내 뇌리를 떠나지 않는다. 그래서 나는 뱀의 말을 모토로 다음과 같은 방식으로 이 책을 시작하고 싶다. 종종 우리는 잘 단장된 정원 앞에서 다음의 문구가 적힌 경고판과 마주한다. '여기에 야생동물 덫과 자동발사장치가 설치되어 있습니다.'

이미 최근의 책 『로만체로』[16]에서 나는 신의 문제와 관련하여 내 사유의 변화를 피력했다. 책이 나온 후 기독교인들은 어떻게 위대한 계시가 나에게 일어났는지 귀찮을 정도로 물었다. 독실한 신자들은 내가 일종의 기적을 말해주길 바랐다. 그들은 내가 사울처럼 다마스쿠스로 가는 길에 눈부신 빛을 보았는지[17], 브올Peor의 아들 발람Balaam처럼 갑자기 입을 열고 사람처럼 말하는 고집 센 당나귀를 탔는지[18] 정말 알고 싶어 했다. 기독교 신자들이여, 정말 그런 일은 없었다. 나는 다마스쿠스에 가본 적도 없고, 옛날 그곳에서 유대인들이

---

16   이는 『로만체로』의 후기後記와 관련이 있다.

17   「사도행전」 9장 참조. (기독교를 박해했던 사울―개종 후에 바오로로 개명―은 다마스쿠스로 가는 길에 빛을 보고 기독교로 개종했다. 옮)

18   「민수기」 22장 참조. (발람이라는 선지자를 태우고 가던 나귀가 하느님에 의해 말을 하게 되고 주인을 깨달음으로 인도했다는 이야기로, 체코의 종교 개혁가 후스의 대표적 설교이기도 하다. 옮)

늙은 카푸친Capuchin 수도사를 살해해 잡아먹었다는 이유로 박해를 받았다는 사실 외에는 다마스쿠스에 대해 전혀 아는 것이 없다.[19] 내가 『구약성경』의 「아가서」를 읽지 않았다면, 다마스쿠스라는 도시 이름도 전혀 몰랐을 것이다. 「아가서」에는 솔로몬 왕이 자기 연인의 코를 다마스쿠스를 바라보고 있는 탑에 비유한 바 있다.[20] 또한 나는 사람처럼 말하는 네발 달린 당나귀는 전혀 본 적이 없다. 하지만 입을 열 때마다 당나귀처럼 말하는 사람들은 충분히 보았다. 정말로 어떠한 환영이나 황홀경 또는 천상의 목소리나 경이로운 꿈, 불가사의한 현상 같은 것이 나를 구원의 길로 이끈 것은 아니다. 나에게 계시를 준 것은 단지 한 권의 독서였다. 어떤 책일까? 그것은 오래된 단순한 책이다. 자연과 같이 겸손하고 자연스러운 책. 우리를 따뜻하게 해주는 햇볕처럼, 우리를 살찌우는 빵처럼 일상적이고 소박하게 여겨지는 책. 또한 나이 지긋한 할머니들처럼 아늑하고 선한 눈길로 우리를 바라보는 책. 할머니들 역시도 매일 코에 안경을 걸치고 사랑스러운 떨리는 입술로 그 책을 읽었을 터이다. 이 책은

---

19 1840년 다마스쿠스에서 일어난 한 카푸친회 신부의 죽음은 희생제의犧牲祭儀란 명목으로 그 책임이 유대인들에게 씌워졌다. 『루테치아』에 나오는 서술을 참조할 것. (1840년 2월에 다마스쿠스에서 카푸친 수도회 수도사와 그 하인이 실종된 사건─피의 비방─을 말한다. 당시 그 지역의 프랑스 영사였던 라띠 망통Ratti-Menton은 이 두 사람이 유월절─유대인들이 이집트에서 탈출한 사건을 기념하는 날─준비를 하면서 그들의 피가 필요했던 유대인들에게 죽음을 당한 것으로 의심된다며 경찰에 신고를 했고, 이에 몇몇 유대인들이 체포되어 고문을 당했다. 그중 한 명이 고문에 못 이겨 거짓 자백을 하였고, 경찰은 아이들의 부모를 협박해 수도사를 숨긴 곳을 자백 받으려 60명이 넘는 유대인 아이들을 잡아들였다. 옮긴이)

20 「아가서」 7장 4절.

아주 단순하게 그냥 '책' 또는 '성경'이라고 불린다. 물론 이 책은 '성서'라고도 한다. 신을 잃은 자는 이 책에서 신을 다시 찾을 수 있고, 신을 알지 못하는 자는 이 책에서 자신을 향해 불어오는 신의 말씀의 숨결을 느낄 수 있다. 값어치 있는 물건들을 잘 알고 있는 유대인들은 그들의 두 번째 신전이 불에 탈 때 금과 은으로 된 제사용 접시들, 등잔과 촛대, 심지어 거대한 보석이 박힌 대제사장의 흉갑을 버리고 『성경』만을 구해냈다. 그들은 자신이 무슨 일을 했는지 너무나 잘 알고 있었다. 『성경』은 신전의 참된 보물이었고, 다행히 악한 티투스Titus Flavius Vespasianus[21]—랍비들은 그가 참혹한 최후를 맞았다고 전한다—가 행한 화재에 의한 유실을 피했다. 두 번째 신전이 불타기 200년 전, 프톨레마이오스 2세Ptolemaeos II Philadelphus[22]의 황금기에 예루살렘에 살았던 한 유대인 사제는 「메샬림Meshalim」[23]이란 격언집에 『성경』과 관련된 그 시대의 사상들을 서술했

---

21 티투스 플라비우스 베스파시아누스(9~79). 로마의 황제. 70년에 그의 아들 티투스는 예루살렘을 점령했다. (베스파시아누스의 아들 티투스는 황제가 되기 전 예루살렘 공략 사령관으로 예루살렘을 점령하고 유대인의 반란을 평정했다. 그는 예루살렘의 성전을 파괴하고 항복하지 않은 포로들을 십자가형에 처했다. 그가 즉위한 해인 79년에는 베수비오 화산이 폭발해 폼페이 시가 멸망했고, 그다음 해인 80년에는 로마에 사흘 동안 대화재가 발생했다. 치세 2년 만에 열병으로 사망했으나 남동생에게 독살되었을 가능성이 있다는 기록도 있다. 옮)

22 프톨레마이오스 2세 필라델포스(기원전 308~246). 이집트의 왕. 그의 통치 아래 알렉산드리아는 중요한 문학적 전성기를 맞이했다.

23 시라 가문 엘아자르의 아들 예슈아Jeschua ben Eleazar ben Sira는 기원전 180년경 「집회서」를 썼다. 다음에 이어지는 하이네가 뽑은 인용문은 「집회서」 24장 23~29절이다. (「집회서」는 가톨릭에선 제2경전이라고 하지만 유대교와 개신교는 외경으로 여긴다. 하이네가 인용하고 있는 이 부분은 한국어 공동 번역 성서의 문장과 일치하지는 않는다. 옮)

다. 나는 여기에 그 아름다운 말들을 전하려 한다. 그것은 사제의 엄숙한 언어이기도 하지만 마치 바로 어제 살아 있는 인간의 가슴에서 샘 솟아나온 듯한 상쾌하고 신선한 언어이다. 그 말들은 다음과 같다.

"이 모든 것은 지고한 신과 함께 만들어진 약속의 책이다. 말하자면, 모세가 야곱의 집에 보물로 맡긴 율법이다. 이 책으로부터, 풍부하게 흐르는 비손 강처럼, 봄에 흘러나오는 티그리스 강처럼 지혜가 흘러나오고, 커다란 유프라테스 강처럼, 수확기의 요르단 강처럼 지성이 흘러나오고, 햇빛과 가을의 나일 강처럼 성장이 이루어진다. 이 책을 다 깨우친 자는 지금껏 없었고, 이 책을 충분히 이해할 자는 앞으로 없을 것이다. 이 책의 의미는 바다보다 넓고, 그 깊이는 바다보다 깊기 때문이다."

1852년 5월 파리에서 쓰다.

하인리히 하이네

I

Zur Geschichte der Religion und Philosophie in Deutschland

최근 프랑스인들은 우리 독일의 문학 작품들을 접하면서 독일을 이해하게 되었다고 생각했다. 하지만 프랑스인들은 완전한 무지에서 피상적인 앎으로 일보 진전했을 뿐이다. 왜냐하면 독일의 종교와 철학에 대해 알지 못하는 한, 독일의 문학 작품은 프랑스인들에게 말 없는 꽃이고, 독일적 사유는 알 수 없는 수수께끼일 뿐이기 때문이다.

  나로서는 독일의 종교와 철학에 대해 다소나마 설명을 하는 이 작업이 결코 쉽지 않지만 유익한 일이라 생각한다. 우선 프랑스인들이 전혀 알지 못하는 스콜라 철학의 표현을 피하는 것이 관건이다. 그렇긴 하지만 나는 프랑스 독자의 필요에 맞춰 신학과 철학의 복잡한 문제를 단순하고 산뜻하게 요약할 수 있을 정도로 깊이 있게 두 학문을 연구하지는 못했다. 때문에 나는 독일의 신학과 철학에서 논의된 중요한 문제만을 다룰 것이고, 그 사회적 중요성을 조명할 것이다. 글을 쓰는 내내 나는 나 자신의 설명 방식의 한계와 프랑스 독자들의 이해력을 고려할 것이다.

가령 독일의 위대한 철학자들이 우연히 이 책에 눈길을 던진다면, 어느 누구나 내가 이 책에서 다루고 있는 모든 사항의 빈약한 서술을 보고 어깨를 품위 있게 으쓱 올릴 것이다. 하지만 어느 정도는 매우 명료하게 표현되어 있다는 점을 위대한 철학자들께서 알아주었으면 하고 바란다. 그들 자신의 작품들은 매우 근본적이며, 헤아릴 수 없을 만큼 근본적이며, 매우 깊은 의미를, 놀라울 정도로 깊은 의미를 지니지만, 또한 이해할 수 없을 정도로 근본적이고 깊은 의미를 담고 있다. 열쇠가 없는 닫힌 곡식창고가 사람들에게 무슨 소용이 있는가? 지식을 갈구하는 대중들은 내가 성실하게 나누는 정신의 빵 한 조각에 고마워할 것이다.

나는 대부분의 독일 학자들이 종교와 철학에 대해 대중적으로 표현하지 않는 것을 그들의 재능이 부족하기 때문이라고 생각하지는 않는다. 나는 그들이 자신의 사상 앞에서 느끼는 두려움이 대중들에게 표현하는 것을 가로막고 있다고 생각한다. 나는 이런 두려움이 없다. 나는 학자가 아니고, 나 자신이 대중이기 때문이다. 나는 학자가 아니고, 나는 700명의 독일 현자에 속하지 않는다. 나는 수많은 대중들과 함께 그들 지혜의 현관문 앞에 서 있다. 그 현관문에서 어떤 철학은 빠져나가고, 또 어떤 철학은 내 앞에 다가온다. 그러면 그것으로 충분하다. 내가 나에게 다가온 철학을 예쁜 글씨로 종이에 적어 식자공에게 건네면, 식자공은 그것을 납으로 된 활자로 만들어 인쇄공에게 주고, 인쇄공이 그것을 인쇄하면, 그 철학은 온 세상의 것이 된다.

우리 독일인이 좋아하는 종교는 기독교다. 그러므로 나는 기독교가 어떤 종교인지를 설명해야 한다. 기독교가 로마-가톨릭교가 되고, 가톨릭에서 신교가 되고, 신교에서 독일 철학이 탄생하는 과정을 설명할 것이다.

이제 종교에 관한 논의를 시작하기 전에 먼저 모든 독실한 신자들의 걱정을 덜어주고 싶다. 아무 염려 마시라, 신자 여러분! 신을 모독하는 농담을 해서 여러분의 마음에 상처를 주는 일은 결코 없을 것이다. 현재 종교 권력을 중립화하는 것이 필요한 독일에서는 신성모독적 농담도 여전히 유용하다. 우리 독일인은 기독교가 구체제와 한몸이 되었던 혁명 이전의 당신들, 프랑스인들과 같은 상황에 놓여 있다. 여전히 민중들을 지배하고 있었기에 구체제는 파괴될 수 없었다. 상송Charles Henri Sanson[1]이 단두대의 칼날을 떨어뜨리기 전에 볼테르Voltaire[2]가 먼저 날카로운 웃음을 터트려야만 했다. 그러나 영향력은 있었지만, 단두대의 칼날도 볼테르의 웃음도 근본적으로

---

1   샤를 앙리 상송(1740~1607). 파리의 사형집행인.

2   본명은 프랑수아 마리 아루에Frqnçois-Marie Arouet(1694~1778)로 프랑스의 작가이자 철학자. 기계적·이신론적 세계관을 대표했다(특히 『철학사전Dictionnaire Philosophique』(1764)에 잘 나타나 있다). 이러한 세계관으로 그는 교회를 끊임없이 적극적으로 비판했다.

아무것도 증명하지 못했다. 볼테르는 기독교의 몸에 상처만 입힐 수 있었을 뿐이었다. 교회의 역사에 관한 그의 모든 농담들, 도그마와 숭배, 인류의 가장 성스러운 책인 『성경』과 문학의 가장 아름다운 꽃인 성모 마리아에 대한 그의 모든 위트들 그리고 그가 성직자 계급을 향해 당겼던 모든 철학적 화살들은 단지 기독교의 유한한 육신에 상처를 주었을 뿐, 그 내적 본질과 심원한 정신과 그 영원한 영혼에는 아무 영향도 끼치지 못했다.

왜냐하면 기독교는 하나의 이념이며, 모든 이념과 마찬가지로 파괴될 수 없는 불멸의 이념이기 때문이다. 기독교는 어떤 이념인가?

기독교의 이념이 아직까지 명확하게 파악되지 못하고 외면적인 것이 본질로 간주되는, 바로 이러한 점에서 기독교의 역사는 아직 존재하지 않는다. 상호 반대되는 양쪽에서 교회사를 서술하면서 늘 대립하고 있지만, 어느 쪽도 기독교의 이념이 본래 무엇인지 명확하게 밝히지 못할 것이다. 기독교의 핵심으로 작동하며, 그 상징과 교리와 예배 속에서, 그리고 기독교의 전 역사 속에서 현시되고 기독교 민족들의 현실 삶 속에서 드러나는 그 이념을! 가톨릭 추기경 바로니우스 Caesar Baronius[3]도, 신교파 영국 추밀원의 슈뢰크 Johann Matthias Schröckh[4]도 기독교가 본래 어떤 이념인지 우리에게 드러내 보이지 못했다. 당신이 만시 Giovanni Domenico Mansi가 쓴 『세계교구회

---

[3] 체사레 바로니우스(1538~1607). 가톨릭 교회사가. 1596년부터 추기경을 지냈고, 『교회연보 Annales ecclesiastici a Christo nato ad annum』(1198)를 출간했다.

[4] 요한 마티아스 슈뢰크(1733~1808). 프로테스탄트 교회사가.

의 『Sacrorum conciliorum nova et amplissima collectio』[5], 아세마니Josephus Aloysius Assemani의 『의례모음집Codex liturgicus ecclesiae universalis』[6] 그리고 사카렐리Gaspare Saccarelli가 쓴 『교회사Historia ecclesiastica per annos digesta』[7]를 모두 읽는다 하더라도, 당신은 기독교의 이념이 무엇인지 여전히 알 수 없을 것이다. 당신은 동양과 서양의 교회사에서 무엇을 보는가? 동양의 교회사에서는 고대 그리스의 소피스트[8]와 같은 독단적 궤변을, 서양의 교회사에서는 교회의 이해관계와 연관된 신앙 교육에 관한 알력들만을 볼 것이다. 서양의 교회사는 고대 로마 법정에서의 결의법[9]과 통치기술이 새로운 형태의 강제수단으로 재탄생된 모습이다. 사실 콘스탄티노플에서 로고스logos[10]에 관하여 논쟁하는 것처럼, 로마에서는 세속의 권력과 종교 권력의 관계에 대해 갑론을박을 한다. 예를 들어 콘스탄티노플에서는 '동일본질론homousios'을 가지고 싸우고[11], 로마에서는 성직자 서임을 놓고

---

[5] 루카 대주교 지오반니 도메니코 만시(1692~1769)가 편집한 『세계교구회의』(1759ff).

[6] 요세푸스 알로이시우스 아세마니가 편집한 『의례모음집』(1749ff).

[7] 가스파레 사카렐리(1723~1803)가 편집한 『교회사』(1770ff).

[8] 소피스트들은 윤리적·정치적 담론들 속에서 독특한 수사학을 발전시켰다. 플라톤과 아리스토텔레스는 이들의 수사학을 가짜 지식의 설득술이라고 비판했다.

[9] 비교 가능한 개별 사건에 법을 적용하는 것.

[10] 그리스 문법과 수사학에서 로고스는 말, 즉 인간의 말을 뜻한다. 이와 반대로 고전 형이상학에서는 존재 원리로서의 세계이성을 가리킨다. 그리스 철학과 유대교를 결합하고자 했던 알렉산드리아의 필론Philon을 거쳐 이 개념은 마침내 기독교 신학과 철학 속에서도 발견된다. 「요한복음」 서두에 로고스는 세계를 구성하는 신의 힘으로, 예수는 그 육화로 표현된다.

[11] 본질이 같다는 뜻. 서기 325년에 열린 니케아 공의회의 삼위일체설에 내한 도론에서

싸운다.¹² 하지만 비잔틴적 물음, 로고스는 아버지-신과 동일본질을 갖는가? 마리아는 신의 어머니로 불려야 하는가, 인간의 어머니로 불려야 하는가? 예수의 굶주림은 먹을 게 없었기 때문인가, 아니면 예수 스스로 선택한 일인가? 이 모든 물음의 배경에는 궁정의 음모가 있고, 그 답은 교황청 내부에서 속닥이고 낄낄대는 말들—예를 들어 에우도키아Athenais-Eudokia¹³가 죽었는지, 풀케리아Augusta Aelia Pulcheria¹⁴가 죽었는지 같은—속에 있을 것이다. 풀케리아는 자신의 연애 사건을 누설한 네스토리우스Nestorius¹⁵를 미워했고, 에우도키아는 풀케리아를 옹호하는 키릴루스Cyrillus¹⁶를 미워했다. 이 모든 것은 결국 여자와 환관 사이의 관계에 대한 소문과 관련되어 있다. 본래 교리에 의해 인간은 좌지우지되며, 인간에 의해 권력이 좌지우지되는 법이다. 서양의 경우도 마찬가지였다. 로마는 지배하기를 원

신의 본질의 세 위격 중 첫 번째 인격과 두 번째 인격(아버지와 아들)은 동일한 본질임이 확정되었다. 이로써 그리스의 교부 아타나시우스Athanasius(295~373)는 두 인격의 유사함만을 인정한 아리우스파에 승리했다.

12 성직자 임명에 대한 권한을 가지고 11세기 교황과 왕권 사이에 소위 성직자 서임 싸움이 발발했다.

13 아테나이 에우도키아(460년 사망), 비잔틴 황제 테오도시우스 2세의 부인.

14 아우구스타 아일리아 풀케리아(399~453), 비잔틴 황제 테오도시우스 2세의 누이.

15 콘스탄티노플의 대주교(381~대략 451). (예수의 인성과 신성을 분리해야 한다고 주장했다. 옮긴이)

16 알렉산드리아의 대주교(444년 사망). 그리스도론에 있어서 네스토리우스와 반대편에 있었다. 그리스도 안에서 인간적 본성과 신적 본성은 구분되지 않는다(마리아는 신을 낳았다)고 주장했다. 이러한 단성설은 431년 에페소스 3차 공의회에서 인정되었고, 그 결과 네스토리우스는 이단으로 파문되었다.

했다. 그래서 "자신의 군대가 패배했을 때에도 로마는 그 지방에 교의를 내려보냈다".[17] 모든 신앙 논쟁의 밑바탕에는 로마의 왕권이 놓여 있었다. 즉 로마 주교의 권력을 굳건히 하는 것이 최종 목표였다. 교회 권력은 본질적인 신앙의 요점들에 대해서는 매우 관대했지만, 교회의 권리가 침해될 때에는 여지없이 불길을 토해냈다. 또한 예수의 인격성에 관해서는 심각하게 논쟁하지 않았지만, 이시도르Isidore 『교령집Dekretalen』[18]의 논리에 관해서는 매우 중요하게 생각했다. 교회 권력은 교회 규범의 법령화, 주교의 임명, 군주 권력에 대한 경멸, 수도회, 금욕적 독신주의 등을 통해 자신의 권력을 강화하였다. 하지만 이것이 기독교인가? 이러한 기독교의 역사를 읽는다고 해서 기독교의 이념이 드러나는가? 기독교의 이념은 무엇인가?

기독교 이념이 어떻게 역사적으로 형성되고 세상에 그 모습을 드러냈는지에 대해서는 이미 예수 탄생 후 첫 몇 세기 동안에, 특히 마니교도[19]와 영지주의자들[20]의 역사를 편견 없이 살펴보면 잘 알 수

---

17 하이네가 자신의 책에서 인용함. 『북해Nordsee』 3권, DHA 6, 142쪽 참조.
18 옛 교회의 법률 모음집. 부분적으로 위조된 교황의 문서가 포함되어 있다.
19 마니교의 신봉자들. 창시자인 페르시아인 마니Mani(216~276)의 이름을 따서 붙여진 마니교는 고대 후기의 세계 종교로 엄격한 이원론을 가르친다. 파르시교Parsi의 변형으로 오르마즈드 신으로 대표되는 빛의 힘은 아흐리만이 지배하고 있는 어둠과 악의 영역과 끊임없이 투쟁하고 있다.
20 영지주의적 세계관을 따르는 사람들. 그리스어 '그노시스gnosis'란 개념은 인식을 뜻하며, 여기서는 동방종교 및 기독교와 고대 철학의 사유방식을 혼합하려는 고대 후기의 종교적 노력을 가리킨다. 영지주의자들은 —나중에는 마니교 또한— 형이상학적 이원론에서 출발

가 있다. 비록 두 종교는 교회로부터 이단시되고 배척당했지만, 이 두 종교는 기독교 교리에 지속적인 영향을 주었고, 두 종교의 상징적 표현들로부터 가톨릭 예술이 발전했으며, 두 종교의 사고방식은 기독교 민족들의 모든 삶에 각인되어 있었다. 마니교와 영지주의는 근본적으로 별반 차이가 없다. 대립하는 두 개의 원리, 즉 선과 악이 두 종교의 고유한 원리다. 마니교는 고대 페르시아 종교—빛의 신 오르마즈드Ormuzd는 어둠의 신 아흐리만Ahriman과 대립하고 있었다—에서 이 원리를 받아들였고, 영지주의는 오히려 선의 원리가 먼저 있고, 선의 유출에서—그 원천에서 멀어질수록 점점 더 어두워지는 에온Aeon의 유출[21]에서—악의 발생을 설명한다. 케린투스Cerinthus[22]에 따르면, 세계의 창조자는 결코 최고신이 아니고 최고신에서 유출된 자, 에온의 하나일 뿐이다. 실제로 이것은 데미우르고스Demiurge[23]로서 그는 점점 악화되어 이제는 악의 원리가 되었고 최고신으로부터 직접 발생한 로고스, 즉 선의 원리에 적대적으로 대립하고 있다. 이러한 영지주의적 세계관은 인도의 본래적인 것이

한다. 정신의 빛이 물질의 어둠과 대립하고 있다. 믿음은 구원을 보장하는 것이 아니라, 신화적이고 사변적인 신의 인식을 보장한다. 이러한 신의 인식은 신성한 정신Pneuma에 붙들린 영적인 사람Pneumatiker에게 특별히 부여된다.

21   완전한 일자에서 존재의 다양이 발원하는 것. 영지주의적 이해에 따르면, 모든 존재는 하나의 신적인 근원에서 발생하며 순서대로 형성된다. 신에게서 흘러나온 정신인 에온의 이와 같은 위계 속에서 근원과의 거리가 완전성의 정도를 규정한다.

22   영지주의자(서기 100년경 인물).

23   영지주의자들에게 감각세계의 창조자는 최고신이 아닌 데미우르고스(만드는 자 獨)이다.

었다. 이것은 신의 육화, 육신의 고행, 정신적인 내향성의 원리를 수반하였고, 기독교 이념의 가장 순수한 꽃인 금욕적이고 명상적인 수도사의 삶을 낳았다. 기독교 이념은 교리에서는 매우 혼란스럽게, 예배에서는 매우 희미하게 표현될 뿐이었다. 하지만 앞선 두 종교의 원리는 어디에서나 드러나 있다. 선한 예수에 악한 사탄이 대립하고, 정신세계는 예수로, 물질세계는 사탄으로 대표된다. 영혼은 예수의 것이고, 육체는 사탄의 것이다. 모든 현상세계, 즉 자연은 그에 따라 근본적으로 악이다. 어둠의 군주, 사탄은 우리를 파멸로 유혹한다. 그러므로 우리는 삶의 모든 감각적 기쁨을 멀리하고, 사탄의 봉토인 우리 육신을 고통스럽게 함으로써 예수의 빛나는 왕국인 천상으로 영혼이 더욱 찬란하게 솟아오르게 해야 한다.

기독교 본래의 이념인 이러한 세계관은 믿을 수 없을 정도로 빠르게 로마제국 전역으로 확산되었다. 마치 그것은 때로는 맹위를 떨치다가 때로는 잦아들면서 중세의 선 시간을 고통 속에 몰아넣은 전염병처럼 확산되었다. 그래서 우리 근대인은 지금도 여전히 온몸에 경련과 탈진을 느낀다. 우리들 가운데 누군가가 이미 치유되었다 하더라도, 그는 만연해 있는 병실의 공기를 벗어날 수 없고, 병자들 속에서 유일하게 건강한 자로서 스스로를 불행하다고 생각할 것이다. 인류가 완전히 건강을 회복하고, 육체와 영혼 사이에 평화가 회복되고, 육체와 영혼이 다시금 그 본래의 조화를 이루게 된다면, 그때는 기독교가 양자 사이에 심어놓은 거짓 불화를 거의 이해할 수 없게 될 것이다. 자유로운 선택의 사랑으로부터 태어나고, 기쁨의 종교 속에서 자라난 행복하고 아름다운 세대는 이 아름다운 대지의 모든 향유물을 슬픈 표정으로 거부하며, 따뜻한 빛깔의 감성을 억누르고 차가운 유령으로 창백해진 그들의 가련한 선조들에게 슬픈 웃음을 지을 것이다. 그렇다. 단연코 우리 후손들은 우리보다 더 아름답고 더 행복할 것이다. 왜냐하면 나는 진보를 믿기 때문이다. 인류의 운명은 행복으로 귀결된다고 나는 믿는다. 그리고 나는 신이 인간에게 오직 고난을 부여했다고 착각하는 저 독실한 신앙인들보다 신에 대해 더 커다란 생각을 품고 있다. 나는 바로 여기 현세에서 자유로운 정치제도와 산업제도의 은총으로—독실한 신앙인들이 최후의 심판의 날에야 천상에서 일어나리라 생각하는—저 행복한 세상을 만들고 싶다. 아마도 나의 소망은 경건한 자들의 소망과 마찬가지로 헛된 희망일 것이다. 정치적·도덕적 의미에서도, 묵시론적·가톨릭적 의미에서도 인류의 구원은 존재하지 않는다.

인류는 아마도 영원한 고통으로 운명 지어져 있는지 모른다. 그리고 민초들은 독재자에게 짓밟히고, 그 조력자에게 착취당하고, 그 추종자들로부터 모욕을 받도록 영원히 저주받은 존재일는지 모른다.

아! 이러한 곤경 속에서 설령 그것이 오류로 인식되더라도 우리는 기독교를 계속 믿어야 할 것이다. 우리는 승복을 입고, 맨발로 유럽 전역을 순례하며, 모든 세속적 재물의 덧없음과 그 거부를 찬양하고, 채찍질과 모욕을 당한 사람들에게 예수의 십자가상을 보여주며 위로를 하고, 사후에는 저 천상의 일곱 하늘 모두를 약속해야 할 것이다.

아마도 세상의 위대한 자들은 자신의 권력을 확신하며 마음속으로 우리를 영원히 불행에 빠뜨릴 때까지 권력을 악용하리라 결심한 것 같다. 바로 이러한 점에서 그들은 기독교가 민중들에게 반드시 필요한 것이라고 확신했다. 그러므로 그들이 기독교를 유지하기 위해 그토록 많은 노력을 기울이는 것은 기본적으로 동정심 많은 인간적 감정이리라!

그러므로 기독교의 궁극적 운명은 우리가 기독교를 필요로 하느냐, 하지 않느냐에 달려 있다. 기독교는 1800년 동안 고통받는 인류에게 축복이었다. 그것은 숙명적이며, 신성하고 거룩한 것이었다. 강한 자를 억제하고, 약한 자에게 힘을 주고, 같은 감정과 같은 언어로 사람들을 결속하면서 기독교가 문명에 이로움을 준 모든 것들은, 그리고 기독교 옹호자들이 찬미하는 모든 것들은 기독교가 인류에게 주었던 저 위대한 위안과 비교할 때 아무런 의미가 없는 일이라고까지 말할 수 있다. 영원한 명예가 마땅히 부여되어야 할 곳은 저 수난을 당하는 신, 면류관을 쓴 대속자, 그 피가 진정제 역할을 하는 발삼향유와 흡사하게 인류의 상처로 흘러들어간, 십자가에 못 박힌 예수의 상징이다. 특히 시인들은 이 상징에서 나오는 전율 같은 숭고함을 두렵게 인정할 것이다. 중세의 삶과 예술 속에서 표현된 이러한 상징들의 전 체계는 어느 시대에나 시인의 경탄을 자아낼 것이다. 사실 기독교 예술 작품, 특히 건축물들은 얼마나 위대한가! 예배와 일치를 이루고 있고 기독교 이념 자체가 현시되는 고딕 양식의 성당들을 보라! 거기서 모든 것은 하늘을 길구하고, 모든 것이

성체로 변화된다.[24] 돌이 가지와 잎사귀에서 자라나서 나무가 되고, 포도나무의 열매와 그 씨앗은 피와 살이 된다. 인간은 신이 되고, 신은 순수한 정신이 된다! 중세 시대의 기독교적 삶은 시인에게는 고갈되지 않는 풍부하고 귀중한 소재다. 이 세상에서 오직 기독교를 통해서만 대담한 대조와 화려한 색채의 고통과 진기한 아름다움의 상태에 이를 수 있다. 사람들은 그와 같은 모습은 현실에 결코 존재할 수 없고, 그 모든 것은 거대한 환각, 미쳐버린 신에 대한 환각이라고 생각할 것이다. 중세 시대에 자연은 스스로를 환상적으로 가장한 것처럼 보인다. 인간은 추상적 사고에 골몰한 채 불쾌한 마음으로 자연으로부터 등을 돌렸지만, 자연은 이따금씩 몸서리쳐지는 달콤함과 다정함과 마법의 힘이 담긴 목소리로 인간을 깨웠다. 그럴 때 인간은 자기도 모르게 순종하고, 웃음 짓고, 놀라고, 심지어 병에 걸려 죽게 된다. 지금 나에게는 바젤의 나이팅게일 이야기[25]가 떠오른다. 여러분은 아마 이 이야기를 모를 것이므로 여기서 그 이야기를 전하려 한다.

  1433년 5월 교회 회의 때, 한 무리의 성직자들이 바젤의 한 숲길을 산책하고 있었다. 그들은 고위 성직자, 박사, 수도사들로 각기 다

---

24   기독교 예배에서 빵과 포도주가 예수의 살과 피로 변화하는 것.

25   하이네는 이 이야기를 프리드리히 루트비히 페르디난트 도베네크Friedrich Ludwig Ferdinand Dobenek(1771~1810)의 책에서 인용하고 있다. 도베네크의 책은 1815년 장 파울Jean Paul이 편집한 『독일 중세의 민간신앙과 영웅설화Des deutschen Mittelalters Volksglauben und Heroensagen』에 실려 있다.

른 색깔의 옷을 입고 있었다. 그들은 신학적 논쟁에 대해 토론하고 자기 논점을 부각시키고 주장을 하거나, 연공[26]과 직책에 대한 전망, 고위 성직자가 갖는 특권에 대해 다투고, 토마스 아퀴나스Thomas von Aquin가 보나벤투라Sanctus Bonaventura[27]보다 더 위대한 철학자인지를 놓고 논쟁했다. 내가 알 게 뭐람! 한창 교리에 관한 추상적인 토론을 하던 와중에 그들은 갑자기 토론을 멈추고 꽃이 만개한 한 그루 보리수 앞에서 멈추어 섰다. 보리수 위에는 한 마리 나이팅게일이 앉아서 세상에서 가장 부드럽고 사랑스러운 멜로디로 슬픈 듯 기쁜 듯 지저귀고 있었다. 이 박식한 사람들은 너무나 행복한 기분이 들었다. 따뜻한 봄기운이 철학으로 복잡하게 얽힌 심장 속으로 흘러들어와 깊은 겨울잠에서 깨어난 기분이었다. 그들은 황홀하고 놀라서 서로를 바라보았다. 마침내 한 사람이 날카로운 발언을 했다. "뭔가 이상해. 저 나이팅게일은 아마도 악마임에 틀림없어. 매혹적인 소리로 종교적 대화를 중단시키고 환락과 달콤한 죄악으로 유혹하는 악마일 거야." 그러고 나서 그는 주문을 외우기 시작했다. 그것은 아마도 그 당시에 흔히 쓰이던 수사였을 것이다. "산 자와 죽은 자를 심판하러 오시는 주 예수의 이름으로 너를 심판한다." 이 주문을 마치자 새가 대답했다고 한다. "그래 나는 사악한 요정이다." 그러고는 웃으면서 날아가버렸다. 하지만 새의 노래를 들은 성

---

26 교회 직책에 임명된 뒤 교황에게 바치는 1년 치 돈.
27 스콜라 철학 전성기의 대표적 신학자이자 철학자.

직자들은 그날 모두 병에 걸려 곧바로 죽었다고 한다.

이 이야기를 다시 설명할 필요는 없을 것이다. 이 이야기는 달콤하고 사랑스러운 모든 것을 악마의 소행으로 비난한 한 시대의 참혹한 특징을 담고 있다. 심지어 나이팅게일까지도 비난했으며, 그래서 나이팅게일이 노래할 때 십자가를 들었다. 그 진실한 기독교인들은 고지식하고 닫힌 마음으로, 꽃이 흐드러진 자연 속을 마치 철학적 유령처럼 걸었던 것이다. 기독교인과 자연과의 이러한 관계는 아마도 이후의 책[28]에서 신낭만주의 문학과 관련해 독일 민간신앙을 근본적으로 다뤄야 할 때 광범위하게 언급할 것이다. 단지 여기서는 프랑스 작가들이 독일 대가들의 잘못된 영향을 받아 민간신앙이 중세 시대 내내 유럽 어디에서나 동일했다고 생각한다면 그것은 커다란 오류라는 점만을 언급하고자 한다. 오직 선의 원리에 대해서만, 예수 그리스도의 영역에 대해서만 전 유럽이 동일한 견해를 갖고 있었고, 로마 교황청이 이 입장을 대변했다. 이 생각에서 벗어난 자는 이단자였다. 하지만 사탄의 영역인 악의 원리에 대해서는 여러 지역에서 다양한 입장을 갖고 있었다. 북쪽 게르만 지역은 남쪽 로마 지역과는 전혀 다른 입장이었다. 이러한 차이는 기독교 성직자들이 기독교보다 먼저 존재했던 옛 민족신들을 공허한 망상으로 비난하지 않고 실제 존재하는 것으로 인정함으로써 발생했다. 그렇지만

---

[28] 하이네는 여기서 나중에 발표한 『정령Elementargeister』이란 제목의 책을 예고하고 있다. 1834~1835년 겨울에 하이네는 이 책을 쓰기 시작했다.

이들은 동시에 이 모든 민족신들이 순전히 악마이고 예수가 승리함으로써 힘을 상실했고, 이제 욕망과 술책을 동원해 인간을 죄로 유혹하고 있다고 주장했다. 올림포스의 모든 신은 이제 공허한 지옥이 되었다. 중세의 한 시인이 그리스 신화를 그토록 아름답게 노래한 반면, 독실한 기독교인은 그리스 신화에서 귀신과 악마만을 보았다. 수도사의 어두운 망상은 가련한 비너스를 만났을 때 가장 혹독했다. 비너스는 악마 왕의 딸로 간주되었다. 심지어 선한 기사인 탄호이저Tannhäuser[29]는 비너스의 얼굴을 보며 다음과 같이 말했다.

> 오, 비너스, 나의 아름다운 여인이여
> 너는 악마의 딸이다.[30]

말하자면, 비너스는 탄호이저를 비너스 동산이라 불리는 저 놀라운 동굴로 유혹한 것이다. 전해오는 이야기에 의하면, 거기서는 아름다운 여신들이 처녀들과 신부들과 함께 놀고 춤추며 세상에서 가장 자유분방한 삶을 살았다고 한다. 심지어 디아나[31] 여신도 그녀의

---

29 독일의 작가(1205년경~1267년 이후). (민간에 전해져 내려오는 시에서 음유시인이자 기사인 탄호이저는 관능과 미의 여신 비너스에게 빠져 한동안 쾌락에 젖어 있다 돌아오지만 용서받지 못하고 순례의 길을 떠난다. 옮)

30 쉽게 찾아볼 수 있는 인용 출처는 「탄호이저」라는 시이다. 하이네는 아마도 『어린이의 이상한 뿔피리Des Knaben Wunderhorn』라는 민중시 모음집에서 이 시를 알았을 것이다. 1836년 하이네 자신이 쓴 「탄호이저」란 시도 있다.

31 로마 신화에 나오는 사냥의 여신. 하이네는 1854년에 『추방당한 신들Die Götter im Exil』

순결에 대한 맹세에도 불구하고 이들과 비슷한 운명이 될까 봐 불안해했고, 그래서 그녀는 밤에 님프들과 함께 숲 속으로 이동했다. 분노의 무리, 황야의 사냥에 관한 전설이 그렇게 탄생했다. 여기에 이전의 신들을 악화시키는 영지주의적 관점이 나타난다. 그리고 과거 민족신들의 이러한 변모 속에 가장 깊은 의미에서의 기독교 이념이 드러난다.

유럽의 민족신앙은 남부에서보다 북부에서 더욱 범신론적[32]이었다. 그 신화와 상징들은 자연 숭배와 연관되고, 모든 요소들 속에 들어 있는 경이로운 존재가 찬양되었다. 이를테면, 모든 나무에는 신성이 호흡하고 있었고, 모든 현상세계에는 신이 관통하고 있었다. 반면 기독교는 이러한 견해를 뒤집어버렸다. 신이 관통하는 자연의 자리에 악마가 관통하는 자연이 등장했다. 예술로 아름답게 형상화된 그리스 신화―로마 문명과 더불어 유럽의 남부를 지배했다―의 명랑한 신들에게 게르만의 신의 형상들처럼 혐오스럽고 끔찍한 악마의 가면을 씌우기는 그리 쉽지 않았다. 물론 게르만의 신들은 특별히 예술적으로 형상화되지도 않았고, 이미 오래전부터 북부의 신들과 마찬가지로 불쾌하고 음울한 이미지였다. 그러므로 당신들의 나라, 프랑스에서는 우리 독일처럼 그렇게 어둡고 공포스러운 악마의 형상이 창조될 수 없었다. 영적이고 마법적인 존재도 당신들의 나라

의 부록으로 디아나 여신에 관한 책(『디아나 여신Die Göttin Diana』)을 썼다. 편

32 범신론은 신과 세계의 동일성을 주장한다.

에서는 밝은 형상이 되었다. 피와 안개로 형성되어 우리를 바라보며 생기 없이 잔혹하게 히죽이는 우리의 이 기형아들과 비교할 때, 당신들의 민속설화는 얼마나 아름답고 명랑하며 풍부한 색채를 지니는가! 우리 독일의 중세 시인들은 대부분 소재를 선정할 때, 당신들이 브르타뉴나 노르망디에서 생각해냈거나 최초로 다루었던 그런 소재를 선택한다. 그럼으로써 그들의 작품에 아마도 의도적으로 저 밝은 고대 프랑스 정신을 최대한 많이 부여하려 했다. 하지만 우리의 민족문학과 구전설화에는 당신들이 거의 알지 못하는 저 어두운 북구의 정신이 남아 있다. 당신들도 우리와 마찬가지로 다양한 요정들을 가지고 있다. 하지만 독일인이 프랑스인과 다르듯 우리의 요정들은 당신들의 요정과 다르다. 당신들의 파블리오Fabliaux[33]와 마법소설에 나오는 요정들은 우리의 음침하고 음란한 요정들과 비교하면 참으로 밝고 특히 순수하다. 콘월리스 섬으로부터든 아라비아로부터 온 것이든 당신들의 요정과 정령들은 완전히 자연화되어 있다. 그리므로 마치 반짝반짝 빛나는 노란색 구두를 신고 코블렌츠Koblenz[34]의 거리를 걷는 신사와 무거운 짐을 진 독일 짐꾼의 차이처럼 프랑스의 요정은 독일의 요정과 구별된다. 예를 들어 멜루지네Melusine[35] 같은

---

[33] 옛 프랑스의 운문체 희극으로 특히 에로틱한 내용이 골계적滑稽的이고, 때로는 거친 리얼리즘적 방식으로 상연되었다.

[34] 독일 서부 라인란트팔츠 주에 위치한, 로마제국 시절에 건설된 오래된 도시로 프랑스 대혁명기에 프랑스 망명자들이 모여든 곳이기도 하다. 〖편〗

[35] (옛 프랑스 설화에 등장하는) 바다의 요정.

당신들의 물의 여신과 우리의 물의 여신의 차이는 공주와 세탁녀의 차이다. 가령 모르가나Morgana 요정이 벌거벗은 채 향유를 바르고 빗자루를 타고 브로켄 산[36]으로 날아가는 독일의 마녀를 만나게 된다면 얼마나 놀라겠는가. 브로켄 산은 명랑한 아발론 섬[37]이 아니라 난잡하고 추잡한 모든 것들의 집합 장소였다. 산꼭대기에는 사탄이 숫염소의 형상으로 앉아 있었다. 마녀들이 손에 초를 들고 다가와 등 뒤에서 그에게 키스를 했다. 뒤이어 음탕한 소녀들이 그를 둘러싸고 춤을 추며 노래를 한다. "돈데레무스, 돈데레무스Donderemus, Donderemus!"[38] 사탄은 염소 울음소리를 내고 마녀와 소녀들은 미친 듯이 캉캉 춤을 추며 환호성을 지른다. 이렇게 춤을 추면서 신발을 잃어버리면 그건 마녀에게 좋지 않은 징조였다. 그것은 마녀가 그해에 불에 타 죽는 것을 의미했다. 하지만 진짜 베를리오즈식의 미친 듯한 사바트 음악Sabbatmusik[39]이 예기되는 모든 불안감을 마비시켰다. 불쌍한 마녀는 다음 날 아침 깨어났을 때 벌거벗은 채로 식어가는 화덕 옆 재 속에 누워 있었다.

[36] 독일 중부 하르츠 지방에 있는 산. 전설에 따르면 마녀들은 발푸르기스의 밤Walpurgisnacht―봄의 축제―에 이 산에 모여 축제를 벌였다고 한다. 이 장면은 괴테의 『파우스트』에도 등장한다. 편

[37] 모르가나 요정은 전설적인 아서 왕이 전투에서 부상을 입은 후 켈트족의 이상향인 요정의 섬 아발론으로 도피하자 그를 돌보았다.

[38] 중세 독일어에서 'donder'는 'donner', 즉 천둥의 어원이 되는 단어이므로 마녀들의 광적인 외침 정도로 이해할 수 있다.―옮긴이

[39] 하이네는 여기서 프랑스 작곡가 베를리오즈Hector Berlioz의 『환상교향곡』을 암시하고 있다. 제5악장에는 「마녀들의 밤의 향연의 꿈」이라는 제목이 붙어 있다.

이러한 마녀들에 관한 최상의 정보는 존경스럽고 학식이 높은 니콜라스 레미 Nicolaus Remigius[40]가 쓴 『악령학 Daemonolatreiae libri tres』에서 찾아볼 수 있다. 레미 박사는 로트링겐의 예심판사로 존엄한 공작이었다. 이 명민한 남성은 마녀에 관한 소송을 심리하면서 마녀사냥을 알게 되는 최상의 기회를 가졌다. 그 당시에 마녀 짓을 했다는 이유로 로트링겐에서만 800명의 여자들이 장작더미 위에 올랐다. 그녀들이 마녀인지에 대한 증명은 대부분 다음과 같다. 사람들이 그녀들의 손발을 한데 묶어 물속으로 밀어넣었다. 가라앉아 익사를 하는 자는 무죄이고, 수영을 하면서 물 위로 떠오르면 유죄로 인정되어 화형에 처해졌다. 이것이 그 당시의 논리였다.

독일 악령의 기본 특징은 모든 이상적인 요소들이 탈각되고 비천하고 혐오스러운 면이 뒤섞여 있다는 점이다. 이들이 친근하게 다가올수록, 그 결과는 더욱 참혹하다. 가장 으스스한 것은 우리의 폴터가이스터 Poltergeister[41]인 코볼트 Kobold와 비히텔맨헨 Wichtelmännchen[42]이다. 프레토리우스 Johannes Prätorius는 그의 『놀라운 인간들의 새로운 세계 서술 Antropodemus Plutonicus』[43]에서 이에 관해 한 부분을 할당하고 있다. 나는 도베네크의 책에서 그 부분을 인용한다.

40 1530~1612. 로트링겐의 예심판사로 마녀사냥을 옹호하는 글—『악령학』—을 썼다.
41 독일어 poltern(노크하다)과 Geist(영혼)의 합성어로 소란스러운 유령이라는 뜻. 옮긴이
42 작은 난쟁이 도깨비. 옮긴이
43 이어지는 부분에서 하이네는 요하네스 프레토리우스(1630~1680)의 책 『놀라운 인간들의 새로운 세계 서술』을 간접적으로, 그리고 약간의 변형을 가해 인용하고 있다.

"고대인들은 폴터가이스터에 대해서 알록달록한 옷을 입은 작은 아이의 모습을 한 진짜 사람처럼 보인다는 것 외에는 달리 생각할 수 없었다. 이들이 이런저런 방식으로 죽게 된 후에 어떤 폴터가이스터들은 등에 칼을 지녔고, 또 다른 폴터가이스터들은 전혀 다른 모습으로 심지어 소름끼치게 생겼다는 말도 일찍이 덧붙여졌다. 미신을 믿는 사람들은 그들이 예전에 집에서 살해된 사람들의 영혼이라고 생각하고 폴터가이스터에 대해 여러 가지 이야기를 한다. 코볼트들은 한동안 집 안에서 하녀들을 잘 도와주면서 호감을 샀고, 그 결과 몇몇 하녀들은 코볼트에 대해 감정을 갖게 되어 코볼트를 열렬하게 보고 싶어 하거나 코볼트를 욕망하였다고 한다. 하지만 폴터가이스터들은 자기들을 보면 경악을 금치 못할 것이라고 하면서 결코 이를 받아들이지 않았다고 한다. 그럼에도 불구하고 욕정에 찬 하녀들이 욕망을 참지 못하면, 코볼트들은 자신들이 실제로 나타날 수 있는 집 안의 한 장소를 알려주면서, 찬물이 담긴 양동이를 함께 들고 와야 한다고 말했다. 그다음에 일어난 일은 코볼트가 커다란 짐승 잡는 칼을 등에 꽂은 채 마룻바닥이나 침대에 벌거벗은 채로 누워 있는 모습이었다. 이를 본 하녀는 너무 놀라 기절했고, 그러자 코볼트는 곧바로 일어나 물을 들고 하녀가 정신이 들 때까지 계속 물을 끼얹었다. 그 뒤로 하녀들은 욕망을 잃고 더 이상 침Chim을 보려 하지 않았다. 코볼트들은 각자 특별한 이름을 지니고 있지만 총칭해서 침이라 불렸다. 그들은 하녀들에게 헌신했고, 집 안의 모든 일을 했다. 말을 솔질하고 먹이고, 마구간을 청소하고 구석구석을

문질러 닦고, 부엌을 청소하고, 그 밖에 집 안에서 해야 할 모든 일에 주의를 기울였다. 그래서 말은 코볼트들 덕택에 살이 찌고 잘 성장했다. 그 대가로 코볼트들은 하녀들로부터 귀여움을 받았다. 하녀들은 코볼트들에게 조금의 해도 끼치지 않았는데 그들을 놀리지도, 식사 제공을 소홀히 하지도 않았다. 주방의 하녀가 코볼트의 비밀스런 도움을 받았다면, 그녀는 매일 일정한 시간에 집 안의 특정한 장소에 좋은 음식물이 가득 담긴 조그만 접시를 갖다 놓고 하던 일을 계속해야 했다. 그 후에 하녀가 빈둥거리고 저녁에 일찍 잠을 자러 가도, 다음 날 아침 하녀는 자신의 일이 말끔히 처리된 것을 볼 것이다. 하지만 하녀가 자신의 의무를, 가령 식사를 제공하지 않는다면, 하녀는 다시 자기 일을 혼자서 해내야 하고, 여러 가지 불행을 겪게 된다. 그녀에게는 뜨거운 물에 데거나 그릇과 접시를 깨뜨리거나 음식을 엎지르거나 하는 일들이 일어난다. 그러면 반드시 주인의 처벌을 받게 되었다. 그러므로 코볼트들은 하녀가 바뀌어도 항상 집에 머물러 있었다고 얘기된다. 그래서 사실 떠나는 하녀는 그녀의 후임자에게 코볼트를 천거하고, 후임자가 코볼트를 잘 돌보도록 진심을 다해 부탁을 했을 것이다. 후임자가 이를 원하지 않는다면, 그녀에게는 계속해서 불행한 일이 일어났다. 그녀는 다시 그 집에서 가능한 한 일찍 떠나야 했다."

다음의 짧은 이야기는 아마도 가장 무서운 이야기 가운데 하나이다.

한 하녀가 여러 해 동안 보이지 않는 집 요정을 화덕 옆에 자리 잡게 했다. 그녀는 요정에게 자신의 조그만 공산을 내어주고 긴 겨울밤 내내 요정과 얘기를 나누었다. 그런데 한번은 하녀가 얼간이에게—하녀는 요정을 그렇게 불렀다—어떻게 생겼는지 한 번만 모습을 보여달라고 부탁했다. 얼간이는 거절을 했지만, 결국 부탁을 받아들이면서 지하실로 내려가면 자신의 모습을 볼 수 있다고 말했다. 하녀는 등잔불을 들고 지하실로 내려갔고, 거기서 그녀는 뚜껑이 열린 술통에 죽은 아기가 피범벅을 한 채 떠 있는 것을 보았다. 그 하녀는 수년 전 사생아를 낳아 몰래 죽이고 술통 속에 넣었던 것이다.[44]

본래 그렇듯이 독일인들은 종종 무서운 이야기 속에서 최고의 즐거움을 찾는다. 그래서 코볼트 민담은 때때로 즐거움으로 가득 차 있다. 코볼트의 일종인 휘데켄Hüdeken(모자를 쓴 사람이라는 뜻—옮긴이)에 관한 이야기는 특히나 재미있다. 휘데켄은 12세기에 힐데스하임Hildesheim에 출몰했던 요정으로 사랑방이나 요정소설에서 자주 이야기되곤 한다. 오래된 기록물[45]에서 이미 여러 번 인쇄되었던 그에 관한 한 부분을 소개한다.

"1132년경 한 사악한 요정이 오랜 기간 동안 주교구인 힐데스하임에 출현했다. 그는 머리에 모자를 쓴 농부의 모습을 하고 사람들 사이에 나타났는데, 이 때문에 농부들은 그를 작센어로 휘데켄이라

---

[44] 하이네는 이 이야기를 도베네크 모음집에서 가져왔다. 하지만 하이네의 인용은 원전과 다르다. 이 이야기는 루터의 『탁상담화』에 실려 있다.

[45] 요하네스 트리트하임Johannes Tritheim(1462~1516)이 편찬한 『히르샤우 수도원의 역사Chronik des Klosters Hirschau』를 가리킨다.

고 불렀다. 이 요정은 사람들과 교제하면서 때로는 보이게, 때로는 보이지 않게 출현해서 사람들에게 질문을 던지고 답변을 하곤 했다. 그는 이유 없이 피해를 끼치지는 않았다. 하지만 놀림을 받거나 욕을 먹으면, 그는 자신이 받은 부당함에 대해 충분한 정도로 복수를 했다. 부르하르트 드 루카Burchard de Luka 백작이 헤르만 폰 비젠부르크Herrmann von Wiesenburg 백작에 의해 살해되고 영토를 빼앗길 위험에 처했을 때, 휘데켄은 잠자고 있던 힐데스하임의 베른하르트Bernhard 주교를 깨우고는 다음과 같이 말했다. '대머리 주교, 일어나시게. 비젠부르크 백작이 살해되었네. 그러니 손쉽게 그의 영토를 접수할 수 있을 것이네.' 주교는 재빨리 병사들을 소집해 살인을 저지른 백작의 영토로 쳐들어가서 황제의 승인하에 자신의 관구로 합병했다. 휘데켄은 종종 갑자기 백작 앞에 나타나 다가올 위험에 대해 경고를 했고, 특히 궁정의 주방에 자주 나타나서 요리사들과 얘기를 하면서 온갖 종류의 주방 일을 도왔다. 점점 휘데켄과 친해지자 주방의 어린 일꾼이 요정이 나타날 때마다 그를 놀리고 심지어 구정물을 끼얹었다. 요정은 주방장 혹은 주방 관리자에게 버릇없는 아이의 불손한 행동을 그만두게 해달라고 부탁했다. 주방장이 '너는 요정인데 어째서 아이를 무서워하는가?'라고 말하자 휘데켄은 '당신이 그 아이를 벌하지 않으면, 며칠 후에 얼마나 내가 그 아이를 무서워하는지 당신에게 보여주겠다'라고 위협적으로 대꾸했다. 얼마 지나지 않아 요정에게 모욕을 가한 그 아이는 혼자 부엌에서 잠자고 있었다. 요정은 잠자고 있는 아이를 덮쳐서 목 졸라 죽이고는 조각조각 찢어서 화덕 위에 있는 냄비들에 넣었다. 주방장이 이를 발견하고는 요정을 저주하여, 다음 날 쇠꼬챙이에 꽂혀 있는 휘데켄의 고기에 두꺼비의 독과 피를 뿌려놓았다. 한번 보복 행위를 하자 주방장은 점점 더 새로운 보복 행위를 하게 되었고, 마침내 요정은 마법을 써서 주방장을 가짜 다리 위로 이끈 다음 깊은 웅덩이로 떨어지게 만들었다. 동시에 요정은 밤이 계속되도록 만들었다. 그래서 도시의 성벽과 망루에서는 끊임없이 순찰을 돌고, 경비병들은 계속해서 보초를 서야만 했다. 한번은 부정한 부인을 둔 한 남자가 여행을 떠나면서 농담조로 휘데켄에게 말했다. '친구, 내 마누라를 자네에게 맡길 테니, 잘 좀 부탁하네.' 남편이 떠나자마자 부정한 여자는 이 남자 저 남자를 계속 끌어들였다. 휘데켄은 그녀에게 어떤 남자도 허락하지 않았고 그들 모두를 침대에서 바닥으로 던져버렸다. 남편이 여행에서 돌아왔을 때, 요정은 멀리까지 그를 마중 나가서 말했다. '자네가 돌아와 이제 자네가 던져준 무거운 짐에서 벗어날 수 있어 기쁘네. 나는 자네 부인의 불륜을 막기 위해 말로 다할 수 없는 고생을 했네. 하지만 다시는 나에게 부인을 맡기지 말게나. 정부의 품에 안길 방도만 생각하는 자네 부인을 지키는 것보다 차라리 작센 주의 모든 돼지들을 지키는 게 낫겠네.'[46]

정확하게 말하자면 휘데켄이 쓴 모자는 코볼트의 일반적인 복장과는 다르다. 코볼트들은 대부분 회색 옷을 입고, 빨간 모자를 쓰고

---

46   여기서도 출처는 도베네크의 책이다.

다녔다. 적어도 덴마크 사람들은 그렇게 보았다. 오늘날에도 덴마크에는 코볼트들이 가장 많이 출몰한다고 한다. 과거에 나는 코볼트들이 덴마크에 많이 사는 이유가 그들이 로테 그뤼체Rote Grütze[47]를 좋아하기 때문이라고 생각했다. 하지만 이번 여름 파리에서 즐겁게 만난 젊은 덴마크의 작가 안데르센Hans Christian Andersen[48] 씨는 분명한 어조로 니센Nissen—덴마크에서는 코볼트를 이렇게 부른다—이 제일 좋아하는 건 버터가 든 죽이라고 나에게 단언했다. 코볼트 요정이 어느 집에 들어가게 되면, 요정은 쉽사리 그 집을 떠나지 않았다. 그렇지만 몰래 들어가지는 않았고, 어느 집이든 들어가 살고자 할 때는 집주인에게 다음과 같은 방식으로 알려주었다. 그들은 밤마다 온갖 종류의 나뭇조각을 집으로 가져오고, 우유 통에는 소의 분뇨를 뿌려놓았다. 집주인이 나뭇조각들을 다시 내던져버리지 않거나 더러운 우유를 가족과 함께 마시면, 코볼트 요정들은 계속 그 집에 머무르게 된다. 이러한 일은 때로는 매우 불쾌하게 받아들여졌다. 한 가난한 유틀란트인Jütländer은 결국 코볼트 요정의 짓궂은 장난에 너무 짜증이 나서 자신의 집을 포기하고 일곱 명의 가족을 수레에 싣고 이웃 마을로 이사를 떠났다. 하지만 가는 도중 그가 한번 고개를 돌리자 빨간 모자를 쓴 코볼트가 빈 물통 위에 앉아 친근하게 말했다. "우리도 이사해."

---

47 체리, 라즈베리 등 붉은 과일로 만든 디저트. 역
48 하이네는 그를 1833년 파리에서 처음 만났다.

너무 오랫동안 이 작은 요정 이야기에 머물렀던 것 같다. 이제 다시 커다란 정령의 이야기로 넘어가야겠다. 하지만 이 모든 이야기들은 독일 사람들의 신앙과 특성을 잘 보여주었다. 이러한 신앙은 지난 수백 년 동안 교회의 신앙만큼이나 강력한 것이었다. 저명한 학자 레미 박사가 마녀에 관한 그의 위대한 책을 끝냈을 때, 그는 마녀를 너무나 잘 알게 되어 이제 스스로 마법을 부릴 수 있다는 상상을 했다. 매우 양심적인 인간이었던 그는 법정에서 자신을 마술사라고 밝히기를 주저하지 않았다. 그 결과 그는 마술사라는 죄로 화형을 당했다.

이러한 잔혹한 일을 기독교 교회가 직접 저지르지는 않았다. 다만 고대 게르만족의 민족종교를 매우 나쁜 종교로 만들어버리는 방식으로 간접적으로 이를 수행했다. 민족종교가 독일인의 범신론적 세계관을 범귀신적 세계관으로 바꾸었고, 민족의 성스러운 옛 유산을 추악한 악마의 짓거리로 변화시켰다는 식으로 말이다. 하지만 사람들은 자신과 조상들에게 소중했고, 애정을 지녔던 것으로부터 쉽게 떠나지 않았다. 사람들은 비록 부패되고 왜곡되었을망정 소중했던 것에 대한 감정을 굳게 지녔다. 그런 만큼 독일에서 전도된 저 민족종교는 아마도 기독교보다 더 오래 지속되었다. 기독교는 민족종교만큼 독일 민족성에 뿌리내리지 못했다. 종교개혁의 시기에 가톨릭의 전설들에 대한 믿음은 매우 빠르게 사라졌지만, 마법과 요술에 대한 믿음은 결코 사라지지 않았다.

루터Martin Luther는 가톨릭의 기적을 더 이상 믿지 않았지만, 악마의 존재는 믿었다. 루터의 『탁상담화』는 악마의 술책과 코볼트 요정, 마녀에 관한 진기한 이야기들로 가득 차 있다.[49] 곤경에 처해 있을 때, 루터는 자신이 인간의 모습을 한 악마의 화신과 종종 싸웠다고 믿었다. 『신약성경』을 번역한 장소인 바르트부르크에서 그는 악마의 괴롭힘을 심하게 받아서 잉크병을 악마의 머리 위로 던졌다고 한다. 그때부터 악마는 잉크를 몹시 무서워했고, 더 무서워한 것은 인쇄 잉크였다고 한다. 언급한 『탁상담화』에는 악마의 교활함에 관한 많은 흥미로운 읽을거리들이 실려 있다. 그중 하나를 소개하지 않을 수 없다.

"마르틴 루터 박사의 이야기에 따르면, 몇 명의 도제들이 술자리에 함께 앉아 있었다. 그중 성격이 거칠고 방종한 한 도제가 누군가 나에게 좋은 와인 한 병을 준다면, 자기의 영혼을 내어주겠다고 말했다.

얼마 후 한 사람이 방으로 늘어와 그 도제 옆에 앉아서 그와 술잔을 기울인 다음, 주제넘은 말을 한 그 도제에게 말했다.

'네가 아까 와인 한 병을 건네면, 너의 영혼을 팔겠다고 말했어?'

그 도제는 다시 말했다. '그래. 그러고 싶어. 난 오늘 맘껏 먹고 마시고 즐길 거야.'

사실 악마인 그 남자는 '알았어'라고 말하고, 살그머니 그 곁을 빠

---

[49] 종교 개혁가 마르틴 루터(1483~1521)의 『탁상담화』 속에 실제로 등장하는 민중신화들을 하이네는 아마도 도베네크의 책에서 알게 되었을 것이다.

져나갔다. 그 도제가 온종일 즐기다가 마침내 취해버렸을 때, 악마인 그 남자가 다시 와서 그 옆에 앉더니 다른 여러 도제들에게 질문을 던졌다. '형씨들, 누군가 말을 사게 되면 안장과 고삐도 함께 가져가는 게 맞지 않소? 어떻게들 생각하시오?' 모두들 깜짝 놀랐지만, 결국 말을 꺼낸 건 그 남자였다.

'빨리 좀 대답해보시오.' 그러자 사람들은 인정을 하면서 '맞아. 안장과 고삐는 함께 딸려 가는 거지'. 그러자 악마는 거칠고 방종한 그 도제를 붙잡고는 지붕을 통해 그를 데리고 나갔다. 하지만 아무도 그가 어디로 갔는지 알 수 없었다."

물론 위대한 마르틴 루터 선생을 존경해마지 않지만, 내 생각에 루터는 악마의 특성을 완전히 오인한 것 같다. 악마는 앞의 이야기처럼 그렇게 육체를 경시하지 않았다. 우리는 악마의 악함에 대해 수많은 이야기를 할 수 있지만, 결코 악마가 영혼주의자라고 험담할 수는 없다.

하지만 마르틴 루터는 악마에 대해서보다 교황과 가톨릭교회에 대해 더 잘못 알고 있었다. 나는 교황과 가톨릭교회를 악마와 마찬가지로 너무나 열정적인 저 남자로부터 보호하지 않을 수 없다. 그렇다. 양심에 따라 말한다면, 나는 교황 레오 10세Leo X[50]는 본래 루터보다 훨씬 머리가 좋은 사람이며, 루터는 가톨릭교회의 근본 이념

---

[50] 본명은 조반니 데 메디치Giovanni de Medici(1475~1521)로 르네상스기 교황(1513년부터)이다.

을 전혀 이해하지 못한다고 고백하고 싶다. 왜냐하면 루터는 감성을 제거해버린 기독교 이념이 인간의 본성과 너무나도 모순되기 때문에 사람들이 기독교 이념을 삶에서 실천할 수 없다는 것을 알지 못했기 때문이다. 또한 가톨릭은 일종의 신과 악마의 화해, 말하자면 정신과 물질의 조화와 같다는 것도—그럼으로써 정신의 독점권이 이론상 표명되지만, 물질은 폐지되었던 모든 권한을 실천적으로 행사할 수 있는 상태가 되었다—알지 못했다. 그리하여 교회가 감성에 대해 최선책으로 마련해준 교묘한 용인의 체계가 성립되었다. 그 용인은 늘 형식의 지배하에 놓인 용인이었다. 이때 형식은 감성의 모든 행위에 낙인을 찍고 정신의 경멸적인 지배권을 보존해주는 것이다. 너는 마음에 이는 연정에 귀를 기울이고 예쁜 소녀를 안아도 된다. 하지만 너는 그것이 수치스러운 죄라는 것을 고백해야만 하고 속죄를 해야 한다. 이 속죄 행위가 돈으로 가능했다는 것은 교회에 유용했던 것과 마찬가지로 인류에게는 지선이었다. 교회는 소위 속죄금을 모든 육체적 향락의 대가로 지불하게 했고, 거기서 모든 종류의 죄에 대한 가격이 발생하게 되었다. 그래서 로마 교회의 이름으로 가격이 매겨진 각각의 죄에 대한 면죄부를 지방에 팔러 다니는 성직자-행상인이 있었다. 이들 중 한 사람이 바로 루터가 맨 처음 공격했던 테첼Johannes Tetzel[51]이다. 우리의 역사가들은 면죄부

---

51 도미니크파인 요하네스 테첼(1465~1519)의 면죄부 설교는 면죄부 판매에 반대하는 마르틴 루터의 유명한 답변인 95개의 테제를 낳았다.

판매에 대한 이러한 저항 행위를 보잘 것 없는 사건이었다고 생각한다. 그래서 애초에 교회의 남용에 대해서만 비판했던 루터가 전全 교회 권력을 그 정점에서 공격하게 된 것은 로마의 고집 때문에 비로소 일어난 일이라고 보았다. 하지만 이것은 완전히 오류이다. 면죄부 판매는 결코 남용이 아니다. 그것은 교회 전체 시스템의 필연적 결과이다. 그러므로 루터는 면죄부 판매를 공격함으로써 교회 자체를 공격한 것이고, 그래서 교회는 루터를 이단으로 낙인찍은 것이다. 세련된 피렌체인이자, 폴리치아노Angelo Poliziano[52]의 제자 그리고 라파엘Raphael[53]의 친구이고 삼층관Tiara[54]을 쓴—아마도 기독교적 금욕 생활을 하면 결코 발생하지 않을 당시에는 매우 위험한 병을 앓았기 때문에 콘클라베Konklave[55]에서 그에게 삼층관을 씌워준 것 같다—그리스 철학에 정통한 인물인 레오 10세는 복음이 기독교의 헌장이고 진리여야만 한다고 착각한 저 가난하고 순진하고 단순한 수도사를 얼마나 비웃었는가! 레오 10세는 아마도 루터가 원하는 바를 알아채지 못했을 것이다. 왜냐하면 그는 당시 성 베드로 대성당을 짓는 데 온 신경을 쓰고 있었기 때문이다. 성당의 건축 비

---

52   안젤로 폴리치아노. 본명은 안젤로 암브로기니Angiolo Ambrogini(1454~1494)이다. 이탈리아의 인문주의자이자 시인. 로렌조 데 메디치Lorenzo de Medici 집에 거주하면서 어린 레오 10세의 교육을 맡았다.

53   본명은 라파엘로 산치오Raffaello Santi(1483~1520)이다. 이탈리아의 화가이자 건축가. 바티칸에서 수많은 중요한 임무를 부여받았다.

54   교황이 쓰는 관.

55   가톨릭교회에서 교황을 선출하는 추기경단의 비밀회의.

용은 면죄부 판매로 충당되었으며, 그러므로 이 성당 건축에 돈을 실제로 지불한 것은 죄였다. 그럼으로써 이 교회는 피라미드와 같이 감각적 쾌락의 기념비가 되었다. 피라미드는 한 이집트의 소녀[56]가 매춘으로 번 돈으로 지어졌다. 쾰른 대성당보다는 차라리 성 베드로 대성당이 악마에 의해 건축되었다고 말할 수 있을 것이다. 이것은 정신주의의 승리였다. 감각주의는 자신의 가장 아름다운 신전을 정신주의에 지어 바쳐야만 했고, 바로 육체에 허용한 수많은 용인들을 위하여 정신을 찬미하는 수단을 획득한 것이다. 이러한 의미를 북부에 사는 독일인들은 알지 못했다. 왜냐하면 독일에서는 이탈리아의 빛나는 하늘 아래에서보다 감각에 어떠한 것도 허용하지 않는 기독교 정신을 더 잘 실천할 수 있었기 때문이다. 우리 북부 사람들은 훨씬 더 차가운 피를 지녔다. 그래서 우리는 마치 아버지처럼 우리를 보살피는 레오가 보낸 육체의 죄에 대한 면죄부를 조금도 필요로 하지 않았다. 우리의 기후가 기독교 덕성의 실천을 용이하게 했다. 루터가 아우구스티너 교회Augustiner-Kirche[57]의 정문에 면죄부를 반박하는 반박문을 붙였을 때인 1517년 10월 31일에는 비텐베르크 성곽의 해자가 이미 얼어붙어 있었으며, 사람들은 스케이트를 탈 수

56 하이네는 여기서 창녀 로도피스Rhodopis를 염두에 두고 있다. 그녀에 관한 이야기는 헤로도토스Herodotus(고대 그리스의 역사가 歷)의 『역사』(2권, 134장)에 나와 있다. 기자Giza에 세워진 미케리노스Mykerinos 왕의 세 번째 피라미드가 그녀를 위한 것이라는 추측은 헤로도토스에 의해 부정되었다.

57 사실상 핵심은 비텐베르크 성의 교회라는 점이다 (비텐베르크는 독일 동부 작센안할트 주에 있는 도시로 마르틴 루터가 종교개혁을 일으킨 곳이다. 歷).

있었고, 그것은 매우 차가운 즐거움이었으며 결코 죄가 아니었다.

나는 앞에서 여러 번에 걸쳐 정신주의와 감각주의라는 단어를 사용했다. 이 두 단어는 여기서는 프랑스 철학자들이 사용하는 것처럼 우리 인식의 두 개의 상이한 근원과는 관련이 없다. 오히려 이 두 단어를 나는 내가 말하는 의미로부터 나오는 두 개의 상이한 사유방식을 가리키는 것으로 사용했다. 하나는 물질을 파괴하고 정신을 찬미하는 사유이고, 다른 하나는 정신의 지배에 맞서 물질의 자연권을 옹호하고자 하는 사유이다.

앞에서 서술한 루터의 종교개혁의 출발점에 대해 나는 특별히 주의를 환기시키고 싶다. 왜냐하면 이곳 프랑스에서는 종교개혁에 대해 낡고 잘못된 관념을 갖고 있기 때문이다. 이 잘못된 관념은 보쉬에Bossuet[58]가 그의 『개신교회 변동사Histoire des variations des églises protestantes』에서 퍼트렸고, 지금의 작가들에게도 여전히 영향을 끼치고 있다. 프랑스인들은 종교개혁의 부정적인 면만 보았다. 프랑스인들은 종교개혁에서 가톨릭에 대한 투쟁만을 보았고, 때때로 이 투쟁이 라인 강 저편에서 라인 강 이편, 즉 프랑스에서와 항상 동일한 이유로 벌어진다고 생각했다. 하지만 그 이유는 저편과 이편이 전혀 달랐고, 완전히 반대된다. 독일에서 가톨릭에 대한 투쟁은 다름 아닌 정신주의가 일으킨 전쟁이었다. 정신주의는 지배라는 타이틀만을 가

---

58 본명은 자크 베니뉴 보쉬에Jacque Bénigne Bossuet(1627~1704)이다. 프랑스의 신학자이자 1681년부터 모Meaux의 주교를 지냈고, 프로테스탄티즘을 비판한 책 『개신교회 변동사』(1688)를 저술했다.

지면서 법적으로만 지배하였고, 반면에 감각주의는 오랜 은신처를 기반으로 현실적 지배력을 행사하면서 실제로 지배했다. 면죄부 판매 상인은 지속적으로 추적되었고, 귀여운 성직자의 정부들은 차가운 아내들로 대체되었으며, 자극적인 마돈나상들은 파괴되었다. 여기저기서 감각을 적대시하는 청교도주의가 출현했다. 17~18세기 프랑스에서 있었던 가톨릭에 대한 투쟁은 독일과는 반대로 감각주의가 일으킨 전쟁이었다. 감각주의는 실제로 현실을 지배하고 있었지만, 감각주의의 모든 행위는 법적인 지배를 주장하는 정신주의에 의해 불법적인 것으로 경멸당하고 가장 신랄한 방식으로 낙인찍혔다. 독일에서는 순결한 진지함을 무기로 투쟁했고, 프랑스에서는 외설적인 농담을 무기로 투쟁했다. 독일은 신학적인 논쟁을 하였으며, 프랑스에서는 즐거운 풍자를 생산해냈다. 풍자의 대상은 일반적으로 인간이 완전한 정신이고자 할 때 스스로 빠져들 수밖에 없는 모순을 보여주는 것이다. 그러므로 엄숙한 인간들의 가장 흥미로운 이야기, 즉 동물적인 본성에 굴복하거나 신성한 아우라를 얻으려 하지만 위선으로 도피하고 마는 이야기가 꽃을 피운다. 이미 나바르Navarre의 여왕[59]은 그녀의 소설에서 이러한 곤경을 묘사하였다. 수도사의 여자관계가 그녀 소설의 일반적 주제였다. 그녀는 우리의 횡격막뿐만 아니라 수도사계급 전체를 뒤흔들었다. 이러한 희극적 공격

---

59 마르그리트 당굴렘Marguerite d'Angoulême(1492~1549)은 보카치오의 『데카메론』을 전범으로 소설집 『7일 이야기Heptaméron』를 썼다. (마르그리트 당굴렘은 나바르 왕국의 군주 헨리케 2세의 왕비였다. 옮)

의 최고 작품은 이론의 여지 없이 몰리에르Molière[60]의 『타르튀프Tartuffe』였다. 『타르튀프』는 당시의 예수회뿐만 아니라 기독교 자체, 아니 기독교의 이념, 즉 정신주의를 겨냥했다. 그것은 도린느[61]의 드러난 가슴을 보고 마음을 들킬까 봐 짐짓 불안해하는[62] 다음과 같은 말들을 통해서 이루어졌다.

신이 어떤 종류의 쾌락을 금하고 있는 것은 사실입니다.
그러나 신과 절충을 한다는 게 불가능한 것은 아닙니다.[63]

이러한 말을 통해 일반적인 신성함이 가장되었을 뿐만 아니라 기독교 이념을 수행할 수 없기 때문에 일어나는 모든 속임수가 풍자되었다. 또한 그럼으로써 정신주의가 물질주의에 부여했던 용인의 모든 시스템이 풍자되었다. 사실 얀세니즘Jansenism[64]은 예수회보다 이러한 『타르튀프』의 표현을 통해 모욕감을 훨씬 더 많이 느낄 충분한 근거가 있었다. 그래서 몰리에르는 당시의 가톨릭 신자들에게만

---

60 본명은 장 밥티스트 포클랭Jean-Baptiste Poquelin(1622~1673)이다. 몰리에르는 자신의 성격희극 『타르튀프』에서 종교적 위선을 공격했다.
61 『타르튀프』에 등장하는 오르공 집안의 하녀. 囲
62 보여주기 위한 불안이다.
63 『타르튀프』 4막 5장.
64 은총이 구원의 힘이라는 입장 때문에 예수회의 비판을 불러일으킨 종교개혁 운동. 네덜란드의 신학자 코르넬리우스 얀센Cornelius Jansen(1585~1638)이 주창했다.

큼이나 오늘날의 감리교도들[65]에게 여전히 마음에 들지 않는 인물이었다. 바로 그래서 몰리에르는 위대한 작가이다. 아리스토파네스Aristophanes[66]와 세르반테스Miguel de Cervantes Saavedra[67]와 같이 그는 일시적인 사건뿐만 아니라 영원한 웃음거리를, 인간의 근원적 약점을 풍자했기 때문이다. 항상 시대적이고 비본질적인 것만을 공격한 볼테르는 이러한 점에서 몰리에르보다 못하다.

이러한 풍자, 특히 볼테르의 풍자는 프랑스에서는 그 역할을 다했다. 그러므로 계속 이러한 풍자를 하려는 자는 어리석고 시대착오적이다. 왜냐하면 과거 가톨릭의 괄목할 만한 유산들을 파괴해버린다면 가톨릭의 이념이 새로운 형태로, 이를테면 새로운 몸체로 그 도피처를 마련하고, 심지어는 기독교라는 이름을 떼어버리면서 이러한 변화 속에서 지금의 파괴되고 황폐화되고 완전히 더러워진 모습보다도 더 우리를 구역질나게 괴롭히리라는 것은 쉽게 일어날 수 있는 일이기 때문이다. 그렇다. 정신주의가 종교로서, 성직자로서 대표되는 것은 정신주의의 장점이다. 그로 인해 종교는 그 최상의 힘을 이미 상실했고, 성직자는 우리 시대의 자유에 대한 모든 열망과 직접적으로 맞서는 상태에 있다.

왜 정신주의는 우리에게 그렇게도 혐오스러운 것이 되었는가? 정

---

65 감리교 신자. 감리교는 영국 교회 내의 경건주의적 각성운동으로 존 웨슬리John Wesley(1703~1791)와 찰스 웨슬리Charles Wesley(1707~1788) 형제에 의해 시작되었다.

66 그리스의 희극 작가(기원전 445년경~385). 하이네는 그의 노년의 작품 『고백록Geständnisse』에서 자신을 '독일의 아리스토파네스'라 일컬었다.(DHA 15, S. 56)

67 스페인의 작가(1547~1616). 그의 『돈키호테』는 하이네가 매우 높이 평가한 작품이다.

신주의가 그렇게 나쁜 것인가? 그렇지 않다. 장미기름은 값비싼 물건이고, 누군가 하렘Harem⁶⁸의 닫힌 방 안에서 우울하게 지내야 한다면, 장미기름이 들어 있는 작은 병 하나만으로도 기분이 상쾌해질 수 있다. 하지만 설령 그것이 그렇게 위안을 준다고 해도 우리는 몇 방울의 장미기름을 얻기 위해 이 삶의 모든 장미를 짓밟아 으깨버리길 원하지 않는다. 오히려 우리는 장미 옆에서 즐거워하며, 장미의 붉게 타오르는 모습과 그 보이지 않는 향기에 행복해하는 나이팅게일이다.

위에서 나는 가톨릭을 공격한 것은 바로 정신주의였다는 것을 서술했다. 하지만 이러한 공격은 종교개혁의 시작점에서만 유효했다. 정신주의가 낡은 교회 건물의 갈라진 틈을 공격해 들어오자마자 감각주의는 오랫동안 억눌려 있던 모든 분노를 분출했다. 독일은 자유를 향한 열광과 감각적 욕망이 미쳐 날뛰는 운동장이었다. 억압을 받던 농부들은 새로운 교리에서 정신적 무기를 발견하고, 그것을 가지고 지배계층에 맞서 투쟁을 전개할 수 있었다.⁶⁹ 이러한 투쟁에의 열망은 이미 150년 전부터 도사리고 있었다. 뮌스터에서는 감각주의가 얀 반 라이덴Jan van Leiden⁷⁰의 모습을 하고 벌거벗고 거리를 내달

---

68 아랍어로 금지된 것을 의미하는 하림의 터키식 발음으로, 이슬람의 율법에 따라 특수한 경우를 제외하고 일반 남성의 출입이 금지된 여성의 방을 가리킨다. 권

69 루터의 종교개혁을 기반으로 반란자들은 농민전쟁(1525)에서 그들의 요구를 정식화했다. 하지만 루터 자신은 농민의 혁명적 봉기에 대해 유죄 판결을 내렸다.

70 요한 복켈슨Johann Bockelson(1509~1536)이라고도 부른다. 1534~1535년 베스트팔렌의 뮌스터를 지배했던 재세례파의 우두머리. 하이네는 여기서 재세례파의 다른 원리와 더불어 복켈슨이 새로운 신국神國의 원리로 도입한 일부다처제를 암시하고 있다. (재세례파는 16세기 종교

렸고, 얀 반 라이덴은 그의 열두 명의 부인과 함께 커다란 침대에 누웠다. 이 침대는 오늘날 뮌스터 시청에서 볼 수 있다. 수도원의 현관문이 도처에서 열렸고, 수녀와 여수도사들은 서로의 품으로 달려들어 입을 맞췄다. 그렇다. 그 시대의 표면적인 역사는 거의 감각적 혁명으로 이루어졌지만, 그 결과물은 거의 없었다. 왜냐하면 정신주의가 반란자들을 다시 억압했고 점차 북부에서 그 지배력을 공고히 했기 때문이다. 하지만 정신주의가 자신의 품속에서 키운 적, 즉 철학에 의해 치명적인 상처를 입게 되는 것을 우리는 나중에 보게 될 것이다. 이것은 쉽게 풀 수 없는 매우 복잡한 역사이다. 가톨릭파에게는 임의적으로 종교개혁파의 가장 나쁜 의도들을 노골적으로 드러내는 것이 쉬운 일이었다. 그래서 가톨릭파의 말을 듣게 되면, 가장 수치스런 감각을 정당화하고 교회의 재산을 약탈하는 것만이 종교개혁파의 관심사로 보인다. 물론 정신적 관심은 승리하기 위해 항상 물질적 관심과 협정을 체결하지만, 악마는 매우 신기하게 카드를 뒤섞어놓아 의도에 대해서는 아무것도 확실하게 말할 수 없게 만든다.

  1521년 보름스에 있는 제국의회[71]에 모인 고관대작들은 입으로

개혁 당시 유아세례의 타당성을 부정한 기독교 분파로, 유아세례를 받은 이는 재세례를 통해서 비로소 신의 은총을 받을 수 있다고 보았다. 이로 인해 로마 가톨릭교회 및 다른 개신교로부터 이단으로 배척되었다. 團)

71 1521년 1월 마르틴 루터에 대한 파문이 공포된 후, 루터는 보름스에 있는 제국의회로 소환되었다. 루터는 이곳에서 1521년 4월 17일과 18일에 자신을 변호했고, 철회 요구를 받아들이지 않았다. 그 후 루터는 국외 추방에 처해졌다(보름스 칙령). 루터는 이러한 상황에서 자신의 군주인 선제후 프리드리히 3세Friedrich III(재위 1486~1525)의 도움을 얻어 잇닿은 지역인 바르트부르크로 이주했다.

뱉는 말과는 상반되는 수많은 생각들을 가슴에 품고 있었을 것이다. 그곳에는 한 젊은 황제[72]가 앉아 있었다. 그는 젊은 지배자의 의기양양한 자태로 새로 만든 자주색 의복을 걸친 채 내심 기뻐하고 있었다. 제국의 선임자들을 빈번하게 비판하고 여전히 주제넘은 짓을 포기하지 않고 있는 한 거만한 로마인이 이제 곧 가장 효과적인 비난을 받을 것이기 때문이었다. 로마의 대표자[73]는 자신의 입장에서 마음속으로 기뻐하고 있었다. 술 취한 야만인들처럼 빈번하게 아름다운 이탈리아를 침략해서 약탈을 하고, 여전히 계속해서 침략과 약탈로 이탈리아를 위협하는 독일인들 사이에 분열이 생겨났기 때문이었다. 세속의 군주들은 새로운 교리로 인해 옛 교회 재산을 차지할 수 있게 된 것을 기뻐했다. 고위 성직자들은 자신의 여자 요리사와 결혼을 할 수 있는지, 자신의 선제후국[74]과 주교구와 대수도원을 자신의 남자 후손들에게 물려줄 수 있는지를 숙고했다. 각 도시에서 선출된 대표자들은 그들의 독립성이 새롭게 확대되는 것에 기뻐했다. 모두가 이 모임에서 얻어 가는 것이 있었고, 마음속으로 세속적 이득을 계산하고 있었다.

72   카를 5세 Karl V(1500~1558). (1519년부터 1556년까지 신성로마제국의 황제. 교황 레오 10세가 루터를 파문한 뒤 1521년 보름스에서 제국회의를 열고 루터를 소환했다. 편)

73   제국의회에 참석한 교황의 대사는 히에로니무스 알레안더 Hieronymus Aleander (1480~1542)—영어식 이름은 지롤라모 알레안드로 Girolamo Aleandro—였다.

74   신성로마제국 황제를 선출할 권리를 가진 제후가 다스리던 나라. 트리어, 마인츠, 쾰른의 대주교와 작센 공작, 라인 궁중백宮中伯, 브란덴부르크 변경백邊境伯, 보헤미아 왕을 7선제후라고 한다. 편)

하지만 그곳에는 한 남자가 있었다. 그는 자신의 이해관계가 아니라 자신이 옹호하고자 하는 신의 문제만을 생각하고 있었으리라 나는 확신한다. 이 남자가 마르틴 루터였다. 그는 로마의 권력을 무너뜨릴 운명의 선택을 받은 가난한 수도사였다. 이미 강력한 황제와 용맹한 현자들이 로마에 맞서 싸웠으나 실패했다. 하지만 운명은 어느 어깨에 자신의 짐을 지울지를 잘 알고 있었다. 이번에는 정신적 힘뿐만 아니라 물리적 힘이 필요한 때였다. 그러한 임무의 어려움을 견디기 위해서는 어려서부터 수도원의 엄격함과 순결함으로 단련된 강철 같은 육체가 필요했다. 우리의 친애하는 선생은 당시 여전히 말랐고 얼굴은 매우 창백해 보였다. 그래서 의회에 모인, 홍조를 띠고 풍채가 있는 신사들은 검은 수도복을 입은 가련한 한 남자를 거의 연민을 가지고 내려다볼 정도였다. 하지만 루터는 아주 건강했다. 그리고 그의 신경은 그 휘황찬란한 소란스러움 속에서 조금의 동요도 없을 정도로 굳건했다. 또한 그의 폐도 분명 튼튼했을 것이다. 그는 자신의 입장에 대한 오랜 변론을 마친 후에 황제가 독일어를 알아듣지 못하자 다시 라틴어로 반복해야만 했기 때문이다. 나는 이 장면을 생각할 때마다 매번 화가 난다. 왜냐하면 우리의 친애하는 선생은 이마에서 땀을 뚝뚝 흘리며 열려진 창 옆에서 틈새로 불어오는 바람을 맞으며 서 있었기 때문이다. 오랜 변론을 한 후에 그는 매우 지쳤을 것이고, 입안이 말랐을 것이다. '지금 저 사람은 정말 목이 탈 거야'라고 브라운슈바이크Braunschweig 공작은 확신했다. 공작이 마르틴 루터에게 최상의 흑맥주 세 통을 숙소로 보낸 것으로 문헌에는 나와 있다. 나는 브라운슈바이크 가문의 이 고결한 행위를 결코 잊지 않을 것이다.

프랑스인들은 종교개혁뿐 아니라 종교개혁의 영웅들에 대해서도 매우 그릇된 관념을 갖고 있다. 이러한 그릇된 관념의 일차적 원인은 아마도 루터가 가장 위대한 인간이자 우리 역사에서 가장 독일적인 인간이라는 점에 있을 것이다. 그의 인격에는 독일인의 모든 장점과 단점이 극대화되어 결합되어 있어서 한 개인으로서 그는 놀랍게도 독일을 대표했다. 또한 그는 우리가 거의 볼 수 없는, 우리가 일반적으로 적대적 모순으로 생각하는 특성을 함께 지니고 있었다. 그는 꿈꾸는 신비주의자이자 실천적 인간이었다. 그의 생각은 날개를 달고 있을 뿐만 아니라 손을 가지고 있었다. 그는 말하고 행동했다. 그는 시대의 혀였을 뿐 아니라 시대의 검이었다. 또한 그는 글자 하나하나를 꼼꼼히 따지는 냉정한 스콜라 철학자이자, 영감을 받은 신에 도취한 예언자였다. 그는 하루종일 자신의 교리를 명확하게 하기 위해 힘들게 작업을 했고, 작업을 마친 후 저녁에는 플루트를 들고 별을 바라보며 선율과 경배 속으로 녹아들었다. 그는 생선을 파는 아주머니처럼 욕을 내뱉을 수 있었고, 동시에 연약한 처녀처럼 부드러울 수도 있었다. 그는 때때로 떡갈나무를 뿌리째 뽑는 폭풍우와 같다가, 다시 제비꽃을 어루만지는 산들바람처럼 부드러워졌다. 그는 신에 대한 최고의 경외심을 지니고 헌신을 다해 성령을 경배하였으며, 순수한 영성으로 완전히 빠져들 수 있는 자였다. 하지만 그는 또한 지상의 찬란함을 너무나 잘 알고 그것을 소중히 여길 줄 알았다. 그래서 그의 입에서 저 유명한 경구가 터져 나왔다. "술과 여자와 노래를 사랑하지 않는 자는 평생 동안 바보로 살 것이다."[75] 그는 완벽한 인간, 정신과 물질이 통일된 절대적 인간이라고 말하고 싶다. 그러므로 그를 정신주의자라고 부르는 것은 그를 감각주의자라고 부르는 것과 마찬가지로 잘못이리라. 그를 어떻게 불러야 할까? 그는 근원적인, 이해 불가능한, 기적적인 어떤 것을 지녔다. 천명을 받은 모든 인물들이 그렇듯, 그는 무서울 정도의 순진함과 바보 같은 영리함, 숭고한 편협함과 억제할 수 없는 마성을 지녔다.

루터의 아버지는 만스펠트 지방의 광부였다. 그래서 루터는 소년이었을 때 종종 아버지가 일하는 지하 작업장에 가곤 했다. 그곳은 거대한 금속이 자라고 있고 샘물이 힘차게 솟구쳐 흐르는 곳이었다. 소년 루터는 아마도 무의식적으로 가장 신비로운 자연의 힘을 마음속으로 받아들였을 것이고, 산의 정령들에게 매혹되었을 것이다. 그러므로 땅의 물질들만큼이나 격정의 덩어리가 그의 마음속에 남게 되었을 것이다. 이 때문에 그는 많은 비판을 받았다. 하지만 그것은 부당한 비판이다. 저 땅의 혼합물이 없었다면, 그는 진정한 남자일 수 없었을 것이다. 순수한 정신만으로는 행동할 수 없다. 우리가 융 슈틸링Jung-Stilling[76]의 유령론에서 알 수 있는 것은 유령이 실제로

---

[75] 이것이 루터 자신의 문장인지는 증명되지 않았다.

[76] 본명은 요한 하인리히 융Johann Heinrich Jung(1740~1817)이다. 의사이며 나중에는 경제학, 재정학 교수를 지냈다. 경건주의로 채색된 어린 시절의 기억으로 유명해졌고, 1777년 괴테의 종용을 받아 1808년 『유령학 이론Theorie der Geisterkunde』을 출간했다.

색채를 띠고 분명하게 자신을 보이게 할 수 있고, 마치 살아 있는 사람처럼 걷고 달리고 춤추고, 가능한 모든 행동을 할 수 있지만 그럼에도 불구하고 물질적인 것은 아무것도, 침대 곁에 있는 아주 작은 탁자도 옮길 수가 없다는 것이다.

루터에게 존경을! 우리의 가장 소중한 재산을 구해주고 위대한 행동으로 우리의 오늘이 있게 한 루터에게 존경을! 그의 관점이 협소하다고 비판하는 것은 적절치 않다. 거인의 어깨 위에 서 있는 난쟁이는 물론 거인보다 더 멀리 볼 수 있다. 특히 그가 안경을 걸치고 있다면. 하지만 높아진 조망에는 우리가 가질 수 없는 높은 감정, 거인의 마음이 결여되어 있다. 루터의 단점에 대해 냉혹한 비판을 가하는 것은 더 적절치 않다. 그의 단점은 천 명의 다른 사람들이 가진 장점들보다 우리에게 더 유용했다. 에라스뮈스Desiderius Erasmus[77]의 섬세함과 멜란히톤Philipp Melanchthon[78]의 온화함은 우리의 동지 마르틴 루터가 때때로 일으키는 신적인 잔혹함만큼 결코 우리를 멀리 데려가주지 못할 것이다. 그렇다. 내가 앞서 암시한 것처럼 시작 지점에서 그가 행한 오류는 우리에게 가장 소중한 열매를 가져다주었

---

[77] 데시데리위스 에라스뮈스(1466~1536). 로테르담의 에라스뮈스로 불린다. 지도적인 인문주의 문헌학자이자 교회 비판자. 의지의 자유와 관련해서는 루터와 견해가 같았다. 에라스뮈스는 인간은—구원을 원치 않든지 또는 바라든지—근본적으로 스스로를 자유롭게 결정할 수 있다는 견해를 옹호했다.(『자유의지에 관하여De Libero Arbitrio』, 1524)

[78] 필리프 멜란히톤(1497~1560), 원래 이름은 필리프 슈바르체르트Philipp Schwarzert이다. 종교개혁과 신학자. 1518년부터 비텐베르크 대학의 그리스어 교수를 지냈고, 마르틴 루터의 긴밀한 공동 협력자였다.

다. 그것은 온 인류에게 생기를 불어넣는 열매였다. 루터가 의회에서 교황의 권위를 부정하고 "자신의 교리를 비판하려면 성서의 문구나 이성적인 근거를 통해서 해야 한다"[79]고 공개적으로 천명한 바로 그때부터 독일의 새로운 시대는 시작되었다. 성 보니파체Boniface[80]가 독일 교회를 로마에 묶었던 사슬은 끊어졌다. 이전에 거대한 위계질서의 필수적인 한 부분이었던 독일 교회는 종교적 민주주의로 해체되었다. 종교는 다른 종교가 되었다. 인도적印度的·영지주의적 요소가 사라졌다. 그리고 우리는 유대교적·이신론적 요소[81]가 다시 살아나는 것을 본다. 복음주의 기독교가 생겨났다. 가장 긴요한 물질적 요구 사항들이 고려되고 합법화됨으로써 종교는 다시 진리가 되었다. 성직자는 인간이 되고, 신이 요구한 것처럼 아내를 갖고 아이를 낳았다.[82] 반면에 신은 다시 가족 없는 천상의 독신자가 되었다. 신의 아들의 합법성이 부정되었다. 성자들은 해고되었고,

79 보름스 제국의회에서 루터가 행한 변론의 핵심 문장.

80 보니파시오Bonifatius라고도 불린다. 원래 이름은 빈프리트Winfried(672/73~754)이다. 앵글로색슨계의 베네딕트파 수도사. 독일인 전도에 힘썼고, 722년 로마에서 주교로 임명되었다. 732년부터 독일에서 대주교와 교황의 사절로 봉직했다.

81 이신론은 초월적 인격신으로부터 출발한다. 이 초월적 인격신은 창조 행위 이후 현실의 전개에 어떠한 영향력도 행사하지 않는다. 유신론과 반대로 신은 세계의 인도자로 여겨지지 않는다. 이신론적 관점에서 세계는 피조물에 내재하는 법칙에 따르기 때문에 초자연적인 계시는 필요치 않다. 이러한 기본 입장 때문에 이신론은 '자연종교'로서 계몽주의의 이성에 대한 믿음을 대표한다.

82 마르틴 루터는 1525년 과거 수녀였던 카타리나 폰 보라Katharina von Bora(1499~1552)와 결혼했다.

천사들은 날개가 잘렸다. 성모 마리아는 하늘의 권좌에 대한 그녀의 모든 권리를 상실했다. 그리고 기적을 행하는 것도 중지되었다. 사실 지금부터, 특히 자연과학이 엄청난 진보를 시작한 때부터 기적은 멈췄다. 물리학자들이 지극히 의심스러운 눈길을 보내는 것이 신을 화나게 했든, 신이 보스코Bartolommeo Bosco[83]와 경쟁하고 싶지 않아서든, 종교가 심각한 위기에 처한 오늘날 분명한 기적으로 종교를 뒷받침하는 일을 신은 거부했다. 아마도 신은 이제부터 그가 지상에 도입한 그 어떤 새로운 종교에서도 성스러운 수법에는 더 이상 관여하지 않고, 새로운 교리의 진리를 이성을 통하여 증명할 것이다. 어쨌든 이것이 사실상 가장 이성적인 방법이다. 가장 최근의 종교인 생시몽주의[84]의 경우에서도 기적은 일어나지 않는다. 예외가 있다면, 생시몽이 생전에 빚진 한 늙은 재단사에게 지불할 금액을 생시몽이 죽은 후 10년이 지나서 그의 제자가 현금으로 지불했다는 사실이다. 생시몽의 훌륭한 제자 페르 올랭드Père Olinde[85]가 살레 테

---

83   바르톨로메오 보스코(1793~1863). 이탈리아의 유명한 마술사.

84   생시몽(원명은 생시몽 백작 클로드 앙리 드 루브루아Claude Henri de Rouvroy, Comte de Saint-Simon)(1760~1825)의 추종자들 중 특히 바르텔레미 앙팡탱Barthélemy Prosper Enfantin(1796~1864)과 바자르Saint-Amand Bazard(1791~1832)는 사회주의 사회 이론, 즉 『생시몽의 교의Doctrine de Saint-Simon』(1830)를 기초했다. 기술이 지배하는 산업사회 건설, 생산수단의 공유화, 특히 태생적 특권과 상속권의 폐지를 통해 항구적인 계급 적대를 극복해야 한다고 주장했다. 이러한 정치–사회경제적 담론은 새로운 도덕론(결혼의 의미)을 수반했다. 생시몽주의가 스스로를 새로운 교회로 생각하고 그 정점에 '교부'를 둠으로써 생시몽주의는 마침내 종교적 형태를 띠게 되었다.

85   올랭드 로드리그Olinde Rodrigues(1794~1851). 앙팡탱과 바자르와 함께 생시몽주의를 대

부Salle Taitbout[86]에서 열정에 찬 모습으로 일어서서 놀란 표정을 짓는 동료들에게 그 늙은 재단사에게 지불한 영수증을 들어 보이는 모습을 나는 상상해볼 수 있다. 젊은 장사꾼들[87]은 이 초자연적 증거에 놀랐지만, 재단사들은 이미 믿기 시작했다!

그러는 동안 우리 독일에서는 프로테스탄티즘에 의해 옛 기적들과 함께 수많은 시문학이 사라졌다. 하지만 여러 가지 대가도 얻을 수 있었다. 사람들은 더 예의 바르고 더 고상해졌다. 프로테스탄티즘은 소위 도덕이라 불리는 깨끗한 예의범절과 책임을 지는 데 있어서의 엄격함에 가장 효과적인 영향을 끼쳤다. 프로테스탄티즘은 몇몇 공동체에서 결국 앞서 언급한 도덕과 완전히 일치하는 방향을 취했다. 그럼으로써 복음은 그저 아름다운 우화로 남게 되었다. 특히 우리는 이제 성직자의 삶의 바람직한 변화를 목도한다. 독신제도가 사라짐으로써 성직자와 수도사의 음행도 사라졌다. 신교의 성직자들 가운데서 우리는 옛 스토아 철학자들[88]도 존경해 마지않을 고결한 사람들을 드물지 않게 볼 수 있다. 얼마나 많은 덕성을, 형용사를 하나 붙인다면, 얼마나 많은 복음주의적 덕성을 검소한 목사의

표하는 인물.

86 생시몽주의자들의 모임 장소.

87 식민지 무역상.

88 스토아주의 철학자들은 이성이 이끄는, 정념이 없는 삶의 이상을 강조했다. 이러한 삶의 태도의 윤리적 원리는 덕성Tugend이라는 개념으로 요약될 수 있다. 어떤 것에 의해서도 흐트러지지 않는 마음의 평정Ataraxie이 이들이 추구하는 목적이었다.

사택에서 볼 수 있는지 경험하려면, 가난한 학생으로서 걸어서 북독일 전역을 방랑해보아야 한다. 이방인인 내가 배고프고 지쳤다는 말 밖에 하지 못했는데도 얼마나 자주 나는 겨울밤에 따뜻한 환대를 받았는가! 잘 먹고 잘 자고 다음 날 아침 떠나려 할 때, 늙은 목사가 잠옷을 입은 채 와서는 나에게 축복의 작별 인사를 건넸고, 그 축복의 말 덕택에 나에게 불행한 일은 결코 일어나지 않았다. 기분 좋은 수다쟁이인 목사 부인은 버터를 바른 빵 몇 조각을 주머니에 넣어 주었고, 그 빵조각 덕분에 나는 원기를 잃지 않았다. 그리고 멀리서 아름다운 목사의 딸들이 말없이 홍조를 띤 뺨에 푸른 눈빛을 띤 채 서 있었다. 그 수줍은 불꽃은 여전히 내 기억 속에 남아 긴 겨울 동안 내 마음을 따뜻하게 했다.

　루터가 자신의 교리는 오직 『성경』 자체에 의해서만, 그리고 이성적 근거를 통해서만 비판될 수 있다는 명제를 표명함으로써 인간의 이성은 『성경』을 설명할 권리를 획득했다. 그리고 이성은 모든 종교적 논쟁에서 가장 상위의 재판관으로 인정되었다. 그럼으로써 독일에는 소위 정신의 자유가, 같은 말이지만, 사유의 자유가 시작되었다. 사유는 하나의 권리가 되었고, 이성의 권리는 합법화되었다. 물론 이미 수 세기 전부터 사람들은 상당한 정도로 자유롭게 생각하고 말할 수 있었다. 그리고 스콜라 철학자들[89]은 중세 시대에 표현이

---

[89] 중세 시대에는 맨 먼저 '교양학문artes liberales'의 선생과 학생이 있었고, 스콜라주의자들은 그 이후에 등장했다.

불가능했을 것 같은 그러한 것들에 대해서도 논하였다. 하지만 이러한 일은 신학적 진리와 철학적 진리의 구별[90]이 가능했기에 일어날 수 있었다. 그것은 이단으로부터 자신을 보호할 수 있는 구별이었다. 그리고 이것은 대학의 강의실 안에서만 일어났으며, 민중들이 아무것도 이해할 수 없는 고딕체로 된 난해한 라틴어로 진행되었다. 그러므로 교회에 끼칠 피해는 우려할 정도가 아니었다. 그럼에도 불구하고 교회는 이러한 과정을 실제로 허용하지 않았다. 그리고 가끔씩 교회는 실제로 가난한 스콜라 철학자를 화형시켰다. 하지만 이제, 루터 이래로 사람들은 더 이상 신학적 진리와 철학적 진리를 구별하지 않는다. 사람들은 공개적으로 향토색 짙은 독일어로 주저함이나 두려움 없이 논쟁한다. 종교개혁을 받아들인 군주들은 이러한 사유의 자유를 합법화했으며, 이 사유의 자유의 중요한, 세계적으로도 중요한 결실은 바로 독일 철학이다.

사실상, 인간 정신은 그리스에서도 18세기 중엽부터 프랑스가 침공[91]할 때까지의 독일만큼 그렇게 자유롭게 표현될 수 없었다. 특히

---

[90] 이중적 진리에 관한 중세 시대의 학설은 (서로 모순되는) 신학적 관점과 철학적 관점의 병존을 가능케 했다. 하이네가 두 관점의 구별이 이단에 대한 비난을 모면하는 데 도움이 된다고 언급할 때, 이것은 매우 요령 있는 방책이라고 할 수 있다. 먼저 이는 지성의 도움으로 획득한 연구 결과를 가지고 현실적으로 우월한 위치에 있는 신학적 관점을 언급함으로써 칼 끝을 무디게 하는 방법이다. 토마스 아퀴나스(1225~1274)는 신앙과 지식의 통일이 가능하다고 생각한 반면, 윌리엄 오컴 William of Ockham(1285~1349) 같은 유명론자들은 철학과 신학의 분리를 주장했다.

[91] 나폴레옹 군대의 독일 점령.

프로이센에서는 제한 없는 사유의 자유가 지배했다. 프로이센의 왕으로서 자신의 정당성은 오직 프로테스탄트의 원리에 기반하고 있다고 생각한 마르퀴스 폰 브란덴부르크Marquis von Brandenburg[92]는 당연히 프로테스탄트적 사유의 자유를 유지해야만 한다고 생각했다.

그 후 물론 상황은 변했다. 프로테스탄트적 사유의 자유의 선천적 보호자[93]는 사유의 자유를 억압하기 위해 알프스 너머의 사람들과 협약을 맺었다. 그리고 그는 교황 권력이 맨 처음 고안해내고 사용했던 무기를 종종 이용했다. 그것은 검열이었다.

믿을 수가 없는 일이다! 우리 독일인은 가장 강하고 영리한 민족이다. 우리의 왕가는 유럽의 모든 왕좌에 올랐고, 우리의 로트실트들Rothschilde[94]은 세상의 모든 주식시장을 지배했고, 우리의 학자들은 모든 학문 분야에 군림했으며, 우리는 화약과 인쇄술을 발명했다. 그런데 우리들 중 누군가가 방아쇠를 당기면, 그는 3탈러의 벌금을 물어야 하고, 우리가 『함부르크 통신Hamburger Korrespondent』에 "사랑하는 나의 아내가 일주일 후면 자유처럼 아름다운 예쁜 딸아이를 낳을 것이다"라고 기고한다면, 호프만Friedrich Lorenz Hoffmann[95] 박

---

92 하이네는 아마도 프리드리히 2세Friedrich II(1712~1786)를 가리키고 있는 듯하다. 그의 통치기(1740~1786) 동안에는 무엇보다 프랑스 계몽주의 사고가 주목을 받았다.

93 프리드리히 빌헬름 3세Friedrich Wilhelm III(1770~1840). 1797년부터 1840년까지 프로이센의 국왕을 지냈다.

94 로트실트 금융그룹은 1766년 마이어 암셸 로트실트Meyer Amschel Rothschild (1744~1812)에 의해 프랑크푸르트에서 창립되어 국제 은행으로 사업을 시작했다. (영어로는 로스차일드. 图)

사가 그의 빨간색 펜으로 "자유"라는 글자에 빗금을 칠 것이다.

이러한 일이 얼마나 지속될 것인가? 나는 알지 못한다. 하지만 지금 독일에서 격렬하게 논쟁하고 있는 출판 자유의 문제가 앞에서 고찰한 것과 매우 의미심장하게 연결되어 있다는 것을 나는 안다. 출판 자유의 문제가 사유의 자유의 논리와 다르지 않음을, 그래서 출판 자유가 프로테스탄트적 권리라는 것을 생각한다면 해결책을 찾는 것은 어렵지 않다고 생각한다. 이러한 종류의 권리를 위하여 그 독일인은 최선을 다해 희생을 했다. 나는 아마도 그가 다시 검열 대상에 포함될 것이라고 생각한다.

이러한 문제는 지금 독일에서 매우 격렬하게 사람들의 마음을 뒤흔들고 있는 대학의 자유의 문제[96]에도 동일하게 적용될 수 있다. 대학에서 정치적 소요, 즉 자유에 대한 사랑은 일반적이라는 사실을 깨닫게 된 이래로, 모든 방면에서 통치자들의 귀에 들어오는 말은 이러한 대학을 억압하거나 적어도 일반적인 강의기관으로 변화시켜야 한다는 것이다. 여러 가지 계획이 세워지고, 찬반 토론이 진행되었다. 대학을 공개적으로 반대하는 자들은 우리가 지금껏 알고 있

---

95   프리드리히 로렌츠 호프만(1790~1871). 1822년부터 1848년까지 함부르크의 검열관이었다.

96   칼스바트 결의(1819년 9월 20일)의 연장선상에서 공포된 '대학법'은 빌헬름 폰 훔볼트Wilhelm von Humboldt(1767~1835)가 주도적으로 개혁한 대학에 철퇴를 내렸다. 그 결과 학생과 선생에 대한 감시로 말미암아 학문의 자유가 제한되었다. (훔볼트는 독일의 인본주의 철학자이자 교육자, 정치가이다. 1809년 교육장관을 역임할 당시 교육, 특히 대학 개혁을 주장하며 1810년 베를린 대학의 설립을 주도했다. 옮)

던 대학 옹호자들만큼이나 이 문제의 근본적 이유를 모르는 것처럼 보인다. 대학 반대자들이 알지 못하는 것은 청년들은 어디에서나, 그리고 모든 학문 분야에서 자유에 대한 관심이 고취되어 있어서 대학을 억압한다면 다른 곳에서, 어쩌면 장사를 하거나 공장에서 일하는 청년들과 연대하여 더욱더 강력하게 자신들을 표출할 것이라는 점이다. 대학 옹호자들은 대학이 몰락하면 만개한 독일의 학문도 함께 몰락할 것이고, 그래서 바로 대학의 자유는 연구에 매우 유용하고, 그럼으로써 청년들에게는 스스로를 다방면으로 향상시킬 수 있는 기회가 매우 훌륭하게 제공될 수 있다는 점 등등만을 입증하려고 한다. 마치 이 문제가 몇 개의 그리스 단어나 몇몇 버릇없는 행동의 문제인 듯이!

그리고 신성한 권력의 안전성이 위협받는다면 모든 학문과 연구 그리고 교육이 왕들에게 무슨 의미가 있을까? 그들은 저 모든 상대적인 재산을 오직 절대적인 것을 위해, 그들의 절대적 권력을 위해 희생할 정도로 충분히 영웅적이었다. 왜냐하면 그들은 절대적 권력을 신에게서 위임받았고, 하늘이 명령하는 곳에서 모든 세속적 고려는 포기되어야 하기 때문이다.

대학 옹호자를 대표하는 가난한 교수 쪽도, 대학 반대자를 대표하는 고위관료 쪽도 모두 잘못 파악하고 있었다. 독일에서는 오직 가톨릭의 포교성성 Sacra Congregatio de Propaganda Fide[97]만이 그 의미를 파악하였다. 이 독실한 반계몽주의자들은 우리 대학 제도의 가장 위험한 적대자들이다. 이들은 기만과 사기로 대학에 반대하는 활동을 하고 있다. 그래서 그들 중 한 사람이 최근 뮌헨의 대학 강당에서 연설을 한 어느 화려한 사기꾼[98]처럼 환한 표정을 짓고 대학을 옹호하려는 듯한 발언을 한다면, 그것은 예수회[99]의 음모를 보여주는 것이다. 이 야비한 위선자들은 국면 파악을 아주 잘한다. 왜냐하면 대학과 더불어 종교개혁 이후 대학에서만 자리를 잡은 프로테스탄트 교회도 역시 몰락하고 있기 때문이다. 최근 100년간 프로테스탄트 교회의 역사는 단지 비텐베르크, 라이프치히, 튀빙겐, 할레 대학 학자들의 신학적 논쟁이 전부일 정도이다. 추기경회의Konsistorium[100]는 신학대학의 창백한 그림자일 뿐이다. 추기경회의는 그 근거와 성격을 상실하고 행정부 또는 심지어 경찰에 의존하게 되었다.

하지만 이러한 우울한 고찰은 더 이상 하지 말기로 하자. 여기서 우리는 천명을 받은 남자, 독일 민족에게 위대함을 안겨다 준 남자에 대해 계속 말해야 하기 때문이다. 앞에서 나는 우리가 그를 통해 어떻게 가장 위대한 시유의 자유에 이르게 되었는지를 서술했다. 하

---

[97] 교황 그레고리오 15세Gregorius PP. XV(재위 1621~1623)가 선교 업무를 총괄하고 지도, 감독하기 위해 신설한 로마 교황청의 심의회. 현재는 '인류복음화성'으로 그 명칭이 변경되었다. 편

[98] 만프레트 빈드푸어Manfred Windfuhr(독일의 저명한 하이네 연구자 편)는 하이네가 여기서 가톨릭 의사인 요한 네폴묵 린가이스Johann Nepolmuk Ringeis(1785~1880)의 연설을 끌어대고 있다고 추측한다. 1833년에 린가이스는 대학의 독립성에 대해 말했지만, 그 후에는 강경하게 대학이 국가와 교회의 후견을 받아야 한다고 생각했다.

[99] 로마 가톨릭교회 소속의 수도회로 종교개혁 당시 로마 가톨릭은 예수회를 통해 반개혁 운동을 벌였다. 편

[100] 여기서는 복음주의 교회의 최상위 지역행정조직체.

지만 마르틴 루터는 단지 운동의 자유만이 아니라 운동의 수단도 가져다주었다. 말하자면 그는 정신에 육체를 부여했다. 그는 사유에 언어를 입혔다. 그는 독일어를 창조했다.

이 일은 그가 『성경』을 번역함으로써 일어났다.[101]

『성경』의 거룩한 저자는 우리와 마찬가지로 누가 『성경』을 번역하는지의 문제가 매우 중요하다는 것을 잘 알고 있는 것처럼 보인다. 그래서 그는 스스로 번역자를 택해서 이미 무덤 속에 들어간 죽은 언어(라틴어-옮긴이)를 아직은 통용어로 정착되지 않은 언어(독일어-옮긴이)로 번역하는 놀라운 힘을 그에게 부여했다.

물론 『불가타Vulgata』[102]와 『셉투아진타Septuaginta』[103]라는 『성경』이 있었고, 사람들은 그것을 이해할 수 있었다. 하지만 기독교 세계에서 히브리어는 소멸되었다. 이곳저곳 세상의 구석에 숨어 사는 유대인들만이 히브리어 전통을 보존하고 있었다. 생전의 보물을 지키는 유령처럼, 이 살해된 민족, 이 유령 같은 민족은 어두운 게토에 앉아서 히브리어 『성경』을 보존했다. 그리고 평판이 좋지 않은 그 피난처 속으로 독일 학자들이 비밀리에 내려갔다. 보물을 끌어올리기 위해서, 히브리어에 대한 지식을 얻기 위해서였다. 가톨릭의 성직자들

---

101 마르틴 루터는 1521년 바르트부르크 체류 기간에 맨 먼저 『신약성경』을 히브리어에서 독일어로 번역했고(『9월 성서Septembertestament』, 초판 1522년), 그다음에 『구약성경』을 번역했다(1523~1534).

102 『성경』의 라틴어 번역본. 가톨릭교회는 이를 진본으로 인정했다.

103 『구약성경』의 고대 그리스어 번역본.

은 자신들에게 다가오는 위험을 감지했다. 독일 사람들이 신의 실제 말씀을 알게 되어 로마 교황청의 위조 행위를 발견할지도 모르기 때문이었다. 그래서 그들은 유대인의 전통을 억압하고, 히브리어로 된 모든 책들을 없애려는 계획을 세웠다. 라인 강 주변 지역에서 책에 대한 탄압이 시작되었고, 우리의 훌륭한 로이힐린Johannes Reuchlin 박사는 탄압에 맞서 훌륭하게 싸웠다.[104] 그 당시 맞서 싸웠던 쾰른의 신학자들, 특히 훅스트라텐Jakob van Hoogstraeten 같은 사람들은 로이힐린과 함께 싸웠던 용맹한 기사 울리히 폰 후텐Ulrich von Hutten이 그의 책 『우둔한 자의 편지Litteris obscurorum virorum』에서 묘사한 것처럼 그렇게 결코 좁은 정신의 소유자들이 아니었다. 히브리어 탄압이 핵심 문제였다. 로이힐린이 승리하자, 루터는 번역 작업을 시작했다. 당시 로이힐린에게 보낸 편지를 보면 루터는 로이힐린이 쟁취한 승리가 얼마나 중대한 것인지를 이미 알고 있었던 것

---

104 하이네는 여기서 16세기 초입에 일어난 보수적 유대인 요하네스 페퍼코른Johannes Pfefferkorn(1460년경~1522/23)—그는 쾰른 대학 신학부의 도미니크회로부터 지지를 받고 있었다—과 법학자이자 문헌학자인 요하네스 로이힐린(1455~1522) 사이에 벌어진 논쟁에 대해 말하고 있다. 논쟁의 대상은 『성경』과 관련이 없는 모든 유대인의 글을 폐기해야 한다는 페퍼코른의 호소였다. 황제 막시밀리안 1세Maximilian I(1459~1519)(신성로마제국의 황제 🔲)로부터 이에 대한 소견을 요청받은 로이힐린은 자신이 대표하는 인문주의적 관용이란 입장에서 유대인들의 글을 폐기하는 것에 격렬하게 반대했다.(『유대인의 모든 책을 빼앗아 폐기하고 불태워야 하는지에 대한 조언Ratschlag, ob man den Juden alle ihre Bücher nehmen, abtun und verbrennen soll』, 1510) 그 후 불붙은 논쟁에서 인문주의자 크로투스 루베아누스Crotus Rubeanus, 즉 요하네스 예거Johannes Jaeger(1480~1439)(독일 가톨릭 신학자 🔲)와 울리히 폰 후텐(1488~1523)(독일의 인문주의자이자 풍자 시인 🔲)은 로이힐린 편을 들었다. 이들은 1515~1517년 사이에 출간된 『무명인의 편지Epistolae obscurorum virorum』를 저술했다. 이 책은 스콜라 신학, 특히 신학 교수이자 종교재판관인 야콥 판 훅스트라텐(1460~1527)의 거만한 행태를 풍자적으로 비판했다.

으로 보인다. 로이힐린의 승리가 의존적인 애매한 입장에서 획득된 것인 반면, 아우구스티누스파의 수도사인 루터는 완전히 독립적인 입장에 서 있었다. 로이힐린에게 보낸 편지에서 루터는 매우 단순하게 말하고 있다. "나는 아무것도 가진 것이 없기 때문에 두려워할 것이 없네."[105]

하지만 루터가 성경 번역어를 어떻게 가지게 되었는지에[106] 대해서는 나는 지금 이 순간까지 알 수 없다. 옛 슈바벤 방언[107]은 호엔슈타우펜Hohenstaufen 왕조[108] 시대의 기사문학과 함께 완전히 사라졌다. 소위 저지독일어Niederdeutsch로 불리는 옛 작센 방언[109]은 북부 독일의 일부 지역에서만 통용되었고, 수많은 시도에도 불구하고 문학 작품의 언어에는 적합하지 않았다. 루터가 성경 번역어로 오늘날 작센 지방 사람들이 말하는 언어를 사용했다면, 작센, 특히 마이센

---

105 로이힐린에게 보낸 루터의 편지(1518년 12월 14일)에는 이 문장이 약간 변형되어 나타난다. "나는 아무것도 가진 것이 없기 때문에 잃을 게 없네."

106 동중부와 남부 독일어의 요소를 결합하고, 튀링겐-오버작센 지방의 관청 언어를 기반으로 삼은 마르틴 루터의 글과 특히 그의 『성경』 번역은 공통의 신고지독일어Neuhochdeutsch(오늘날의 표준 독일어-옮긴이) 형성에 커다란 기여를 했다. 반면 책 인쇄술의 발명은 하이네가 언급하듯이, 새로운 어법을 빠르고 광범위하게 확산시키는 데 결정적인 기술적 전제가 되었다.

107 중세 고지독일어Hochdeutsch. 물론 단일한 방언으로 고찰되지는 않는다.

108 1138년부터 1254년까지 독일의 왕과 신성로마제국의 황제 그리고 시칠리아의 왕을 배출한 가문. 호엔슈타우펜은 슈바벤 가문 소유의 성 이름인 슈타우펜에서 유래한 것으로 슈바벤 가문이라고 불리기도 한다. 옮

109 소위 평원독일어. 저지독일어. 마찬가지로 단일한 방언은 아니다.

방언이 우리의 표준 독일어, 즉 문어라고 주장한 아델룽Johann Christoph Adelung[110]의 말이 맞을 것이다. 하지만 이러한 주장은 이미 부정되었다. 여기서 나는 이 주장을 좀 더 날카롭게 비판해야겠다. 왜냐하면 이러한 오류는 프랑스에서도 항상 있어왔고, 있을 것이기 때문이다. 오늘날의 작센어는 예를 들어 슐레지엔 지방의 언어처럼 결코 독일 민족의 방언이 아니었다. 왜냐하면 슐레지엔어처럼 작센어도 슬라브어의 색채를 지니고 성립했기 때문이다. 나는 솔직하게 고백하거니와, 루터의 『성경』에 쓰여 있는 독일어가 어떻게 탄생했는지 알지 못한다. 하지만 분명한 것은 흑색 예술로 불리는 새로운 인쇄기가 수천 권의 『성경』 복사본을 민중 속으로 뿌렸고, 그 『성경』을 통해 루터의 언어는 몇 년 안에 전 독일로 확산되어 보편적 문어로 올라섰다. 이 문어가 점점 독일을 지배하고, 정치적·종교적으로 조각난 나라를 언어적으로 통일시켰다. 오늘날의 발전된 형태에서 보면 이 언어는 삼성적 깊이가 부족하다는 사실을 어쩌면 이러한 엄청난 업적이 상쇄시켜줄 수 있을 것이다. 우리는 단일한 방언으로 형성된 언어들에서 감정의 깊이가 부족한 측면을 종종 발견하곤 한다. 하지만 루터의 『성경』에 쓰인 언어는 전혀 그런 감정적 깊이를 결여하고 있지 않다. 그러므로 이 오래된 책은 지금 우리의 언어를 새롭게 하는 영원한 원천이다. 루터의 『성경』에 나오는 모든 표현과

---

[110] 요한 크리스토프 아델룽(1732~1806). 문화사 및 문법과 사전 편찬에 관한 수많은 저술을 남긴 문헌학자이자 저술가.

어법들은 독일적이다. 그러므로 작가들은 언제든 이 언어를 사용해도 좋다. 루터의 『성경』은 가난한 사람들의 손에서 읽혔기 때문에, 문학적으로 표현할 때 요구되는 특별한 학문적 설명이 필요치 않다.

이러한 사정은 정치적 혁명이 발발했을 때, 매우 놀라운 현상을 낳을 것이다. 어느 곳에서나 자유를 말할 수 있게 되고, 그 언어는 성경의 언어일 것이다.

또한 루터가 쓴 글은 독일어를 표준화하는 데 기여했다. 글 속에 담긴 격렬한 비판의 열정 때문에 그의 글은 그 시대의 한가운데로 깊이 파고들었다. 그러한 격정적 톤이 항상 완전한 것은 아니었다. 하지만 오렌지 꽃으로는 결코 종교혁명을 이뤄낼 수 없다. 울퉁불퉁한 틈에는 때로 울퉁불퉁한 쐐기가 맞는 법이다. 『성경』에서 루터의 언어는 현재하는 신의 정신에 대한 외경심에서 비롯된 것이므로 항상 어떤 존엄성을 갖는다. 이에 반해 논쟁적인 글에서 그는 평민들의 거친 언어를 구사하며, 그것은 때로 불쾌하면서도 압도적이다. 그렇다면 그의 표현과 이미지는 우리가 인도 또는 이집트의 신전에 있는 동굴에서 볼 수 있는 거대한 바위 형상과 흡사하다. 그 화려한 색채와 이상하게 추한 모습은 불쾌감과 동시에 매력을 풍긴다. 이러한 바로크적 바위의 이미지 때문에 이 용맹한 수도사는 때로 종교계의 당통Georges Danton[111]처럼 보인다. 산의 설교자 당통은 산의 정상에서

---

[111] 조르주 당통(1759~1794). 프랑스 혁명의 중요한 인물. 급진적인 자코뱅파의 수장. 국민의회의 윗자리에 앉았기 때문에 '산(산악―옮긴이)'이라고 이름 붙여졌다. 지롱드파인 평원파가 산악파와 대립했다. 혁명과 종교적 요소의 결합으로―설교자와 산―『신약성경』에 등장

그의 정적들을 향해 다채로운 말 덩어리들을 아래로 내던지곤 했다.

이러한 산문적인 글보다 더 주목할 만하고 의미 있는 것은 루터의 시이다. 그것은 투쟁과 궁핍 가운데 그의 영혼에서 우러나온 노래이다. 루터의 시는 때로는 절벽에서 자라나는 꽃과 같고, 때로는 요동치는 바다 위를 비추는 달빛과 같다. 루터는 음악을 사랑했다. 심지어 그는 음악에 대한 논문[112]도 썼다. 그래서 그의 시들은 특별히 선율이 있다. 이러한 점에서 '아이스레벤Eisleben의 백조'[113]라는 명칭은 루터에게 어울린다. 하지만 몇몇 노래에서 그는 결코 온순한 백조가 아니었다. 그러한 노래에서 그는 자신을 따르는 사람들에게 용기를 불어넣고 자신에게는 가장 용맹한 투쟁심을 고취시켰다. 한 투쟁가는 루터가 동지들과 함께 보름스로 행진하면서 부른 노래이다. 구시대의 성당은 이 새로운 노랫소리에 몸을 떨었고, 까마귀들은 은신처인 탑의 둥지에서 경악했다. 마르세유 혁명의 찬가[114]와 같은 저 노래는 오늘날까지도 그 열정적인 힘을 지니고 있다.

하는 산의 설교자를 연상케 하기도 한다. 하이네의 글에서는 종종 나오는 표현이다.

112 「천상의 예술 음악에 대한 […] 서문 Vorrede […] von der himmlischen Kunst Musica」(1538), (Weimarer Ausgabe Bd. 50, S. 366ff)

113 체코의 교회 개혁가 얀 후스Jan Hus(1370~1415)는 이단자로 화형에 처해지게 되었을 때, 자신은 이제 곧 구워질 거위지만 미래에는 구워질 수 없는 백조가 되어 나타날 것이라고 말했다. 루터는 이 말을 자신에게 적용했다. (후스는 '거위'라는 뜻의 체코어 발음으로 당시 후스의 비판자들은 후스의 설교를 '거위가 떠드는 말'이라고 조롱했다. 이후 거위는 후스의 상징이, 백조는 루터의 상징이 되었다. 아이스레벤은 루터가 태어난 고향이다. 韓)

114 프랑스 국가. 클로드 조제프 루제 드 릴Claude Joseph Rouget de Lisle(1760~1836)이 1792년에 작곡했다.

군건한 성은 우리의 신

훌륭한 무기는

우리가 지금 겪고 있는

모든 고난으로부터

우리를 자유케 하리

낡고 악한 적은

진지하게

강력한 힘과 수많은 책략들을

강구하고 있다

적의 잔혹한 무기는

이 세상에서 비교 불가능한 것

우리 힘으로는 아무것도 할 수가 없다

우리는 곧 패배할 것이다

신이 선택한

정의의 인간이 우리를 위해 투쟁한다

그가 누구냐고?

그의 이름은 예수 그리스도

만군의 주

다른 신은 없다

그가 전쟁에서 승리를 할 것이다

세상이 악마로 가득 차 있고

그들이 우리를 잡아먹으려 해도

우리는 두려워하지 않는다

우리는 이겨낼 것이다

세속의 군주가

아무리 냉혹할지라도

우리를 결코 건드리지는 못할 것이다

만약 그렇게 한다면, 그는 심판을 받을 것이고

몇 마디 말이 그를 나락으로 떨어뜨릴 것이다

그들이 귀 기울이지 않은

어떤 감사도 표시하지 않은

그 말씀은 아마도 대지에 우리와 함께 있으리라

그의 정신과 재능과 함께.

그들이 우리의 육체와

재산과 명예와 아이들과 아내를 빼앗는다면

그렇게 하도록 내버려두라

그들은 아무런 이득도 얻지 못한다

하느님의 왕국은 영원히 우리에게 남아 있으리라.[115]

---

115 하이네는 마르틴 루터의 가장 유명한 종교적 노래인 이 노래를 약간의 변형을 가한 뒤 인용하고 있다. 하지만 마르틴 루터가 실제로 이 노래와 더불어 보름스로 이동했다는 사실은 사료적 측면에서 증명되지 않는다. (이 노래는 마르틴 루터가 작곡한 「내 주는 강한 성이요 Ein feste

내가 보여주고자 한 것은 우리가 사랑하는 마르틴 루터 박사에게 정신의 자유를 얼마나 빚지고 있는가 하는 점이다. 그리고 이 정신의 자유가 펼쳐지기 위해서는 좀 더 새로운 문학이 요구되었다. 나는 이 새로운 문학을 표현할 수 있는 언어를 루터 박사가 어떻게 창조했는지를 보여주고자 했다. 이제 나는 루터 스스로가 새로운 문학을 열었고, 새로운, 그리고 완전히 본격적인 문학이 루터와 함께 시작되었고, 그의 신성한 노래는 새로운 문학의 최초의 중요한 증거로 입증되었고, 새로운 문학의 분명한 성격을 제시하고 있다는 점을 덧붙이고자 한다. 따라서 새로운 독일 문학에 대해 말하려고 하는 사람은 루터로부터 시작해야 하며, 몇몇 불성실한 낭만주의 문학가들이 그랬던 것처럼 뉘른베르크의 속물 한스 작스Hans Sachs[116]로부터 시작해서는 안 된다. 한스 작스는 명망 있는 구두 수선공 길드의 음유시인이었다. 그의 마이스터게장Meistergesang[117]은 이전 민네장Minnesang[118]의 졸렬한 패러디일 뿐이고, 그의 드라마는 고대 신화의 어리석은 희화화이다. 중세 시대의 자유스러운 소박성을 고지식하게 모방하는 이 옹졸한 어릿광대는 아마도 중세의 마지막 시인으로서

Burg ist unser Gott」라는 제목의 찬송가이다. 옮

116　뉘른베르크의 작가이자 구두 장인(1494~1576). 엄청나게 많은 작품을 남겼다. 6000여 편의 시 중에서 4000편 이상이 마이스터게장 형식으로 되어 있다.

117　중세에 독일 궁정의 서정 시인들이 불렀던 일종의 기교시. 옮

118　12~14세기에 독일에서 유행하던 서정시 및 연애 가곡 장르. '민네'는 사랑, '장'은 노래라는 뜻이다. 옮

간주되어야지, 결코 근대의 첫 번째 시인으로 간주되어서는 안 된다. 이러한 점에 대해서는 내가 근대 문학과 중세 문학의 차이를 규정적인 서술을 통해 논하는 것이 가장 좋은 방법일 것이다.

루터 이전에 꽃을 피웠던 독일 문학을 살펴보면 다음과 같다.[119]

1. 문학의 재료, 즉 소재는 중세 시대의 삶과 마찬가지로 두 개의 이질적인 요소가 섞여 있다. 이 두 요소는 오랜 투쟁 속에서 폭력적으로 서로를 휘감고 있으며, 종국에는 서로 와해된다. 말하자면, 그것은 게르만의 민족성과 인도적·영지주의적, 소위 가톨릭적 기독교이다.

2. 중세 문학의 소재를 다루는 방식 또는 그 방식이 지니고 있는 정신은 낭만주의적이다. 거칠게 말하자면, 중세 문학의 소재에 대해서도, 게르만족의 민족성과 가톨릭적 기독교의 결합을 통해서 성립하는 중세의 모든 현상에 대해서도 낭만주의적이라 말할 수 있다. 왜냐하면 중세 시내의 일부 작가들이 그리스 역사와 신화를 완전히 낭만주의적으로 다뤘던 것처럼 중세 시대의 풍습과 전설도 고전주의 형식으로 표현할 수 있기 때문이다. 따라서 '고전주의적', 그리고 '낭만주의적'이니 하는 용어는 단지 소재를 다루는 방식만을 지칭한다. 재현된 대상의 형식이 재현되어져야 할 대상의 이념과 완전히 일치할 때, 그 방식은 고전주의적이다. 형식과 이념이 최고의 조화

---

[119] 고전주의 문학과 낭만주의 문학에 반대하는 이 부분의 요약적 서술은 하이네의 『낭만파』 1장에 상세하게 서술되어 있다.

를 이룬 그리스 예술 작품이 바로 그러한 경우이다. 형식이 동일성을 통해 이념을 드러내지 못하고 비유적으로 이념을 암시한다면, 그 방식은 낭만주의적이다. 나는 여기서 '상징적'이라는 용어보다는 '비유적'이라는 용어가 더 낫다고 판단해서 사용했다. 그리스 신화에는 신들이 차례차례 등장한다. 각각의 신들은 형식과 이념의 동일성에도 불구하고 상징적인 의미를 지닐 수 있었다. 하지만 이러한 그리스 종교에서는 단지 신들의 형태만이 규정되어 있다. 그 외의 모든 것, 그들의 삶과 충동은 시인의 자의에 맡겨져 임의적으로 다루어진다. 그와 반대로 기독교에서는 특정한 형태가 존재하지 않는다. 특정한 사실, 특정한 성스러운 사건과 행위만이 있고, 창작하는 작가의 마음이 그 안에 비유적인 의미를 집어넣을 수 있다. 호머가 그리스 신들을 고안했다는 말이 있지만, 그것은 사실이 아니다. 그리스 신들은 이미 그 전부터 특정한 윤곽 속에 틀 지워진 채로 존재했고, 호머는 그들의 이야기를 고안해냈다. 이와 반대로 중세의 예술가들은 그들 종교의 역사적인 부분에서 최소한의 것도 고안해내려 하지 않았다. 원죄, 육화, 세례, 십자가형 등등은 부인될 수 없는 사실이다. 이 사실에 대해서는 어떤 변형도 불가능하지만, 창작자의 마음은 이러한 사실에 비유적인 의미를 집어넣을 수 있었다. 중세 시대의 모든 예술이 이러한 비유적 정신으로 다루어졌다. 그리고 이러한 방식이 낭만주의적인 것이다. 따라서 중세 시대의 문학에는 어떤 신비한 보편성이 있다. 인물들은 그림자처럼 희미하고, 인물들의 행위는 확실하지 않고, 모든 것은 변덕스러운 달빛에 비춰지는 듯

희미하다. 이념은 형식 속에서 수수께끼처럼 암시될 뿐이다. 그래서 우리는 여기서 바로 심령문학에 적합했던 텅 빈 형식을 볼 수 있다. 여기에는 그리스인들의 경우처럼 형식과 이념 사이에 분명한 조화가 존재하지 않고, 때때로 이념이 주어진 형식을 능가하고, 형식은 이념에 도달하려고 절망적으로 노력한다. 그럴 때 우리는 낯설고 진기한 숭고함을 볼 수 있다. 때로는 형식이 완전히 이념을 능가하여 졸렬하고 사소한 생각이 거대한 형식 안으로 들어간다. 이럴 때 우리는 그로테스크한 소극을 보게 되고, 거의 언제나 기형화된 형식을 보게 된다.

3. 중세 문학의 일반적 특징은 모든 작품에서 굳건하고 확실한 신앙을 전달하고 있다는 점이다. 신앙은 당시 모든 세속적·종교적 존재를 지배했다. 시대의 모든 관점은 권위에 기반하고 있었다. 작가는 노새[120]의 확실성으로 의심의 심연을 따라서 걸었다. 그래서 작품에는 대담한 고요가 지배한다. 그것은 축복받은 확신으로서 권위의 정점, 즉 교황의 권위가 무너지고, 뒤이어 다른 모든 것들이 무너졌을 때 불가능한 일이 되었다. 따라서 중세의 문학은 모두 동일한 성격을 지닌다. 마치 개별 인간이 아닌 민족 전체가 작품을 만드는 듯이 보인다. 중세 문학은 객관적이고 서사적이며 천진난만하다.

이와 반대로 루터와 함께 꽃을 피운 문학에서 우리는 정반대의 면을 볼 수 있다.

---

[120] 고집쟁이란 뜻.

1. 문학의 재료, 즉 소재는 종교개혁에 대한 관심과 낡은 질서 사이의 투쟁이다. 이 새로운 시대정신은 앞서 말한 게르만의 민족성과 인도적·영지주의적 기독교라는 두 요소가 혼재된 신앙과는 완전히 상반된다. 인도적·영지주의적 기독교는 새로운 시대정신의 입장에서 이교도적 우상 숭배로 보인다. 그 대신에 유대적·이신론적 복음주의라는 참된 종교가 들어서야 한다고 본다. 새로운 질서가 형성되었고, 정신은 물질적 행복을 촉진하는 발명을 하고 있다. 산업의 발전으로, 그리고 철학에 의해 정신주의는 사람들에게 불신임되었다. 세 번째 단계가 시작되었다. 혁명은 이미 사람들의 마음과 머릿속에서 진동하고 있다. 시대가 느끼고, 생각하고, 필요로 하고, 원하는 것이 표현된다. 이것이 근대 문학의 소재이다.

2. 작품을 다루는 방식에 내재되어 있는 정신은 더 이상 낭만주의적이지 않고 고전주의적이다. 고대 문학의 부흥으로 전 유럽은 그리스-로마 작가들에게 열광했다. 당시 글을 쓰는 유일한 사람들이었던 학자들은 고대 고전주의를 자기화하려고 했고, 적어도 글을 쓸 때 고전주의 예술 형식을 모방하려고 했다. 그리스인들처럼 형식과 이념의 조화에 이를 수 없을 때, 그들은 그리스 방식의 외면성을 더욱더 엄격하게 지키고자 했다. 그들은 고대 그리스의 규정에 따라 장르를 구분하고, 모든 낭만주의적 무절제함에 거리를 두었다. 이러한 점을 우리는 고전주의라고 부른다.

3. 근대 문학의 일반적 특징은 개인과 회의가 지배한다는 데 있다. 권위는 붕괴되었고, 오직 이성만이 인간의 유일한 등불이 되었다. 개

인의 양심은 삶의 막막한 행로에서 유일한 지팡이가 되었다. 인간은 이제 오직 창조자와 마주하면서, 그에게 자신의 노래를 불러준다. 그러므로 근대 문학은 종교적인 노래로부터 시작된다. 하지만 근대 문학이 세속화된 후에는 가장 내면에 있는 자기의식, 즉 개인의 감정이 지배하게 된다. 문학은 이제 더 이상 객관적이고, 서사적이며, 천진난만한 것이 아니라 주관적·서정적·반성적인 것이 되었다.

II

Zur Geschichte der Religion und Philosophie in Deutschland

앞에서 우리는 마르틴 루터가 독일에서 일으킨 위대한 종교적 혁명에 대해 다뤘다. 이제 우리는 철학적 혁명을 이야기할 차례다. 이것은 종교적 혁명으로부터 발원했고, 프로테스탄티즘의 최종적 귀결이라 해도 무방하다.

하지만 철학적 혁명이 이마누엘 칸트Immanuel Kant로부터 어떻게 시작되었는지를 이야기하기 전에, 외국에서 있었던 철학의 선례들, 즉 스피노자의 의미, 라이프니츠 철학의 운명, 라이프니츠 철학과 종교의 상호관계 및 그 마찰과 불화 등에 관해 더 많이 다루어야만 한다. 하지만 우리는 항상 철학적 문제들 중 우리가 사회적 의미를 부여하고, 그 해답을 찾기 위해 종교와 경쟁하는 그러한 철학적 문제에 주목해야 한다.

그것은 신의 본성에 관한 문제이다. "신은 모든 지혜의 시작과 끝이다"[1]라고 신자들은 공경하는 마음으로 말한다. 철학은 지식에 대한 자부심에도 불구하고 이 경건한 격언에 동의해야 한다.

근대 철학의 아버지는 종종 말해지는 것처럼 베이컨Francis Bacon[2]이 아니라 르네 데카르트René Descartes[3]이다. 독일 철학이 어느 정도까지 데카르트에서 유래했는지를 우리는 완전히 명확하게 밝혀야 한다.

르네 데카르트는 프랑스인이다. 그러므로 철학에서도 창시자의 명예는 위대한 프랑스의 몫이다. 하지만 시끄럽고, 소란스럽고, 말이

---

[1] "모든 지혜는 주님에게서 오고 영원히 주님과 함께 있다"라는 「집회서」 1장의 첫 구절을 변형해 인용하고 있다.

[2] 프랜시스 베이컨(1561~1626)은 연역적·사변적 철학을 거부하고 직관적·경험적 사건을 강조함으로써 학문을 새롭게 정초하고자 했다.(『신기관』, 1620) 이러한 방법론적이고 학문적 패러다임의 변화를 통해 베이컨은 막 꽃피기 시작한 자연과학과 영국 경험주의 철학의 선구자가 되었다.

[3] 프랑스 철학자인 르네 데카르트(1596~1650)의 철학 또한 베이컨의 철학과 마찬가지로 스콜라주의의 사고와 결별하고 학문의 부흥에 있어서 결정적인 의미를 지닌다. 베이컨과 달리 데카르트는 앎을 경험이 아닌 이성에서 정초하고자 했다. 데카르트는 이미 『정신 지도를 위한 규칙들Regulae ad directionem ingenii』(1628)에서 스콜라 철학부터 적용해온 아리스토텔레스 논리학의 삼단논법 추론방식을 인식에 적합하지 않은 방법으로 비판한 후, '보다 기하학적인' 철학, 즉 이성철학(『방법서설』(1637), 『성찰』(1641), 『철학의 원리』(1644)]을 구상했다. 그것은 분석적 방법에 기반해 앎의 가능성을 자기의식에 대한 인식으로 새롭게 정초하려는 것이었다. 하이네가 여기서 데카르트를 베이컨과 대비해 '근대 철학의 아버지'로 강조한 것은 하이네가 빌헬름 고트리프 테네만Willem Gottlieb Tennemann(1761~1819)(『학교 강의를 위한 철학사 개요Grundriss der Geschichte der Philosophie für den akademischen Unterricht』—하이네는 1829년 5판을 이용했다)의 철학사가 아닌, 빌헬름 프리드리히 헤겔(1770~1831)의 평가를 따랐기 때문이다.

말은 프랑스인들의 땅인 위대한 프랑스는 결코 철학에 적합한 땅이 아니었다. 철학은 아마도 프랑스 땅에서 결코 번성하지 못할 것이다. 르네 데카르트는 이 점을 감지했다. 그래서 그는 바지선과 네덜란드인의 땅인 조용하고 고요한 네덜란드로 갔고, 그곳에서 자신의 철학책을 썼다. 그곳에서만 데카르트는 전통적인 형식주의[4]에서 벗어나 신앙과 경험에 의존하지 않는 순수한 사유에서 출발한 완전한 철학을 건설할 수 있었다. 이것은 데카르트 이래로 모든 참된 철학의 바탕이 된다. 그곳에서만 데카르트는 사유의 심연 깊숙이 빠져들 수 있었고, 자기의식이라는 궁극의 토대에서 사유를 포착하여, 바로 그 사유를 통해 다음의 유명한 문장으로 자기의식을 정초할 수 있었다. "나는 생각한다, 그러므로 나는 존재한다."[5]

아마도 데카르트가 과거의 모든 전통과 명백한 갈등 속으로 빠져들 하나의 철학을 네덜란드 바깥에서 표방하기란 어려웠을 것이다. 데카르트에게는 철학의 자율성을 정초했다는 명예가 마땅히 부여되어야 한다. 철학은 더 이상 신학에 사유에 대한 허락을 구걸할 필요가 없게 되었고, 이제 독립적인 학문으로서 신학과 자리를 나란히 하게 되었다. 나는 철학이 신학에 대립한다고 말하지 않았다. 왜냐

---

4 스콜라 철학의 삼단논법을 의미한다.

5 데카르트 철학의 이 유명한 문장은 최종적이고 직관적으로 파악되는, 자기의식이 정초되는 데 어떠한 의심도 들지 않는 아르키메데스의 점에 해당한다. (고대 그리스의 수학자인 아르키메데스는 움직이지 않는 한 점만 주어진다면, 그 점을 받침대로 삼아 지렛대를 이용해 지구를 들어 올리겠다고 공언했다고 한다. 그 후 움직일 수 없는 확실한 지식의 기초, 모든 것을 떠받치는 근본 토대를 '아르키메데스의 점'이라고 한다. 옮긴이)

하면 철학이 목표로 삼는 진리는 결국 종교가 우리에게 전해주는 진리와 같다는 것이 그 당시의 근본 원칙이었기 때문이다. 이와 반대로 앞에서 언급한 것처럼 스콜라 철학자들은 종교를 철학 위에 두었을 뿐만 아니라 철학이 종교의 교리와 어긋나자마자 철학을 무익한 행위이자 쓸모없는 말장난으로 폄하했다. 스콜라 철학자들에게는 자신의 사상을 표현하는 일만이 중요했을 뿐, 그 사상이 어떤 조건하에 있는지는 중요치 않았다. 그들은 '1 곱하기 1은 1이다'라고 말하고 그것을 증명했지만, 웃으면서 그것은 인간 이성의 오류라고 덧붙였다. 인간의 이성은 세계 공의회의 결론과 모순에 빠질 때면 언제나 오류를 범한다. 즉 '1 곱하기 1은 3'이며, 이것은 오래전부터 성부와 성자와 성령의 이름으로 계시된 참된 진리이다.[6] 스콜라 철학자들은 비밀리에 교회와 반대되는 철학적 입장을 구축했다. 하지만 명백히 그들은 가장 큰 비굴함을 가장했다. 심지어 어떤 경우에는 교회의 편을 들었고, 축제 행렬에서는 교회의 행렬 뒤를 따랐다. 마치 프랑스 왕정복고파[7]의 축제에서 반대파가 보인 행동처럼. 스콜라 철학자들의 코미디는 600년 이상 계속되었고, 그들은 점점 비속해졌다. 스콜라주의를 파괴함으로써 데카르트는 중세 시대의 해묵은 대립 또한 파괴해버렸다. 낡은 빗자루는 오랜 기간의 빗자루질로 무뎌졌고, 너무 많은 먼지가 빗자루에 들러붙었다. 그리고

---

[6]   '1 곱하기 1은 3이다'는 성부, 성자, 성령은 세 위격으로 존재하지만 본질은 한 분 하느님이라는 기독교의 삼위일체 교리를 의미한다. 옮긴이

[7]   1814년 나폴레옹 몰락 이후 브루봉 왕정복고를 의미한다. 옮긴이

새로운 시대는 새 빗자루를 요구했다. 그 전까지의 대립은 모든 혁명 후에 사라져야 한다. 그렇지 않으면 우리가 경험했듯이 커다란 어리석음을 범하게 된다. 그 어리석음을 범한 자는 가톨릭교회가 아니라 오히려 가톨릭교회의 옛 반대자, 데카르트 철학을 맨 처음 반대한 스콜라 철학자들의 후미그룹이었다. 1663년에야 비로소 교황은 이들을 파문했다.

나는 프랑스 독자들이 그들의 위대한 동포인 데카르트 철학을 충분히 잘 알고 있다고 전제한다. 그러므로 여기서 정반대의 철학이 자신의 핵심 개념인 물질을 어떻게 데카르트 철학에서 가져왔는지를 먼저 설명할 필요는 없다고 본다. 나는 여기서 관념론과 유물론에 대해 말하고자 한다.[8]

특히 프랑스에서는 이 상반된 두 가지 철학이 정신주의와 감각주의의 이름으로 지칭되고, 또한 내가 이 두 명칭을 다른 방식으로 사용했기 때문에, 개념의 혼란을 피하기 위해 나는 앞의 두 개념을 좀 더 자세하게 설명하고자 한다.

오래전부터 인간 사유의 본성에 대한 두 가지 상반된 관점이 있어왔다. 말하자면, 그것은 인식의 최종 근거에 대한, 관념의 발생에 대한 상반된 관점이다. 한편에서는 인간이 관념을 오직 외부로부터 획득하고, 정신은 단지 마치 우리의 위 속에 흡수된 음식물처럼 감

---

[8] 철학에서 특히, 존재론의 틀에서 사용되는 관념론과 유물론이라는 개념을 하이네는 계속해서 인식론적 지평인 합리주의와 경험주의와 관계 지어 고찰하고 있다. 이것은 정신주의와 감각주의라는 자기 자신의 유형론적 대조와 구분하기 위해서이다.

각 기관에서 흡수된 직관이 가공되는 텅 빈 저장소에 불과하다고 주장한다. 좀 더 알기 쉬운 설명을 한다면, 이들은 우리의 정신이 마치 쓰이지 않은 칠판 타불라 라사Tabula rasa[9]와 같고, 경험이 특정한 규칙에 따라 그 위에 매일 새로운 것을 쓴다고 본다.

반대되는 입장에서는 관념을 인간이 태어날 때부터 지니는 것으로, 인간 정신이 관념의 근원이며, 외부세계나 경험 그리고 매개하는 감각기관은 이미 이전에 우리의 정신에 내재하고 있던 것을 인식으로 이끌 뿐으로 단지 잠자고 있는 이념을 일깨우는 것이라고 주장한다.[10]

첫 번째 관점을 감각주의, 때로는 경험주의라고 부르고, 두 번째 관점을 정신주의, 때로는 합리주의라고 부른다. 하지만 이렇게 명명함으로써 쉽게 오해가 생긴다. 왜냐하면 앞서 1장에서 말한 것처럼 우리는 이 두 명칭으로 삶의 모든 표현을 가로지르는 두 개의 사회

---

9   인상들로 채워지지 않은 텅 빈 정신에 대한 표현. 이는 여기서 하이네가 시도하는 인식론적 설명의 맥락에서 특히 영국 경험주의 철학에서 중요한 의미를 갖는다. 존 로크(1632~1704)는 정신을 경험에 의해 쓰여지는 '흰 종이'로 보고 생득적 관념의 학설에 분명한 반대의 태도를 보였다.(『인간오성론』, 1690)

10   인간이 경험을 통해 부여되지 않는 표상을 지닌다는 생각은 고대 철학에 그 뿌리를 두고 있다. 하지만 유명한 플라톤의 상기론―모든 인식과 배움은 상기의 과정에 근거한다. 다시 말해서, 정신은 선험적 존재에서 보게 되는 관념에 재반응한다는 이론―과는 달리 데카르트의 '생득적 관념'은 무엇보다도 존재론적인 첫 번째의 것이 아니라 오히려 주체가 이성을 사용할 수 있는 인식의 도구를 의미한다. 이 부분에서 하이네의 계속되는 설명(감각기관은 이미 이전에 우리의 정신에 내재하고 있던 것을 인식으로 이끌어 단지 잠자고 있는 이념을 일깨우는 것이다)은 직접적으로 합리주의적·논리적 주체의 사고 과정을 강조하지 않기 때문에 데카르트보다는 오히려 플라톤을 생각나게 한다.

적 시스템을 가리키고 있기 때문이다. 정신의 유일 지배를 추구하며, 물질을 짓밟거나 적어도 물질에 낙인을 찍는 정신의 오만한 월권 행사에 우리는 정신주의라는 명칭을, 이와 정반대를 추구하는, 즉 물질의 복권[11]을 목적으로 삼으며 정신의 권리와 우월성을 부정하지 않으면서 감각의 권리의 정당성을 입증하려는 것에 감각주의라는 명칭을 부여한다. 이와 반대로 우리 인식의 본성에 대한 철학적 견해에 대해서 나는 차라리 관념론과 유물론이라는 명칭을 선호한다. 관념론은 생득적 관념, 즉 선천적 관념에 관한 논리이며, 유물론은 경험 또는 감각에 의한 정신의 인식에 관한 논리, 즉 후천적 관념에 관한 논리이다.[12]

데카르트 철학의 관념주의적 입장이 프랑스에서 결코 성공을 거둘 수 없었다는 점은 의미심장하다. 적지 않은 유명한 얀세니스트들[13]이 한동안 이 입장을 추구했지만, 그들은 곧 기독교적 정신주의에 함몰되었다. 아마도 그것은 프랑스에서 관념론을 불신했던 상황 때문이었을 것이다. 민중들은 본능적으로 자신들의 과제를 이루기

---

11 생시몽주의의 표어.

12 이것은 이미 스콜라 철학에서 사용된 개념쌍이다. 이 개념쌍은 하이네가 여기서 제시하는 인식론적 연구를 위해 계몽주의 철학의 바탕에서 사용되었고, 마침내 이마누엘 칸트 (1724~1804)의 비판철학에 의해 유명해졌다.

13 하이네는 여기서 아마도 포트루아얄Port Royal(수도원, 얀세니즘의 본거지)의 얀세니스트들, 블레즈 파스칼Blaise Pascal(1623~1662)(프랑스의 수학자, 신학자이자 『팡세』의 저자)과 앙투안 아르노Antoine Arnauld(1612~1694)(프랑스의 신학자이자 철학자)를 염두에 두고 있는 것 같다.

위해서 무엇이 필요한지를 예감한다. 프랑스인들은 18세기가 끝날 무렵에야 비로소 발발한 정치적 혁명의 도상에 있었고, 그것을 위해선 단두대의 밧줄을 끊는 손도끼와 함께 날카로운 유물론적 철학이 필요했다. 기독교적 정신주의는 적들의 대열에 함께 있는 적군이었고, 감각주의는 자연스럽게 동지가 되었다. 프랑스의 감각주의자들이 일반적으로 유물론자였기 때문에 감각주의가 단지 유물론에서 발생한다는 오류가 생겼다. 그렇지 않다. 감각주의는 범신론의 결과물이나 마찬가지다. 그래서 그 현상은 아름답고 장엄하다. 하지만 우리는 프랑스 유물론의 공적을 부인할 수 없다. 프랑스 유물론은 과거의 폐단에 대한 좋은 해독제이자 절망적인 병에 대한 필사적인 치료제였고 전염병에 걸린 민중들에게는 수은[14]이었다. 프랑스 철학은 존 로크John Locke를 자신들의 스승으로 삼았다. 로크는 프랑스인들이 원한 구세주였다. 그의 『인간오성론』은 프랑스인들의 복음서였고, 프랑스인들은 그 효력을 확신했다. 존 로크는 데카르트의 문하생이었다. 그는 역학, 화학적 분석, 결합, 구성, 계산 등 배울 수 있는 모든 것을 데카르트에게서 배웠다. 로크는 단 한 가지만을 이해할 수 없었다. 그것은 생득적 관념이었다. 그래서 로크는 우리의 인식은 외부로부터, 즉 경험에 의해 이루어진다는 이론을 완성했다. 로크는 인간의 정신을 일종의 계산기로 만들었다. 그리하여 모든 인간은 영국식 기계가 되었다. 이러한 기계적 인간관은 또한 로크의

---

14   과거 성병 치료제로 사용되었다.

제자들이 구성한 인간에게 적용되는 것이었다. 비록 로크의 제자들은 각자 다르게 명명해서 자신을 다른 제자들과 구분하려고 했지만, 그들 모두는 그들의 최상위 원칙의 최종적 결론을 두려워했다. 그래서 콩디약Etienne-Bonnot de Condillac[15] 신봉자는 사람들이 그를 엘베시우스Claude-Adrien Helvétius[16]나 심지어 돌바크Paul-Henri Dietrich d'Holbach[17] 또는 최악의 상황으로 라메트리Julien-Offray de la Mettrie[18]와 한 부류로 묶을 때 까무러칠 정도였다. 하지만 이런 일은 일어날 수밖에 없다. 그래서 나는 18세기 프랑스 철학자들과 오늘날의 그 후예들을 통틀어 유물론자로 부르고자 한다. 『인간기계론L'homme machine』은 18세기 프랑스 철학의 필연적 귀결점인 책이며, 이미 제목 자체에서 그들 세계관의 궁극적 단어를 드러내 보이고 있다.

이 유물론자들은 대부분 이신론[19]의 신봉자들이었다. 왜냐하면 하나의 기계는 기계공을 전제하며, 기계의 최상의 완벽함은 기계공과

---

[15] 에티엔 보노 드 콩디약(1715~1780). 프랑스의 철학자이자 민족경제학자. 프랑스 계몽주의자로 다소 급진적인 감각주의를 대표했다.

[16] 클로드 아드리앵 엘베시우스(1715~1771). 프랑스의 철학자. 그의 저서 『정신De l'esprit』(1758)은 감각주의적이고 실용적인 도덕관으로 커다란 경악을 불러일으켰다.

[17] 폴 앙리 디트리히 폰 돌바크(1723~1789). 『백과사전』의 공동 저자. 자신의 유물론적·무신론적 세계관을 담은 주저 『자연체계Système de la nature』(1770)를 발표했다.

[18] 쥘리앵 오프루아 드 라메트리(1709~1751). 프랑스의 철학자로 급진적 무신론자이자 유물론자. 그는 인간을 영혼이 포함된 기계로 표현했다.(『인간기계론』, 1748)

[19] 이신론은 계몽주의의 전형적인 종교철학으로 특히 18세기 초반 영국에서 유행했다. 이는 이성적 하느님이 세계를 창조했지만 세계는 신의 간섭 없이 자신들의 이성적 법칙에 따라 운영된다고 상정한다.

같은 그러한 예술가의 기술적 지식을 한편으로는 기계 자체의 구조 속에서, 다른 한편으로는 그러한 예술가의 다른 작품들 속에서 알아보고 인정하는 것이기 때문이다.

프랑스에서 유물론은 자신의 임무를 완수했다. 이제는 동일한 임무를 영국에서 수행하고 있다. 영국에서는 혁명파들, 특히 유용성의 설교자들인 벤담주의자들[20]이 로크의 지반 위에 서 있었다. 이들은 존 불John Bull[21]을 움직이게 하는 적절한 레버를 움켜쥔 강력한 정신의 소유자들이었다. 존 불은 태생적 유물론자이며, 그의 기독교적 정신주의는 대부분 전통적으로 내려오는 위선이거나 물질적 궁핍 때문이었다. 그의 육체는 절망적이었는데, 그것은 정신이 육체에 아무런 도움을 주지 못했기 때문이다. 독일의 상황은 달랐다. 독일의 혁명가들은 유물론 철학이 자신들의 목적에 이로울 것이라고 착각함으로써 잘못된 길로 빠져들었다. 그렇다. 독일에서는 혁명의 원리가 토속적이고 종교적이며 독일적인 철학으로부터 나오지 않는 한, 그리고 그러한 철학의 힘으로 보편화되지 않는 한, 어떠한 혁명도 불가능하다. 이것은 어떤 철학인가? 우리는 그것을 나중에 에두르지 않고 논의할 것이다. 내가 '에두르지 않고'라고 말한 것은 독일인들도 이 책을 읽을 것이라고 생각하기 때문이다.

---

20 영국의 철학자이자 법률가, 정치가인 제레미 벤담Jeremy Bentham(1748~1832)의 의회 내 파벌. 벤담은 그의 주저 『도덕과 입법의 원리 서설』에서 유용성의 철학, 즉 실용주의 체계를 완성했다.

21 영국인에 대한 별칭.

독일은 예전부터 유물론을 싫어했다. 때문에 150년 동안 관념론의 독무대가 되었다. 독일인들 또한 데카르트의 문하로 들어갔다.[22] 그중 가장 위대한 제자는 고트프리트 빌헬름 라이프니츠Gottfried Wilhelm Leibniz[23]였다. 로크가 유물론의 방향을 뒤따랐다면, 라이프니츠는 데카르트의 관념주의적 방향을 뒤따랐다. 라이프니츠에게서 우리는 생득적 관념의 학설을 결정적으로 발견하게 된다. 라이프니츠는 그의 저서 『신인간오성론Neue Abhandlungen über den menschlichen Verstand』에서 로크와 맞섰다. 라이프니츠와 함께 독일인들 사이에서 철학 공부에 대한 커다란 불길이 타올랐다. 라이프니츠는 독일인들의 정신을 일깨우고 새로운 길로 이끌었다. 그의 글을 살아 있게 만드는 타고난 온유함과 종교적 감성 때문에 반대자들조차 그

---

22 하이네가 앞선 문단에서 유물론 철학을 데카르트적 사유의 발전 선상으로 표현했다면, 그것은 또한 관념론적 사유에 대한 이의 제기라고도 할 수 있다. 하이네가 앞에서 "나는 프랑스 독자들이 그들의 위대한 동포인 데카르트의 철학을 충분히 잘 알고 있다고 전제"한다고 할 때, 이러한 모순되는 발언에 대한 근거는 어느 정도 설명되지 않은 채 남아 있었다. 이에 대한 책임은 특히 존재의 이중적 실체성에 대한 전제, 연장적 실체와 정신적 실체의 구분에 있다. 이 이중적 실체성은 데카르트의 사상에서 결국 아포리아aporia(해결하기 어려운 난제를 의미 *옮*)로 나아갔고, 그 결과 데카르트 이후 두 측면 중 한 측면이 강조되는 방식으로 계승되었다.

23 다방면으로 뛰어났던 고트프리트 빌헬름 라이프니츠(1646~1716)는 자신의 저서 『신인간오성론』(1704)에서 존 로크의 경험주의에 등을 돌리고, 모나드론을 중심 개념으로 삼은 형이상학(『모나드론』, 1714)을 발전시켰다. 연속되는 순서와 예정조화 속에 조직된 모나드들은 영혼이 담긴 최종적 단위들로서 존재 전체의 토대를 나타낸다. 모나드들은 넓이도 없고 단순하며 개체적이지만, 각각의 개별 모나드는 다른 모나드와 서로 영향을 주고받지 않기 때문에 동시에 세계 전체의 거울로서 기능한다. 『변신론』(1710)에서 라이프니츠는 철학과 기독교 신앙의 화해를 시도했다. 그리고 신의 권능과 선을 바라보며 그는 현실 세계를 모든 가능한 세계 중 최상의 것으로서 옹호했다.

의 글의 대담성에 어느 정도는 화해하게 되었고, 그 효과는 실로 엄청났다. 라이프니츠의 대담성은 특히 그의 모나드론에 잘 나타난다. 모나드론은 한 철학자의 머리에서 나온 가장 기이한 가설이다. 동시에 라이프니츠가 남긴 최상의 것이었다. 왜냐하면 모나드론 속에서 이미 오늘날 철학이 인식하고 있는 중요한 법칙들에 대한 인식이 동터 오르고 있기 때문이다. 아마도 모나드론은 오늘날 자연철학자들에 의해 세련된 공식으로 표현되는 이러한 법칙들의 서투른 공식일 뿐이었을 것이다. 여기서 나는 '법칙'이라는 단어 대신에 '공식'이라는 단어를 마땅히 사용해야 한다고 생각했다. 왜냐하면 우리가 자연에서 법칙이라고 말하는 것은 원래 존재하지 않으며, 단지 일련의 자연 현상들을 설명하기 위해 우리의 이해력에 도움을 주는 공식일 뿐이라고 뉴턴이 완전히 올바르게 말했기 때문이다.[24] 『변신론』은 라이프니츠의 저작 중 독일에서 가장 많이 논의된 책이지만, 또한 가장 약점이 많은 책이다. 이 책은 라이프니츠의 종교적 정신이 드러난 다른 책들처럼 한편으로는 나쁜 평판과, 다른 한편으로는 매우 심각한 오해를 불러일으켰다. 그의 적들은 그를 세상에서 가장 게으른 바보라고 비난했고, 그를 옹호했던 친구들은 그를 간교한 아첨꾼으로 만들었다. 라이프니츠라는 인물은 오랫동안 독일에서 논

---

24 하이네가 이 맥락에서 뉴턴의 이름을 거론했기 때문에, 여기서 독일 관념론 철학에 대해, 헤겔과 더불어 특히 셸링의 낭만주의적·관념론적 자연철학에 대해 말해도 좋았을 것이다. 시제를 나타내는 부사인 '오늘날'과 '지금'이 이러한 점을 가리키고 있을 뿐만 아니라 이 단락의 말미에 거론되는 두 철학자의 이름과 3장에서 이어지는 설명 또한 이 점을 암시한다.

쟁거리로 남아 있었다. 그의 옹호자들조차도 라이프니츠에게서 이 중성 혐의를 벗기기는 어려웠고, 자유사상가들과 계몽주의자들은 대부분 라이프니츠를 경멸했다. 삼위일체설과 영원한 천벌과 심지어 예수의 신성을 옹호한 철학자를 계몽주의자들이 어떻게 용서할 수 있단 말인가! 그들의 관용은 그렇게까지 넓지 않았다. 하지만 라이프니츠는 바보도, 악한도 아니었다. 그는 예정조화설이라는 조망으로부터 전체 기독교를 매우 훌륭하게 옹호할 수 있었다. 내가 전체 기독교라고 말한 것은 라이프니츠가 반쪽 기독교에 반대하고 전체 기독교를 옹호했기 때문이다. 그의 적들이 말하는 반쪽 기독교와는 반대로 그는 정통 교리의 일관성을 제시했다. 그는 더 이상은 원하지 않았다. 그래서 그는 영점Indifferenzpunkt[25] 위에 서 있었다. 이 영점은 가장 상이한 체계들이 동일한 진리의 상이한 측면에 불과한 장소이다. 이 영점을 후에 셸링Friedrich Wilhelm Joseph von Schelling이 인식했고, 헤셸은 그것을 학문적으로 세계도시의 체계라고 정초하였다. 같은 방식으로 라이프니츠는 플라톤Plato과 아리스토텔레스Aristoteles의 조화를 꾀했다. 한참이 지난 오늘날에도 이 과제는 우리 앞에 자주 등장한다. 이 과제는 해결되었는가?

해결되지 않았다, 진실로. 왜냐하면 이 과제는 다름 아닌 관념론과 유물론 사이의 화해의 문제이기 때문이다. 플라톤은 철저한 관념

---

25 영점은 여기서 한편으로는 라이프니츠에 의해 표현된 신앙과 이성의 통일성을 의미하지만, 또한 동일성 관계의 철학적 전제를 의미한다. 그래서 셸링의 자연철학에서 신앙과 정신의 존재 양상은 하나로 정립된다.

론자로서 단지 생득적인, 다시 말해서 태어나면서부터 가지는 관념만을 알았다. 즉 인간은 관념을 가지고 세상에 태어난다. 그래서 인간이 관념을 의식하게 되면, 관념은 마치 기억처럼 이전의 삶으로부터 인간에게 나타난다.[26] 따라서 플라톤은 불확실하고 신비적이다. 인간의 기억은 더 분명하기도 덜 분명하기도 하기 때문이다. 이와 반대로 아리스토텔레스의 경우, 모든 것은 분명하고 명확하고 확실하다. 왜냐하면 아리스토텔레스에게 지식은 이전 세계와의 연관 속에서 드러나는 것이 아니며, 그는 모든 것을 경험으로부터 창조하고 모든 것을 명확하게 분류할 줄 알았기 때문이다. 따라서 아리스토텔레스는 모든 경험론자의 모범으로 남아 있다. 그러므로 경험론자들은 신을 마땅히 찬양해야 할 것이다. 왜냐하면 신이 아리스토텔레스를 알렉산드로스Alexander III Magnus 대왕의 스승[27]으로 만들었고, 아리스토텔레스는 알렉산드로스의 정복 덕택에 학문을 발전시킬 수 있는 많은 기회를 얻었으며, 전쟁의 승리자인 제자가 스승의 동물학 연구를 위해 수천 탈렌트talent[28]를 아리스토텔레스에게 주었기 때문이다. 이 돈을 옛 석학은 양심적으로 사용했다. 그 돈으로 아리스토텔레스는 상당한 수의 포유동물을 해부하고 새들을 박제하면

26 이어지는 문장에서 하이네가 플라톤을 신비주의자로 아리스토텔레스를 경험주의자로 명명한 것은 아마도 테네만의 철학사에서 차용한 듯하다.
27 아리스토텔레스는 기원전 342년 마케도니아의 펠라 궁정에서 어린 알렉산드로스의 선생으로 봉직했다.
28 고대 그리스의 무게 및 화폐 단위.

서 가장 중요한 관찰들을 수행했다. 하지만 눈앞에서 보았던, 그 자신이 길렀고 당시 세계의 모든 동물들보다 훨씬 기묘한 거대한 짐승을 아리스토텔레스는 유감스럽게도 지나쳤고 연구하지 못했다. 사실상 아리스토텔레스는 그 삶과 행위가 우리에게 언제나 놀라움과 수수께끼로 다가오는 젊은 왕에 대해 아무런 정보도 남기지 않았다. 알렉산드로스는 누구인가? 그가 원하는 것은 무엇인가? 그는 정신병자인가 신인가? 지금도 여전히 우리는 알지 못한다. 대신 아리스토텔레스는 바빌로니아의 긴꼬리원숭이와 인도의 앵무새 그리고 마찬가지로 자세하게 분석한 그리스 비극에 대해 더욱더 많은 정보를 남겼다.[29]

플라톤과 아리스토텔레스! 이것은 두 개의 체계일 뿐만 아니라 오랜 시간 동안 수많은 외양으로 적대적으로 대립하는 두 개의 서로 다른 인간 본성의 유형이다. 특히 중세의 전 기간을 거쳐 오늘날에 이르기까지 적대적으로 투쟁했고, 그 싸움은 기독교 교회사의 가장 본질적인 내용이었다. 비록 다른 이름을 내걸었을지언정 그것은 언제나 플라톤과 아리스토텔레스에 대한 논의였다. 공상적이고 신비적인 플라톤적 본성은 그 심성의 심연에서부터 기독교적 이념과 상징을 드러낸다. 실제적이고 질서 있는 아리스토텔레스적 본성은 이러한 이념과 상징을 바탕으로 굳건한 체계와 교리 그리고 의식을

---

[29] 아리스토텔레스는 일련의 동물학 책을 저술했을 뿐만 아니라 비극 이론에 커다란 영향을 준 『시학』을 저술했다.

정립했다. 교회는 결국 두 본성을 모두 껴안았다. 전자는 성직자 계급에서, 후자는 수도사 계급에서 자리를 잡았지만 끊임없이 서로를 공격했다. 프로테스탄트 교회 안에서도 동일한 싸움이 계속됐다. 그것은 경건주의자들과 정통주의자들 사이의 알력이었다.[30] 이것은 가톨릭의 신비주의자와 교조주의자 사이의 관계와 일정 정도 상응한다. 프로테스탄트의 경건주의자들은 환상을 뺀 신비주의자들이고, 프로테스탄트 정통주의자들은 정신을 뺀 교조주의자들이다.

이 두 프로테스탄트파는 라이프니츠 시대에 격렬하게 부딪혔다. 라이프니츠의 철학은 후에 크리스티안 볼프Christian Wolff가 이 두 파의 싸움을 떠맡아 시대의 요구에 순응시키고 무엇보다도 독일어로 이 싸움을 드러내 보이면서 끼어들었다. 이 라이프니츠의 제자에 대해, 그의 노력의 결과와 루터주의의 최근의 운명에 대해 얘기하기 전에, 우리는 로크와 라이프니츠와 동시대에 데카르트의 문하에서 성장했고 오랫동안 경멸과 미움으로만 평가된, 그럼에도 불구하고 오늘날 독특한 정신적 권위를 성취한 숙명적인 남자에 대해 이야기해야만 한다.

나는 베네딕트 스피노자Benedict de Spinoza[31]에 대해 말하고자 한다.

---

30 경건주의는 개인의 믿음과 경험을 강조하는 독일 개신교 교회 내의 개혁운동이다. 루터파 정통주의는 경건주의에 반대했다. 옮

31 네덜란드의 철학자. 이어지는 단락에 등장하는 로크, 라이프니츠와 더불어 데카르트의 '세 번째 아들'로 불린다. 그 이유는 스피노자가 데카르트 형이상학에 놓여 있는 이중 실체의 문제를 실체 범위의 문제로 취급하지 않고 동일성을 주장했기 때문이다. 사유와 연장은 스피노자에게 더 이상 이원론이 아니라 하나의 실체에서 비롯되는, 인간의 인식을 위한 두 가지

한 위대한 천재는 다른 위대한 천재를 통해서 만들어진다. 동화가 아닌 마찰에 의해. 한 다이아몬드는 다른 다이아몬드를 연마한다. 그러므로 데카르트의 철학은 스피노자의 철학을 탄생시킨 것이 결코 아니라, 단지 촉진했을 뿐이다. 맨 먼저 우리는 이 제자에게서 스승의 방법을 발견하게 된다. 이것은 커다란 장점이다. 그다음에 우리는 스피노자에게서 데카르트의 경우처럼 수학에서 빌려온 증명 방식을 발견한다. 이것은 커다란 결함이다. 수학적 형식은 스피노자에게 쓰디쓴 외양을 선사했다. 하지만 이것은 아몬드의 쓴 껍질과 같아서 그 속은 더욱더 달콤해진다. 스피노자를 읽을 때 우리는 가장 살아 있는 고요 속에서 위대한 자연을 바라볼 때 느끼는 감정에 사로잡힌다. 하늘처럼 높은 사유의 숲 속에 있는 원기 왕성한 나무 우듬지들은 파도처럼 흔들리고, 반면 흔들리지 않는 나무의 줄기는 영원한 대지에 뿌리박고 있다. 이것이 스피노자의 글에서 풍기는 말로 설명할 수 없는 어떤 숨결이다. 마치 미래의 공기가 바람에 실려 불어오는 듯하다. 아마도 유대인 예언자들의 정신이 한참 후 그의 자손에게 머문 듯하다. 동시에 스피노자에게는 어떤 진지함이 있는데, 그것은 자기 확신의 자부심이자 사상의 위엄으로 이 역시 유

속성이다. 모든 것을 자신 안에 포함하는 실체는 신이고, 존재하는 모든 것, 무수한 자연은 신의 양태 전체에 다름 아니다—신이 곧 자연이다Deus sive substantia sive natura. 그러므로 이러한 범신론적 관점에서 신은 존재를 창조하는 원리natura naturans일 뿐만 아니라 존재의 총합natura naturata이다. 데카르트처럼 스피노자 역시 방법론적으로 수학이란 이상에 정향되어 있다. 그래서 그의 주저 역시 『기하학적 방법으로 증명된 윤리학Ethica, ordine geometrico demonstrata』(통칭『에티카』 🔲)이란 제목을 지니고 있다.

대인의 유산으로 보인다. 왜냐하면 스피노자는 당시 스페인의 철저한 가톨릭 군주들에 의해 추방된 순교자 가족[32]의 일원이었기 때문이다. 거기에 네덜란드인의 인내심이 더해졌다. 그것은 그의 삶과 글에서 여실히 드러난다.

확실한 것은 스피노자의 삶의 여정이 흠 잡을 데가 없고, 마치 신성한 그의 사촌인 예수 그리스도와 같이 순결하고 결점이 없다는 점이다. 예수처럼 스피노자도 그의 학설 때문에 수난을 당했고, 예수처럼 그도 가시면류관을 썼다. 위대한 정신이 그 사상을 펼치는 곳은 어디나 골고타 언덕이다.

존경하는 독자 여러분께서 암스테르담에 한번 가본다면, 거기서 당신은 스페인식의 유대교 회당을 안내받을 것이다. 그것은 아름다운 건물로 지붕은 네 개의 거대한 기둥으로 받쳐져 있다. 중앙에는 교단이 있고, 그곳에서 모세의 율법을 경멸한 이달고Hidalgo[33] 돈 베네딕트 드 스피노자에게 파문의 저주[34]가 선고되었다. 이럴 때는 쇼파르scho-far[35]라고 불리는 염소 뿔로 만든 악기가 불려졌다. 쇼파르와 관련된

---

[32] 이베리아 반도의 수많은 유대인들은 가혹한 레콩키스타Reconquista(711년부터 1492년까지 약 7세기 동안 에스파냐의 기독교도들이 이슬람교도에 대항해 벌인 국토회복운동 옮긴이) 바람 속에서 세례를 받기로 결정했지만, 계속해서 '개종자'로 박해를 받았다. 처음에는 많은 수의 유대인들이 포르투갈로 망명을 했지만, 거기서도 16세기 중반 종교재판이 널리 행해졌다. 많은 개종자들이 암스테르담으로 이주했는데, 그곳에서는 유대교로 다시 돌아갈 수 있었기 때문이다. 스피노자는 이러한 이주민 가족의 후손이다.

[33] 주로 작위가 없는 스페인이나 포르투갈의 귀족 신분을 지칭하는 용어. 옮긴이

[34] 1656년 7월 27일에 스피노자는 이단으로 추방되어 유대인 공동체에서 쫓겨났다.

[35] 유대식 제의에서 사용되는 뿔로 된 관악기.

무시무시한 사정이 있음에 틀림없다. 살로몬 마이몬Salomon Maimon[36]의 전기를 읽었을 때 나는 알토나의 랍비가 칸트의 제자인 마이몬을 다시 과거의 신앙으로 되돌려놓으려 했다는 사실을 알게 되었다. 그리고 마이몬이 자신의 철학적 이단 행위를 완고하게 고집하자 랍비는 위협적인 태도로 마이몬에게 쇼파르를 가리키면서, "당신은 이것이 무엇인지 압니까?"라고 어두운 음성으로 물었다. 하지만 칸트의 제자인 마이몬이 태연하게 "그것은 염소의 뿔입니다"라고 대답하자, 랍비는 경악하며 뒤로 나자빠졌다.

이 염소의 뿔로 스피노자의 파문이 반주되었고, 스피노자는 엄숙하게 이스라엘 공동체에서 쫓겨났으며, 그때부터 유대인의 이름을 지닐 가치가 없는 인간이 되었다. 그의 기독교 적들은 스피노자가 유대인 이름을 유지해도 좋다고 충분히 관대한 태도를 보였으나, 이 신론의 친위병인 유대인들은 단호했다. 그러므로 암스테르담을 가면 과거 긴 칼로 스피노자를 찌른 유대인 교회당 앞 광장으로 안내를 받게 된다.

나는 이 남자의 이러한 개인적인 불행에 주목해야 한다고 생각한다. 그를 성장하게 한 것은 학교가 아니라 삶이었다. 이 점에서 그는 다른 대부분의 철학자들과 구별된다. 그의 글에서 우리는 글 속에

---

[36] 살로몬 벤 요수아Salomon ben Joshua(1753~1800)라고도 불린다. 유대인 철학자로 특히 칸트 철학과 대결했다.(『초월철학에 대한 시론Versuch über die Transzendentalphilosophie』, 1790) 여기서 하이네는 그의 자서전에서 한 대목을 인용하고 있다.(『살로몬 마이몬의 생애―자기 자신이 쓴 Salomon Maimons Lebensgeschichte―Von ihm selbst geschrieben』, 1792/93)

녹아 있는 삶의 영향을 볼 수 있다. 신학은 그에게 학문일 뿐만 아니라 정치이기도 했다. 정치 또한 그는 삶의 실천 과정에서 배웠다. 사랑하는 여인의 아버지는 정치적 행위로 네덜란드에서 교수형을 당했다.[37] 세계 그 어느 곳에서도 네덜란드만큼 잔인하게 교수형을 집행하는 나라는 없을 것이다. 여러분은 네덜란드에서 교수형을 거행할 때 수많은 준비 작업과 의식이 끝없이 이어지는 것에 대해 전혀 모를 것이다. 죄인은 교수형만이 아니라 지루함 때문에 죽었다. 구경꾼들은 충분히 숙고할 수 있는 시간적 여유가 있었다. 그래서 나는 스피노자가 늙은 반 덴 엔덴의 교수형에 대해 꽤 많이 숙고했다고 확신한다. 스피노자는 일찍이 종교를 칼로 이해했듯이 이제는 정치를 교수형의 올가미로 파악했다. 그 증거가 그의 『정치학 논고』[38] 이다.

나는 앞에서 언급한 철학자들이 많든 적든 서로 간에 공유하고 있는 방식에만 주목하고자 한다. 그래서 나는 유사성의 정도와 유산의 계승만을 말하고자 한다. 르네 데카르트의 세 번째 아들인 스피노자의 철학은 그의 주저 『에티카』에 나타나 있듯이, 그의 형제인 로크의 유물론으로부터와 마찬가지로 그의 형제인 라이프니츠의

---

37 오래된 문헌에 의하면 스피노자는 클라라 마리아 반 덴 엔덴Clara Maria van den Enden과 연인 관계였다고 한다. 그녀의 아버지인 의사 프란시스쿠스 반 덴 엔덴Franciscus van den Enden(1600~1674)은 루이 16세Louis XVI에 대한 모반에 가담했다는 이유로 파리에서 교수형을 당했다.

38 국가철학에 관한 이 저서는 1677년 『사후 작품집Opera Posthuma』(스피노자가 죽은 해에 출판된 유고집 🇳🇱)에 실려 간행되었다.

관념론으로부터도 거리를 두고 있다. 스피노자는 우리 인식의 궁극적 근거에 대한 물음에 분석적으로 몰두하지 않았다. 스피노자는 우리에게 자신의 위대한 종합, 신성에 대해 설명해주었다.

베네딕트 스피노자는 다음과 같이 가르쳤다. 하나의 실체만이 존재하고, 그것은 신이다. 이 실체는 무한하고 절대적이다. 모든 유한한 실체는 신으로부터 파생되고, 신 안에 포함되어 있으며, 신 안에서 떠올라 신 안으로 가라앉는다. 모든 유한한 실체는 상대적이고, 일시적이며, 우연한[39] 존재일 뿐이다. 절대적 실체는 무한한 사유의 형식과 무한한 연장의 형식으로 나타나고, 무한한 사유와 무한한 연장은 절대적 실체의 두 가지 속성이다. 우리는 이 두 가지 속성만을 인식한다. 하지만 절대적 실체인 신은 아마도 우리가 인식하지 못하는 더 많은 속성을 지니고 있을 것이다. "나는 내가 신을 완전히 인식한다고 주장하지 않는다. 하지만 나는 신의 어떤 속성들을, 다는 아닐지라도, 대부분은 아닐지라도, 인지한다고 확신한다."[40]

무지와 악의만이 스피노자의 가르침에 '무신론'이란 형용사를 덧붙일 수 있었다. 어느 누구도 신성에 대해 스피노자만큼 고귀하게 표현한 사람은 없었다. 사람들은 스피노자가 신을 부정했다고 말하는 대신 인간을 부정했다고 말할 수도 있을 것이다. 스피노자에게 모든 유한한 사물은 단지 무한한 실체의 양태일 뿐이고, 신 안에 포

39 '우연'은 존재의 한 속성으로 명명된다. 이 속성은 우연하며, 독립성과 필연성을 갖지 않는다. 이와 반대로 실체라는 개념은 존재의 본질을 가리킨다.

40 스피노자의 편지에서 인용.

함되어 있다. 인간의 정신은 무한한 사유에서 나오는 한 줄기 빛일 뿐이고, 인간의 육체는 무한한 연장의 한 원자일 뿐이다. 신은 정신과 육체의 무한한 원인, 능산적 자연natura naturans이다.

데팡 부인Marquise du Deffand에게 보낸 편지[41]에서 볼테르는 이 부인의 착상에 완전히 매혹된 감정을 나타냈다. 데팡 부인은 인간이 전혀 알 수 없는 사물은 분명 그것에 대한 지식이 아무 쓸모없는 종류의 사물이라고 말했었다. 이 표현을 나는 스피노자의 명제에 적용해보고 싶다. 내가 앞에서 스피노자 고유의 언어로 전달한 스피노자의 명제는 사유와 연장이라는 두 개의 인식 가능한 속성뿐만 아니라 우리가 인식할 수 없는 다른 속성도 신성에 부여되어야 한다는 것이다. 우리가 인식할 수 없는 것은 우리에게 아무 가치도 없고, 적어도 정신의 인식을 물질적 현상으로 가져오는 것이 중요한 사회적 관점에서는 아무런 가치가 없다. 따라서 신의 본질에 대한 설명에서 우리는 오직 저 두 개의 인식 가능한 속성에만 주목했다. 그렇다면 결국 우리가 신의 속성이라고 부르는 것은 단지 우리 직관의 다양한 형태일 뿐이며, 이 다양한 형태들은 절대적 실체 속에서 동일하다. 결국 "사유는 보이지 않는 연장에 불과하며, 연장은 보이는 사유일 뿐이다."[42] 여기서 우리는 독일 동일성 철학의 핵심 명제에 이른

---

41 볼테르가 1769년 4월 3일에 데팡 후작 부인(1697~1780)에게 보낸 편지. 데팡 부인은 파리에서 유명한 살롱을 운영했다.

42 하이네는 자신이 독일 동일성 철학의 핵심 명제로 생각하는 이 문장을 통해 셸링 철학을 소개하고 있다. 셸링의 『자연철학의 이념』 서론 말미에는 다음과 같이 쓰여 있다. "자연은

다. 그것은 본질적으로 스피노자의 이론과 전혀 다르지 않다. 셸링 씨는 자신의 철학은 "이상과 현실 사이의 살아 있는 상호 침투"이고, "형상화된 그리스 조각상과 무표정한 이집트 원본이 다른 것처럼" 자신의 철학과 스피노자의 철학은 구분된다고 말하면서 항상 스피노자와의 차이를 역설하지만[43], 그럼에도 불구하고 나는 일개 철학자였던 초기의 셸링 씨가 스피노자와 조금도 다르지 않다고 단연코 말할 수 있다. 셸링 씨는 단지 다른 길에서 같은 철학에 이르렀다. 이 점에 대해서 나는 뒤에서 칸트가 새로운 길을 열고, 피히테Johann Gottlieb Fichte가 그 길을 따랐고, 셸링 씨가 다시 피히테의 발자국을 확장했으며, 자연철학이라는 숲의 어둠을 헤매다 마침내 스피노자라는 커다란 조각상을 직면하게 되는 과정을 설명할 때 다시 이야기할 것이다.

근대 자연철학의 공적이 있다면 그것은 단지 정신과 물질 사이의 영원한 평행론을 예리하게 입증했다는 점이다. 나는 정신과 물질이라고 말했다. 이 표현을 나는 스피노자가 사유와 연장이라고 명명한 것과 동일한 의미로 사용한다. 또한 이것은 우리의 자연철학자들이 정신과 자연 또는 이상적인 것과 실제적인 것이라 부르는 것과도 어느 정도는 같은 의미이다.

보이는 정신이고, 정신은 보이지 않는 자연이다Die Natur soll der sichtbare Geist, der Geist die unsichtbare Natur sein."(F. W. J. Schelling, Ausgewählte Schriften, Bd. 1, Frankfurt a. M. 1985, S. 294)

43 하이네는 계속해서 두 번이나 셸링의 『인간 자유의 본질에 관한 철학적 탐구』(1809)에서 인용하고 있다.

나는 앞으로 스피노자의 체계라기보다는 사유방식을 범신론이라는 이름으로 칭할 것이다. 범신론이라는 명칭에는 이신론과 마찬가지로 신과의 통일이 전제되어 있다. 하지만 범신론자의 신은 세계 안에 존재한다. 그것은 신이 신성으로써 세계로 침투하기 때문은 아니다. 이것은 과거 성 아우구스티누스Aurelius Augustinus⁴⁴가 다음의 인용문처럼 신을 거대한 바다에, 그리고 세계를 바다 가운데 있으면서 신성을 빨아들이는 거대한 해면에 비유할 때의 방식이다. "아니다. 세계는 신을 들이마셔서 신으로 가득 차 있는 것만이 아니다. 세계는 신과 동일하다." 스피노자가 실체라고 부르고, 독일 철학이 절대적인 것이라고 부른 '신은 현존하는 모든 것이다.'⁴⁵ 신은 정신일 뿐만 아니라 물질이고, 두 가지 모두 똑같이 신이다. 신성한 물질에 해를 가한 자는 신성한 정신을 모독한 자와 마찬가지로 죄를 지은 것이다.

그러므로 범신론의 신은 이신론의 신과 다음과 같은 점에서 구분된다. 범신론의 신은 세계 내에 존재하고, 반면 이신론의 신은 완전히 세계 바깥에, 같은 말이지만 세계 위에 존재한다. 이신론의 신은 세계를 자신과 완전히 분리된 것으로서 보고 세계 위에 군림한다.

---

44   아우렐리우스 아우구스티누스(354~430). 교부신학자이자 교부철학자. 395년부터 히포 레기우스Hippo Regius(로마의 속주 누미디아의 도시. 오늘날 알제리의 안나바 🔁)의 주교를 지냈다. 하이네가 여기서 인용한 비유의 출처는 아직까지 알려지지 않고 있다.

45   이 표현에서 하이네는 특히 앙팡탱의 범신론적 격언과 만난다. "신이 곧 모든 것이다Dieu est tout ce qui est."(OEuvres d'Enfantin, Bd.1, Paris 1868, s.116)

이신론자들은 그 지배의 방식에 관해서만 서로 의견을 달리할 뿐이다.⁴⁶ 유대인들은 신을 천둥을 울리는 폭군으로 생각했고, 기독교인들은 신을 사랑하는 아버지로, 모두가 제네바학파였던 루소Jean-Jacques Rousseau의 제자들⁴⁷은 마치 그들의 스승이 시계를 완성한 것처럼 신을 세계를 완성한 현명한 예술가로 생각했다. 그래서 그들은 스승의 작품에 경탄하면서 스승을 숭배했다.

그러므로 세계 바깥의, 또는 세계 위의 신을 상정한 이신론의 입장에서는 오직 정신만이 신성하다. 이신론자는 정신을 세계 창조자가 자신의 손으로 진흙을 빚어 만든 작품인 인간의 육신에 불어넣은 신의 숨으로 여겼다. 따라서 유대인들은 육체를 보잘 것 없는 것으로, 다시 말해서 성령, 신성한 호흡, 정신을 싸고 있는 빈약한 덮개로 생각했다. 유대인들은 오직 정신에만 마음을 쏟고, 외경심을

---

46   이어지는 구설에서 하이네는 이신론이란 개념에 유대교, 기독교 그리고 자연종교의 세 가지 신의 표상을 포함시킨다. 하지만 하이네가 인용한 세 번째 변주만이 이신론적 입장을 표현한다. 하이네는 유신론과 이신론의 관점을 엄격하게 구분하지 않는다. 예를 들어 하이네는 세 개의 커다란 일신론 종교에 이신론의 딱지를 붙인다. 그는 하인리히 라우베Heinrich Laube(1806~1884)(청년독일파의 대표적인 극작가 ❹)에게 보낸 편지에서 '유대교적·마호메트교적·기독교적 이신론에 대한 태생적 적대주의자들'이란 표현을 하고 있다.(23. November 1835, HSA 21, S. 126)

47   짧막한 텍스트에 나타나듯이(vgl. DHA 8, 1, S. 455) 하이네는 여기서 스탈 부인Madame de Staël(1766~1817)(프랑스의 낭만주의 소설가이자 비평가 ❹)과 프랑스의 역사학 교수이자 정치가인 프랑수아 기조François Guizot(1787~1874)를 염두에 두고 있다. 스탈 부인은 제네바 호숫가에 있는 코페에 오랫동안 체류하면서 그녀의 책『독일론De l'Allemagne』(1810)을 썼고, 프랑스인의 눈으로 본 독일의 모습을 그리는 데 열중했다. 작가이자 철학자인 장 자크 루소(1712~1778)는 제네바에서 시계공의 아들로 태어났다. 그는 스스로를 자랑스럽게 '제네바 시민'이라고 불렀다.

갖고 숭배했다. 그러므로 유대인들은 순결하고, 검소하며, 진지하고, 추상적이며, 완고하고, 순교에 적합한, 진정한 정신의 민족이 되었다. 그들의 가장 숭고한 꽃은 예수 그리스도이다. 예수는 말 그대로 육화된 정신이다. 육체적으로 순결한 처녀가 정신의 잉태만으로 예수를 세상에 태어나게 한 아름다운 전설은 심오한 의미를 갖는다.

유대인들이 육체를 단지 보잘 것 없는 것으로 여겼다면, 기독교인들은 한층 더 나아가 육체를 저주스럽고 나쁜 것으로 생각했다. 이제 우리는 예수가 태어난 지 수백 년이 지나서 하나의 종교가 떠오르는 것을 본다. 이 종교는 인류를 영원히 놀라게 하고 인류의 마지막 자손에 이르기까지 두려운 경탄을 자아내게 한다. 그렇다. 그것은 위대하고 성스러운, 무한한 축복으로 가득 찬 종교이다. 그것은 정신에게 이 지상의 절대적인 지배권을 부여하려는 종교이다. 하지만 이 종교는 너무나 숭고하고, 너무나 순수하며, 너무나 선했다. 그 이념은 단지 이론으로 천명되었을 뿐, 결코 실천될 수 없었다. 그 이념을 실행하려는 시도는 역사 속에서 무수히 많은 장엄한 모습들을 보여주었고, 모든 시대의 시인들은 오랫동안 그 이념에 대해 노래했다. 하지만 기독교 이념을 실천하려는 시도는 우리가 마지막 부분에서 보게 되듯이 완전히 실패로 끝난다. 이 불행한 시도는 헤아릴 수 없는 인류의 희생을 지불했다. 그리고 그 비참한 결과가 오늘날 전 유럽의 사회적 불행이다. 많은 사람들이 생각하듯이 우리가 인류의 청년기를 살고 있다면, 기독교는 말하자면 지성보다는 마음을 훨씬 더 자랑스럽게 생각하는 학생 시절의 과장된 이념이라고 말할 수 있다. 기독교는 물질과 세속적인 일을 카이사르와 그의 유대인 시종에게 양도하고는 카이사르의 최고 권한을 부정하고, 시종을 공개적으로 비난하는 것에 만족했다. 하지만 보라! 기독교가 증오한 칼과 경멸한 돈은 그럼에도 불구하고 결국 최고의 권력을 획득했다. 그러므로 정신을 대표하는 자들은 칼과 돈을 잘 이해하지 않으면 안 되었다. 그렇다. 이러한 이해로부터 굳건한 동맹이 성립되었다. 로마의 성직자들뿐만 아니라 영국의, 프로이센의 성직자들도, 말하자면 특권을 지닌 모든 성직자들이 카이사르 일당과 동맹을 맺고 민중을 억압했다. 하지만 이러한 동맹으로 인해 정신주의 종교는 점점 더 빠르게 몰락해갔다. 이미 몇몇 성직자들[48]은 이를 예감했다. 그래서 종교를 구하기 위해 그들은 저 부패한 동맹을 거부한 것처럼 행동했고, 우리의 대열로 달려와 붉은 모자[49]를 쓰고 모든 왕들을 향해, 저 일곱 명의 흡혈귀들을 향해 증오와 죽음을 맹세했다. 그들은 현세의 불실석 평등을 요구했고, 마리Jean-Paul Marat와 로베스피에르Maximilien de Robespierre[50]에게조차 저주를 퍼부었다. 우리끼리 말해서, 여러분들이 그 성직자들을 정확하게 관찰한다면 그

---

48 가톨릭과 사회주의를 결합하고자 한 프랑스 작가 라므네Hugues-Félicité-Robert Lamennais(1782~1854)를 암시하고 있다. 1833년 발간되어 1834년 루드비히 뵈르네에 의해 독일어로 번역된 그의 책 『신자의 말Paroles d'un Croyant』에서 라므네는 하이네가 여기서 표현한 일곱 명의 왕관을 쓴 반反그리스도적 흡혈귀에 대해 서술하고 있다.

49 자코뱅주의자의 모자.

50 장 폴 마라(1743~1793)와 막시밀리앵 드 로베스피에르(1758~1794)는 프랑스 혁명의 중심인물이자 자코뱅당의 지도자였다.

들이 자코뱅의 언어로 미사를 올리고, 과거 카이사르에게 성체에 숨겨진 독을 먹이려고 한 것처럼[51] 이제 그들은 인민들에게 그들의 성체를, 혁명의 독이 들어 있는 성체를 먹이려고 했다는 것을 알 수 있을 것이다. 그들은 우리가 그 독을 사랑하고 있다는 것을 잘 알고 있었기 때문이다.

하지만 성직자들의 모든 노력은 수포로 돌아갔다. 인류는 모든 성체에 싫증이 나 있었고, 더 영양가 있는 음식을, 진짜 빵과 맛있는 살코기를 원했다. 인류는 갖은 노력에도 불구하고 실현할 수 없었던 저 청춘의 이상에 동정 어린 미소를 보냈다. 그리고 인류는 남성적이고 실제적이 되었다. 이제 인류는 세속의 유용성 체제를 신봉하고, 시민으로서 행복을 누릴 수 있는 제도와 빈틈없는 가정살림 그리고 노후의 편안함에 대해 진지하게 숙고한다. 이제 칼을 카이사르의 손에 맡기고, 노예의 손에 전대를 맡기는 일은 더 이상 없게 되었다. 저 황제의 시종에게 부여되었던 특권적 명예는 박탈되었고, 산업은 과거의 수치에서 벗어났다. 이제 해야 할 일은 건강해지는 것이다. 왜냐하면 우리는 온몸이 너무 약해져 있다고 느끼기 때문이다. 중세 시대의 성스러운 흡혈귀들은 우리의 피를 너무나 많이 빨아먹었다. 그러므로 이제 우리는 물질이 과거에 받았던 모욕으로부터 우리를 용서하도록 거대한 속죄양을 물질에게 바쳐야만 한다. 우

---

51   룩셈부르크 백작 하인리히 3세의 아들인 하인리히 7세는 소문에 의하면 성체에 의해 독살되었다고 한다. (하인리히 3세와 하인리히 7세는 모두 신성로마제국의 황제였다. 역)

리가 축제를 준비해서 물질에 더 특별한 명예 회복의 자리를 마련한다면, 그것은 더욱 바람직한 일일 것이다. 왜냐하면 이제 더 이상 물질을 부정할 힘이 없는 기독교는 과거 모든 곳에서 물질에 낙인을 찍고, 가장 중요한 물질적 향유를 폄하했기 때문이다. 그래서 감각은 신앙심이 깊은 체할 수밖에 없었고 거짓과 죄가 발생했다. 우리는 여자들에게 새로운 옷과 새로운 사고를 입혀야 한다. 그리고 전염병을 이겨냈을 때처럼 우리는 우리의 모든 감정을 새롭게 훈증 소독해야 한다.

그러므로 우리의 모든 새로운 제도가 추구해야 할 긴급한 현안은 물질의 명예 회복, 부연하자면 물질의 가치 재정립, 물질의 도덕적 인정, 물질의 종교적 정화 그리고 정신과의 화해이다. 푸루샤Purusha는 다시 프라크리티Prakriti와 결합해야 한다.[52] 둘 사이의 폭력적인 분리는 인도 신화에서 의미심장하게 묘사되듯이 거대한 세계 분열, 즉 악을 탄생시킨다.

여러분들은 세계 속에서 악이 무엇인지 아는가? 정신주의자들은 늘 범신론적 세계관에서는 선과 악의 구별이 모호해진다고 우리를 비난한다. 하지만 악은 한편으로는 정신주의자들의 세계관에서 단지 망상의 개념일 뿐이고, 다른 한편으로는 정신주의자들이 설립한 세계의 하나의 실제적 결과물일 뿐이다. 정신주의자들의 세계관에

---

[52] 힌두교 신화에서 푸루샤와 프라크리티는 정신과 물질의 이원론을 지칭한다. (푸루샤는 순수정신, 프라크리티는 근원적 물질을 의미한다. 역)

의하면 물질은 그 자체로 악이다. 하지만 이것은 진실로 비방이자, 경악스러운 신성모독이다. 물질이 비밀리에 정신의 찬탈 행위에 대해 모반을 꾀하고, 정신이 물질에 낙인을 찍어 물질이 자기경멸로 매춘을 행하거나 절망적인 증오의 감정에 사로잡혀 정신에 복수할 때 물질은 악이 된다. 그렇기 때문에 악은 정신주의적 세계 설립의 한 결과일 뿐이다.

신은 세계와 동일하다. 신은 의식이 없이 우주-자기장의 삶을 영위하는 식물 속에서 스스로를 드러내고, 감각적인 꿈을 꾸는 삶 속에서 많든 적든 어렴풋하게 실존을 감지하는 동물 속에서 스스로를 드러낸다. 하지만 신이 가장 장엄하게 자신을 드러내는 곳은 인간이다. 인간은 느끼는 동시에 생각하고, 자기 자신을 객관적 자연과 구분할 줄 알며, 현상세계에서 감지되는 이념을 이미 자신의 이성 속에 내포하고 있다. 인간에게서 신성은 자기의식이 된다. 그리고 자기의식은 인간을 통해 다시 신성을 드러낸다. 하지만 이것은 개별 인간에게서 일어나는 일이 아니라 전체 인간에게서 일어나는 일이다. 그래서 각각의 인간은 신의 세계의 일부분만을 파악하고 표현하지만, 전체 모든 인간은 이념과 현실성 속에서 신의 세계를 파악하고 표현할 것이다. 아마도 각각의 민족은 저 신의 세계의 특정한 부분을 인식하고 알리며, 현상의 일부를 파악하고 이념의 일부를 현상으로 드러내고, 그 결과를 비슷한 사명을 지닌 후대의 민족들에게 전해주는 사명을 지니고 있을 것이다. 그러므로 신은 세계사의 참된 영웅이다. 세계사는 신의 끊임없는 사고이자 행동이고, 신의 말이자

행위의 결과이다. 인류 전체에 대하여 올바르게 말한다면, 인류는 신의 육화이다.[53]

범신론이 인간을 무관심주의[54]로 이끈다는 것은 잘못된 생각이다. 그 반대로 범신론에서 신성을 의식하는 것은 신성을 표현하도록 인간을 고무시킨다. 그럴 때 비로소 진정한 영웅의 진정으로 위대한 행위가 이 세상에 영광을 준다.

프랑스 유물론을 바탕으로 한 정치적 혁명의 입장에서 범신론자들은 적이 아니라 조력자였다. 범신론자들은 보다 깊은 근원에서, 그들의 종교적 명제로부터 혁명에 대한 확신을 길어 올렸다. 우리가

---

[53] 이 구절은 명백히 헤겔 철학의 사유를 따르고 있다. 헤겔의 『철학강요』에서 다음과 같이 똑같은 변증법적 과정을 읽을 수 있다. "신이 자기 자신을 아는 한에서만, 신은 신이 된다. 또한 신의 자신에 대한 앎은 인간에게 신의 자기의식이자 신에 대한 인간의 앎이다. 신에 대한 인간의 앎은 신에게서 인간 자신에 대한 앎으로 나아간다."(Werke, Bd. 8, Frankfurt a.M. 1986, S. 374) 1822/23년 겨울학기에 하이네는 베를린에서 헤겔의 법철학과 세계사 철학 강의를 들을 기회가 있었다. 1823년 자신의 『폴란드 회상기Polen-Memoire』(1823)에서 하이네는 헤겔을 가장 심오한 독일 철학자로 언급하고 있으며, "이념은 개인과 민족의 자기실현에 스스로를 도구로 사용한다"는 헤겔의 문장을 전적으로 받아들여 다음과 같이 서술한다. "그 연구자(헤겔―옮긴이)에게는 좀 더 고상한 사유가 현시된다. 즉 역사(자연, 신, 섭리, 등등)는 개별 인간과, 또한 전체 민족들과 더불어 자신의 위대한 목적을 품고 있다. 그리고 일부 민족들은 민족 전체를 유지하고 좀 더 번영하기 위해 고통을 감내해야만 한다."(DHA 6, S. 69) 하이네는 그의 철학적 저술에서 민족의 사명에 대해 이 부분과 아주 유사하게 말하고 있다. 그리고 이성적이고 진보적인 역사는 신의 자기 현시로 파악될 수 있다는 변신론의 관점("따라서 신은 세계사의 참된 영웅이며, 세계사는 신의 끊임없는 사유, 신의 끊임없는 행동, 신의 말, 신의 행위이다")은 헤겔의 『역사철학강의』에서 다음과 같이 명백히 다시 한 번 강조되고 있다. "'일어난 것, 나날이 일어나고 있는 모든 것은 신 없이는 일어날 수 없고, 본질적으로 그것은 신의 작품이다'라는 통찰만이 정신을 세계사와 그리고 현실과 화해시킬 수 있다."

[54] 여기서 무관심주의는 정치적 사건에 대한 개인적인 체념과 무관심을 말한다.

물질의 안녕, 다시 말해서 각 민족의 물질적 행복을 촉진하고자 하는 이유는 유물론자들처럼 정신을 경멸해서가 아니다. 그것은 인간의 신성이 인간의 육체적 현상으로 드러나며, 물질적 궁핍은 신의 형상인 육신을 파괴하거나 경멸하고, 그럼으로써 정신도 파괴하기 때문이다. 생쥐스트Louis Antoine Léon de Saint-Just가 표현한 혁명의 위대한 모토, "빵은 인민의 권리이다"[55]라는 말이 우리에게는 "빵은 인간의 신성한 권리"라는 말로 읽힌다. 우리는 인간의 권리를 위해 싸우는 것이 아니라 인간의 신적 권리를 위해 싸운다. 이 점에서 그리고 다른 몇 가지 사항에서 우리는 프랑스 혁명의 혁명가들과 구분된다. 우리는 상퀼로트Sans-culotte[56]도 소박한 시민도 인색한 우두머리도 되고 싶지 않다. 우리는 동등하게 장엄하며, 동등하게 신성하며, 동등하게 행복한 신들의 민주주의를 구축하고자 한다. 너희들은 단순한 복장, 절제하는 삶의 태도와 양념을 치지 않은 음식을 요구한다. 하지만 그와 반대로 우리는 신들의 술과 음식, 왕과 추기경이 입는 자주색 의복과 값비싼 향수, 환희와 환락과 화려함, 기쁜 표정으로 추는 요정의 춤과 음악과 코미디를 원한다. 그렇다고 화내지 마시라, 고결한 공화주의자들이여! 너희들의 감찰관 같은 비난에 대해 우리는 셰익스피어William Shakespeare 작품의 한 바보가 한 말

---

55   루이 앙투안 레옹 드 생쥐스트(1767~1794). 프랑스 혁명가이자 로베스피에르 신봉자. "빵은 인민의 권리이다"라는 말은 생쥐스트가 1793년 10월 10일자 연설에서 한 발언이다.
56   귀족이 입는 퀼로트를 입지 않은 사람이라는 뜻으로 프랑스 혁명 당시 빈곤층에 속한 무산 시민들. 편

로 응대한다.[57] "네가 고결하다고 해서 이 세상에 맛있는 케이크도, 달콤한 포도주도 없어야 한다고 생각하니?"

생시몽주의자들은 이런 사고에 사로잡혀 있었다. 하지만 그들은 좋지 않은 기반 위에 서 있었고, 주위의 유물론자들은 적어도 일정 기간 동안 그들을 억압했다. 독일에서 생시몽주의자들은 비교적 좋게 평가되었다. 왜냐하면 독일은 범신론이 가장 번성한 땅이었기 때문이다. 범신론은 우리의 위대한 사상가들, 최고의 예술가들의 종교였고, 내가 뒤에서 설명하겠지만 이신론은 독일에서 이미 이론적으로 몰락했다. 이신론은 몇몇 다른 분야들처럼 독일에서는 이성적 사고가 결여된 생각 없는 대중들 사이에서만 유지되었다. 독일에서는 범신론이 공공연한 비밀이라는 점은 말하지 않아도 다 아는 사실이었다. 사실상 우리는 이신론에서 멀어졌다. 우리는 자유로운 존재이므로 강력한 전제군주를 원하지 않는다. 우리는 성숙한 존재이므로 아버지의 보호를 필요로 하지 않는다. 또한 우리는 한 위대한 장인의 수공품이 결코 아니다. 이신론은 노예와 아이들과 제네바 시민들과 시계공을 위한 종교이다.

범신론은 독일의 숨겨진 종교이다. 이미 50년 전 스피노자를 격렬하게 반대했던 독일의 저술가들은 범신론이 독일에서 그렇게 되리라는 것을 예견했다. 스피노자를 가장 격렬하게 반대했던 사람은

---

[57] 이어지는 구절은 하이네가 셰익스피어의 작품 『십이야』에 나오는 귀족 토비의 말을 인용한 것이다.

프리드리히 하인리히 야코비Friedrich Heinrich Jacobi[58]였다. 그는 때때로 독일의 철학자 중 한 사람이라는 명예를 부여받기도 한다. 하지만 그는 단지 남을 헐뜯으며 은근히 자신의 목적을 이루는 인간일 뿐이었다. 그는 철학이라는 외투에 자신을 감추고 철학자들 사이에 은근히 끼어들어 처음에는 자신의 사랑과 부드러운 심성을 보여주다가 결국 이성을 비방했다. 그가 한결같이 반복하는 말은 이성을 통한 철학과 인식은 덧없는 망상이고 이성은 스스로 어디로 가는지조차 알지 못하며, 이성은 인간을 오류와 모순의 캄캄한 미로로 끌고 가고, 오직 믿음만이 인간을 확실하게 인도할 수 있다는 것이다. 두더지 같은 놈! 그는 이성이 하늘 위를 오가면서 자신의 빛으로 길을 비춰주는 영원한 태양과 같다는 것을 알지 못했다. 거인 스피노자에 대해 난쟁이 야코비가 가한 경건하고 상냥한 비난은 그 어느 것과도 비교 불가능하다.

---

[58] 야코비(1743~1819)는 합리주의적 계몽주의의 반대자로 다음과 같은 감정의 철학과 믿음의 철학을 대표한다. '이성에 의한 인식은 형이상학적이고 신적인 것에 대해서 어떠한 인식도 허용하지 않고, 오히려 스피노자가 보여준 것처럼 무신론으로 나아간다.' 1785년 야코비는 스피노자에 관하여 레싱과 나눈 대화를 책으로 출간했다. 그 책에는 모제스 멘델스존과 똑같은 주제를 가지고 나눈 편지가 포함되어 있다.(『모제스 멘델스존에게 보낸 편지에 들어 있는 스피노자의 철학에 관하여Über die Lehre des Spinoza in Briefen an den Herrn Moses Mendelssohn』) 멘델스존은 무신론 딱지가 붙은 스피노자주의라는 비난으로부터 죽은 친구 레싱을 방어하면서 『친구 레싱에게 보내는 모제스 멘델스존의 글Moses Mendelssohn an die Freunde Lessing』(1786)을 발표했다. 이러한 논쟁으로 인하여 멘델스존의 불안한 건강 상태는 더욱 악화되었고, 얼마 지나지 않아 사망했다. 그러자 야코비는 멘델스존의 죽음에 책임이 있다는 비난을 받게 되었다. 그래서 야코비의 또 다른 책―『스피노자 철학에 관한 편지에 대한 멘델스존의 책임에 반대하여Wider Mendelssohn Beschuldigungen, betreffend die Brief über die Lehre des Spinoza』(1786)―이 발간되었다.

매우 다양한 분파가 스피노자에 대해 맞서 싸웠다는 점은 주목할 만하다. 그들은 하나의 군대를 형성했는데, 그 다채로운 조직을 살펴보는 일은 커다란 즐거움을 선사한다. 십자가와 연기가 피어오르는 향로를 들고 흑백의 모자를 쓴 무리들 옆에서 이들과 마찬가지로 용감한 사상가 스피노자를 공격하는 백과전서파[59]가 행진을 한다. 신앙의 염소 뿔로 공격의 나팔을 부는 암스테르담의 유대인 교회당 랍비들 옆에서 이신론을 대표하여 풍자의 피콜로[60]를 연주하는 볼테르가 행진하고 있다. 그 사이에서 이 신앙부대의 매점 여주인인 노파 야코비가 말다툼을 하고 있다.

가능한 한 빨리 이러한 혼란에서 벗어나자. 우리의 범신론적 도피처로 되돌아가서 다시 라이프니츠의 철학을 만나고, 그 전개 양상에 대해 이야기해야 한다.

라이프니츠는 여러분들이 알고 있는 작품들을 일부는 라틴어로, 일부는 프랑스어로 썼다. 크리스티안 볼프는 라이프니츠의 이념을 체계화했을 뿐만 아니라 독일어로 소개한 훌륭한 인물이다. 볼프의 업적은 그가 라이프니츠의 이념을 체계화한 데 있는 것도, 독일어로 많은 독자들이 읽을 수 있도록 한 데 있는 것도 아니다. 그의 업적은

---

[59] 1751년부터 1780년까지 간행된 35권 분량의 방대한 계몽주의 사상의 집적물인 『과학, 예술, 기술에 관한 체계적인 사전Encyclopédie, ou dictionnaire raisonné des sciences, des arts et des métiers』의 편집자인 디드로Denis Diderot(1713~1784)와 달랑베르Jean-Baptiste Le Rond d'Alembert(1717~1783) 그리고 함께 작업한 일군의 사람들을 말한다. '무신론자들'이라는 항목에는 스피노자가 이론적인 무신론자로 분류되어 있다.

[60] 플루트보다 한 옥타브 높은 음을 내는 작은 플루트. 편

우리가 모국어를 통해서도 철학을 할 수 있도록 우리를 고무시켰다는 점에 있다. 루터 이전까지의 신학과 마찬가지로 볼프 이전까지 우리는 철학을 라틴어로만 하는 줄 알았다. 볼프 이전에 독일어로 철학을 한 몇몇 사람들은 성공을 거두지 못했다. 여기서 우리는 특히 도미니크회 수도사인 요하네스 타울러Johannes Tauler⁶¹를 언급하지 않을 수 없다. 그는 14세기 초 라인 강변에서 태어나 1361년 바로 그곳에서, 아마도 슈트라스부르크에서 사망했다. 그는 경건한 신앙인이었고 중세에 플라톤파로 불렸던 신비주의자 그룹에 속했다. 생의 말년에 그는 일체의 학문적 자만심을 버리고 부끄러움 없이 민중의 비천한 언어로 설교를 했다. 그가 행한 설교와 과거에 라틴어로 했던 것을 다시 독일어로 바꾸어 한 설교들은 독일어의 주목해야 할 기념비라고 할 수 있다. 왜냐하면 그의 설교들은 형이상학적인 문제를 논하는 데 있어서 유용할 뿐만 아니라 라틴어보다 훨씬 적합하다는 것을 보여주기 때문이다. 로마인들의 언어인 라틴어는 그 원천을 결코 부정할 수 없다. 라틴어는 전쟁터의 군대를 향한 사령관의 언어였고, 관료들을 향한 교황의 교령어였으며, 고리대금업자들에 대한 법률어였고, 돌처럼 냉담한 로마 민족을 위한 비문과 같은 간결한 언어였다. 라틴어는 유물론에 적합한 언어가 되었다. 기독교는 라틴어를 정신주의화하기 위해 천 년이 넘는 세월 동안

---

61 1300?~1361. 마이스터 에크하르트Meister Eckhart(1260?~1328)(독일 신비주의의 대표적인 사상가이자 신학자 圈)의 제자로 도미니크회 수도사였다. 독일 신비주의의 대표적 인물에 속하고 80여 편에 달하는 설교집을 간행했다.

참된 기독교의 인내심으로 노력을 했지만 성공하지 못했다. 그래서 요하네스 타울러는 전율을 일으키는 사유의 심연 속으로 완전히 빠져들고자 할 때, 그의 심장이 가장 성스럽게 부풀어 오를 때 독일어로 설교를 하지 않을 수 없었다. 그의 언어는 단단한 바위틈에서 솟아오르는 산의 샘물과 같이 알 수 없는 잡초의 냄새와 신비로운 바위의 힘을 경이롭게 간직하고 있다. 하지만 최근에 와서야 비로소 독일어가 철학에 유용하다는 점이 제대로 인식되었다. 어떤 다른 언어도 자연이 행하는 신비로운 작업을 우리의 사랑하는 모국어인 독일어만큼 표현하지 못한다. 튼튼한 참나무 위에서만 성스러운 겨우살이가 자랄 수 있다.

이제 파라켈수스Paracelsus[62], 그 스스로가 말한 이름인 테오프라스투스 필리푸스 아우레올루스 봄바스투스 폰 호헨하임Theophrastus Philippus Aureolus Bombastus von Hohenheim에 대해 말해야 할 차례인 듯하다. 왜냐하면 그 역시 내부분의 작품을 독일어로 썼기 때문이다. 하지만 나는 그와 관련된 좀 더 의미심장한 점들은 나중에 말할 것이다. 그의 철학은 말하자면 오늘날 자연철학이라고 불리는 것이다. 이념에 의해 생기가 불어넣어지는 자연에 관한 그의 철학은 너무나도 신비롭게 독일 정신에 다가왔다. 만약 우연한 영향으로 생명력이 없고 기계론적인 데카르트 철학이 지배하지 않았다면, 이미 그

---

[62] 1493~1541. 의사이자 자연 연구자이고 수많은 철학, 신학적 책을 저술했다. 하이네는 여기서 파라켈수스의 (신비주의적 경향의-옮긴이) 후기 발언을 가리키며 다시금 자신의 책 『정령』을 암시하고 있다.

당시에 그의 철학은 독일에서 발전했을 수도 있다. 파라켈수스는 위대한 사기꾼이었고, 항상 주홍색 상의와 주홍색 바지, 붉은 양말과 붉은 모자를 착용하고 다니며 호문쿨리homunculi[63], 즉 설화 속에 등장하는 난쟁이를 만들 수 있다고 주장했다. 적어도 그는 다양한 요소들 속에 들어 있는 숨겨진 존재에 대해서 잘 알고 있었다. 하지만 동시에 그는 독일적 연구 정신으로 기독교 이전의 민족신앙, 게르만의 범신론에 정통한 심오한 자연 전문가 중 한 사람이었다. 자연 전문가들은 알지 못하는 것이라도 정확하게 예견했다.

이제 야코프 뵈메Jakob Böhme[64]에 대해서도 말해야 한다. 왜냐하면 그 역시도 마찬가지로 독일어로 철학적 글을 썼으며, 이 점에서 매우 칭송을 받았기 때문이다. 하지만 나는 그를 읽을 마음이 생기지 않았다. 나는 내 스스로 바보가 되고 싶지는 않았다. 말하자면, 나는 이 신비주의자를 칭송하는 작자들이 독자들을 신비주의자로 만들려 한다고 의심한다. 뵈메 작품의 내용에 대해서는 생마르탱Louis Claude de Saint-Martin[65]이 그 일부분을 프랑스어로 소개한 바 있다. 영국인들도 뵈메를 번역했다. 찰스 1세Charles I[66]는 이 신지학적[67] 구두장이를 높이 평가해서 몸소 한 학자를 괴를리츠로 보내 뵈메를

---

63 연금술사가 인공적으로 만든 작은 인간. 괴테의『파우스트』제2부에 등장하기도 한다. 圈
64 괴를리츠의 구두장이 야코프 뵈메(1575~1624)와 더불어 독일 신비주의는 두 번째 정점에 이르렀다. 특히 낭만주의와 독일 관념론의 틀 안에서 그의 사상은 지속적으로 관심의 대상이 된다.
65 루이 클로드 드 생마르탱(1743~1804). 생마르탱은 테네만 다음으로 뵈메의 작품 네 개를 프랑스어로 번역했다.

가르치도록 했다. 이 학자는 그의 군주보다도 훨씬 운이 좋았다. 왜냐하면 찰스 1세가 화이트홀에서 크롬웰Oliver Cromwell의 도끼에 목이 잘린 반면, 이 학자는 괴를리츠에서 야코프 뵈메의 신지학에 의해 단지 이성을 잃었을 뿐이기 때문이다.

앞서 말했듯이 크리스티안 볼프[68]에 와서야 비로소 독일어가 성공적으로 철학에 도입되었다. 그의 작은 업적이라면 라이프니츠의 철학을 체계화하고 대중적으로 알렸다는 것뿐이다. 이 두 가지는 심지어 가장 큰 오점이라고도 할 수 있다. 여기서 잠시 이 점에 대해 언급하고자 한다. 그의 체계화는 단지 공허한 가상일 뿐이었다. 그래서 라이프니츠 철학의 가장 중요한 부분이, 예를 들어 모나드론의 핵심 부분이 이 가상에 의해 희생되었다. 라이프니츠가 남긴 것은 물론 체계적인 철학 구조가 아니라, 단지 그것에 필요한 이념이었다. 한 거인이 가장 깊은 곳에 있는 대리석 돌덩어리들을 파내서 섬세하게 세공한 거대한 마름돌과 기둥을 결합하려면 또 한 명의 거인이 필요할 것이다. 그럴 때 아름다운 신전이 만들어질 것이다. 하

---

[66] 영국의 왕 찰스 1세(1600~1649)는 시민전쟁에서 승리한 올리버 크롬웰(1599~1658)의 지배하에서 사형 선고를 받고 교수형에 처해졌다.

[67] 신지학이란 신을 체험하거나 신을 직관적으로 인식할 수 있다고 주장하는 신비주의적인 사상 체계를 말한다.

[68] 크리스티안 토마지우스Christian Thomasius(1655~1728)(독일 계몽주의 철학자이자 법학자)의 전범을 따라 독일 계몽주의의 저명한 대표자인 볼프(1679~1754)는 자신의 생각을 표현하는 데 독일어를 사용했다. 그는 라이프니츠에 기반을 두고 좀 더 확대된, 체계적이고 교육적인 관념론 철학의 개요를 만들었다. 하이네는 여기서 『철학강요』에 관해서는 완전히 스쳐지나가듯 언급하고 있지만, 볼프의 작품 제목에는 전혀 관심을 두고 있지 않다.

지만 크리스티안 볼프는 매우 땅딸막한 인물이었고, 단지 건축 재료의 일부분만을 만들어낼 수 있었다. 그리고 그는 그 재료를 가지고 이신론의 빈약한 이동식 신전을 만들었다. 그는 이론의 통일성을 단지 완전성의 형식으로만 파악했고, 각 부분들이 가장 아름답게 배열되어 있고, 명료한 라벨이 붙어 있는 특정한 구조물을 만드는 데 만족했다. 그리하여 그는 철학 백과사전을 우리에게 선사했다. 데카르트의 손자인 볼프가 할아버지의 수학적 논증을 유산으로 물려받았다는 점은 당연한 일이다. 이 수학적 형식을 나는 이미 스피노자를 다룰 때 비판했다. 볼프에 의해 수학적 형식은 커다란 재앙을 구축했다. 그것은 그의 제자들에게서 참을 수 없는 도식주의로, 모든 것을 수학적 방식으로 증명하는 우스꽝스러운 방법으로 퇴화되었다. 깊이 있는 연구는 중단되었고 명료함을 향한 지루한 노력이 그 자리를 대신했다. 볼프의 철학은 점점 맥 빠진 철학이 되었으며 마침내 전 독일을 집어삼켰다. 이 대홍수의 흔적은 여전히 오늘날에도 남아 있다. 이곳저곳에, 우리의 대학에서도 이 볼프학파의 옛 화석들을 여전히 볼 수 있다.

 크리스티안 볼프는 1679년 브레슬라우에서 태어나 1754년 할레에서 죽었다. 반세기가 넘도록 그의 철학은 독일을 지배했다. 당시의 신학자들과 볼프와의 관계를 특히 언급하지 않을 수 없다. 그럼으로써 우리는 루터주의의 운명에 대한 이야기를 채울 수 있을 것이다.

 전 교회사에서 30년 전쟁[69] 이래로 프로테스탄트 신학자들 사이의 논쟁보다 복잡한 부분은 없다. 단지 비잔틴 시대의 지나치게 꼬치꼬치 따지는 신학 논쟁만이 이에 비견될 수 있을 뿐이다. 그러나 비잔틴 시대의 논쟁은 지루하지는 않았다. 왜냐하면 프로테스탄트의 논쟁은 대부분 편협한 신학자들의 지나친 꼼꼼함에 뿌리를 두고 있었던 반면, 비잔틴의 논쟁은 국가와 관련된 궁정의 음모가 그 뒤에 숨어 있었기 때문이다. 대학들, 특히 튀빙겐, 비텐베르크, 라이프치히, 할레 대학은 이러한 신학적 논쟁의 무대였다. 중세의 전 기간을 가톨릭의 옷을 입고 싸운 두 파, 즉 플라톤파와 아리스토텔레스파는 단지 옷을 바꿔 입었을 뿐, 여전히 서로 싸우고 있었다. 옷을 바꿔 입은 이 두 파는 경건주의자들과 정통주의자들이다. 이들을 나는 앞서 상상을 결여한 신비주의자와 정신을 결여한 교조주의자로 일컬었다. 요하네스 슈페너Johannes Spener[70]는 프로테스탄트의 스코투스 에리우게나Johannes Scotus Eriugena[71]였다. 스코투스 에리우게나가 설화와 같은 디오니시우스 아레오파기타Dionysius Arcopagita[72]를

[69] 유럽에서 로마 가톨릭교회를 지지하는 국가들(네덜란드, 덴마크, 스웨덴, 에스파냐, 프랑스 등)과 개신교를 지지하는 국가들(신성로마제국과 일부 제후국들) 사이에서 벌어진 종교 전쟁(1618~1648). 1648년 베스트팔렌 조약을 체결하면서 마무리되었다. 이 조약으로 네덜란드는 독립을 공인받았고, 잉글랜드, 프랑스, 스웨덴도 상당한 영토를 보유하게 되어 신성로마제국을 대신해 새로운 유럽의 강대국이 되었다. 편

[70] 1635~1705. 복음주의 신학자로 경건주의의 강령이 되는 『경건한 요망 Pia desideria』(1675)이라는 책을 저술했다.

[71] 요하네스 스코투스 에리우게나(810년경~877). 신학자이자 철학자. 초기 스콜라 철학자로 디오니시우스 아레오파기타(5세기 작품)를 번역해 신플라톤주의 사유에 중요한 통찰을 주었다.

[72] 5세기 후반~6세기 전반? 신비주의 기독교 신학자이자 철학자. 오늘날에는 『사도행전』

번역함으로써 가톨릭의 신비주의를 정초했던 것처럼 요하네스 슈페너는 교화집 『경건한 대화Colloquia pietatis』를 편찬함으로써 프로테스탄트 경건주의를 정초했다. 아마도 피에티스트Pietists, 즉 경건주의자라는 명칭이 그 신도들에 의해 전해진 것은 이 책 때문인 것 같다. 베를린의 경건주의자 프란츠 호른Franz Horn[73] 씨는 슈페너에 관한 훌륭한 전기를 썼다. 슈페너의 생애는 기독교 이념을 위한 끊임없는 순교였다. 그는 이러한 점에서 다른 동시대인들을 압도하고 있다. 그는 가치 있는 책과 경건함에 몰두했으며, 말보다는 정신의 설교자였다. 그의 설교학[74]은 당시에 칭송을 받았다. 왜냐하면 앞서 언급한 대학들에서 가르치는 모든 신학은 편협한 원리와 자구에 얽매인 논쟁이 있었을 뿐, 성경 해석과 교회사는 완전히 도외시되었기 때문이다.

슈페너의 제자인 헤르만 프랑케August Hermann Francke[75]는 스승의

에 나오는 디오니시우스와 구분하기 위해서 위僞 디오니시우스Pseudo-Dionysius라고 부른다. 團

[73]   1781~1837. 『친절한 독자를 위한 친절한 작품집Freundlichen Schriften für freundliche Lesser』(Nürnberg, 1817)과 『독일의 시문학과 이야기Die Poesie und Beredsamkeit der Deutschen』(Berlin, 1822)란 책에서 슈페너에 관한 서술을 했다.

[74]   실천 신학의 한 분야인 설교학은 설교에 관한 가르침을 말한다. 정통주의-계몽주의적 성직자의 언어—하이네가 여기서 "편협한 원리"라고 표현하였고, 구체적으로는 크리스티안 볼프 철학의 "참을 수 없는 도식주의"로 드러나는—에 대해 슈페너는 환상적이고 감정적인 화법으로 맞섰다.

[75]   아우구스트 헤르만 프랑케(1663~1727). 복음주의 신학자. 라이프치히 대학에서 처음 교편을 잡았으나, 강의 금지를 당하면서 쫓겨났고, 슈페너의 도움으로 할레 대학으로 옮겨 그리스어와 히브리어 교수가 되었다. 1698년부터 그는 신학 교수로 재직했다. 할레 대학에서 프랑케는 여러 가지 사회적 기구를 설립했다. 그중에는 하이네가 언급한 교육기관이자 고아

사유방식과 범례를 따라 라이프치히에서 강의를 시작했다. 그는 독일어로 강의했으며, 그것은 우리가 앞에서부터 계속 기꺼이 인정한 업적이다. 당시 그가 얻은 찬사는 동료들의 질시를 불러일으켰고, 그들은 우리의 가난한 경건주의자의 삶을 매우 힘들게 만들었다. 프랑케는 라이프치히 대학을 떠나야만 했고, 할레 대학으로 자리를 옮겨 말과 행동으로 기독교를 가르쳤다. 그의 명성은 그곳에서도 시들지 않았다. 왜냐하면 그는 할레 고아원을 설립했기 때문이다. 할레 대학은 경건주의자들의 집결지가 되었다. 사람들은 할레 대학을 '고아원당'이라 불렀고, 덧붙이자면 이 명칭은 오늘날까지도 이어지고 있다. 할레 대학은 지금까지도 경건주의자들의 피난처이다. 그리고 이들과 프로테스탄트 합리주의자들과의 논쟁은 몇 해 전에도 전 독일에 악취를 풍긴 스캔들[76]을 일으켰다. 이런 것에 대해 전혀 알지 못하는 프랑스인 여러분들은 참으로 행복한 사람들이다! 더구나 프로테스탄트 교회의 경선주의사들을 마음껏 비닌힌 저 복음주의 책자에 대해서는 행복한 프랑스인 여러분들은 전혀 알지 못할 것이다.

내가 틀리지 않다면, 은둔적인 경건주의와 싸우면서 볼프 철학에

원인 빈민학교가 있다.

[76] 계몽주의적·탈신화적 성경 비판자들인 할레 대학 신학부 교수 빌헬름 게제니우스Wilhelm Gesenius(786~1842)와 율리우스 아우구스트 루드비히 벡샤이더Julius August Ludwig Wegscheider(1771~1849)에 반대해 1830년 『복음주의 교회신문Evangelischen Kirchen-Zeitung』에 신학적 반항이라는 비난이 제기되었다. 여행 화첩의 『루카 시Die Bäder von Lucca』에서 이미 하이네는 이러한 비난을 암시했다. 1852년에 간행한 철학문집의 두 번째 판에 이어지는 문장들이 추가되었다. 이것은 이전에 프랑스판에 이미 수록된 문장들이다.

도움을 요청한 이들은 할레 대학의 가톨릭 정통주의자들이었다. 가톨릭은 이제 더 이상 우리를 화형시킬 수 없기 때문에 우리에게 구걸을 하러 온 것이다. 하지만 우리가 주는 모든 선물은 그들에게 사악한 이득이 된다. 볼프가 그 가난한 종교에 애정 어린 마음으로 입혔던 수학적이고 논증적인 복장은 그들에게는 품이 너무 적어 우스꽝스럽게 보일 정도로 전혀 맞지 않다. 여기저기 터질 것 같은 솔기가 보인다. 특히 부끄러운 부분인 원죄가 적나라하게 드러났다. 어떤 논리적인 가리개로도 이 부분을 가릴 수는 없다. 기독교-루터적 원죄와 라이프니츠-볼프적 낙관주의는 서로 화해 불가능하다. 따라서 프랑스의 낙관주의에 대한 풍자는 적어도 우리의 신학자들에게 불쾌감을 준다. 볼테르의 위트[77]는 벌거벗은 원죄에 도움이 되었다. 하지만 저 독일의 대책 없는 낙관주의자는 낙관주의의 몰락으로 인하여 심한 상실감을 느끼고 오랫동안 비슷한 종류의 위안이 되는 철학을 찾았다. 헤겔의 "존재하는 모든 것은 이성적이다"라는 말[78]이 어느 정도 그에게 보상을 줄 때까지.

 종교가 철학에 도움을 바라는 순간부터 종교의 몰락은 피할 수 없다. 종교는 자신을 옹호하려 애를 쓰며 지껄여대다가 점점 더 깊

---

[77] 자신의 소설 『캉디드』에서 볼테르는 "존재하는 세계는 모든 가능한 세계의 최선이다"라는 라이프니츠의 명제를 풍자했다. 1755년 11월 1일 리스본을 초토화시킨 거대한 지진은 계몽주의적 낙관주의에 커다란 타격을 가했다. 볼테르는 캉디드의 선생인 팡글로스라는 인물로 크리스티안 볼프를 조롱했다.

[78] 헤겔의 『법철학』에는 다음과 같이 씌어져 있다. "이성적인 것은 현실적이고, 현실적인 것은 이성적이다."

이 파멸로 빠져들었다. 모든 절대주의와 마찬가지로 종교는 스스로를 정당화해서는 안 된다. 프로메테우스는 침묵의 힘에 의해 바위에 묶이게 되었다. 그렇다. 아이스킬로스Aeschylus는 의인화된 힘에 단 한 마디 말도 허용하지 않았다.[79] 힘은 침묵해야만 했다. 종교가 교리문답집의 인쇄를 허용하자마자, 정치적 절대주의가 공식적인 국가 신문을 발행하자마자 둘 다 종말을 맞이했다. 하지만 그것은 우리의 승리이다. 우리는 우리의 적들로 하여금 말을 하도록 유도했고, 그들은 우리에게 해명을 해야 했다.

종교적 절대주의가 정치적 절대주의와 마찬가지로 자신의 말을 위해 매우 강력한 기관을 발명해냈다는 점은 물론 부인할 수 없다. 하지만 우리가 그것에 대해 겁먹을 필요는 없다. 말이 살아 있다면 난쟁이들이 그것을 옮길 것이고, 말이 죽어 있다면 어떤 거인도 그것을 일으켜 세우지 못할 것이다.

앞서 언급한 것처럼 종교가 철학에 도움을 구한 이래로 독일의 학자들은 종교에 새로운 옷을 입혔을 뿐만 아니라 무수한 실험을 했다. 종교에 새로운 젊음을 부여하려 했다. 그래서 메데이아Medea가 아이손Aeson 왕을 젊게 했던 것[80]과 흡사하게 종교를 젊게 만들

---

[79] 그리스 극작가 아이스킬로스(기원전 525~456)는 『결박된 프로메테우스』에서 비아Bia(힘의 신)와 크라토스Kratos(무적의 신)를 시켜 프로메테우스를 바위에 묶었다. 이 일을 행할 때 비아는 침묵했다.

[80] 그리스 신화에 따르면, 이아손Iason의 부인인 메데이아는 시아버지인 아이손 왕을 회춘의 명약으로 젊게 만들었다.

고자 했다. 먼저 종교의 혈관을 열고, 모든 미신적인 피를 천천히 뽑아냈다. 비유적으로 표현하지 않고 말한다면, 기독교에서 모든 역사적 내용을 제거하고, 단지 도덕적 부분만을 보존하는 시도가 이루어졌다. 이로써 기독교는 순수한 이신론이 되었다. 예수는 신의 공동 섭정자이기를 그쳤다, 즉 예수는 신에게 병합되었다. 예수는 단지 한 개인으로서만 존경을 받게 되었다. 사람들은 예수의 도덕적 성격을 무한히 찬양했고, 예수가 얼마나 용감한 사람이었는지를 무한히 기렸다. 예수가 행한 기적에 대해 사람들은 물리적으로 설명했고, 가능한 한 기적을 폐기하려고 하지 않았다. 몇몇 사람들은 기적이 당시 미신의 시대에는 필요한 것이었다고 말했다. 어떤 진리를 전달해야만 했던 한 이성적인 남성이 기적을 광고로 이용한 것이다. 기독교에서 모든 역사적인 것들을 분리한 신학자들은 합리주의자로 불린다. 그리고 경건주의자와 정통주의자의 분노는 이 합리주의자들을 향했다. 이때부터 경건주의자와 정통주의자들은 서로 간의 격렬한 싸움을 줄이고 자주 서로 연대했다. 사랑이 하지 못한 일을 합리주의자들을 향한 공동의 분노가 할 수 있었다.

프로테스탄트 신학의 이러한 방향은 여러분들이 알지 못하는 신학자 조용한 제믈러Johann Salomo Semler[81]와 함께 시작해서, 역시 여러분들이 모르는 신학자인 밝은 성격의 텔러Wilhelm Abraham Teller[82]

---

81 요한 살로모 제믈러(1725~1791). 할레 대학 신학 교수.
82 빌헬름 아브라함 텔러(1734~1804). 베를린에 있는 최고성직자위원회 위원.

와 더불어 걱정스러운 높이에 이르렀으며, 전혀 알 필요가 없는 천박한 신학자인 바르트Karl Friedrich Bahrdt[83]와 함께 그 정점에 이르렀다. 프로테스탄트 신학이 가장 강력한 지원을 받은 것은 프리드리히 1세와 서적 판매상인 니콜라이Christoph Friedrich Nicolai[84]가 군림했던 베를린으로부터였다.

최초의 왕관을 쓴 유물론에 대해서 여러분들은 이제 충분한 얘기를 들었을 것이다. 그는 프랑스어로 시를 썼고 플루트를 아주 훌륭하게 불었으며 로스바흐Roßbach 전투[85]에서 승리했고 코담배를 심하게 피우면서 오직 대포만을 신뢰했다. 여러분 중에서는 분명 상수

---

[83] 카를 프리드리히 바르트(1741~1792). 신학 교수로『신약성경』을 새롭게 번역해서(Die neusten Offenbarungen Gottes in Briefen und Erzählungen, 1722ff) 커다란 명성을 얻었다. 정통주의 신학자들, 특히 함부르크의 최고 목사인 요한 멜히오르 괴체Johann Melchior Goeze (1717~1786)는 바르트를 날카롭게 공격했다. 결국 바르트는 할레로 도주해 체포를 피했다.

[84] 크리스토프 프리드리히 니콜라이(1733~1811). 베를린의 출판업자이자 작가로 계몽주의의 열렬한 지지자였다. 하이네는 여기서 니콜라이가 야심차게 기획한 잡지『알게마이네 도이체 비블리오테크Allgemeine deutsche Bibliothek』를 언급하며, 비유적으로 질풍노도와 고전주의, 낭만주의 문학에 대해 반대한다. 이것은 괴테와 실러의 날카로운 비판을 불러일으켰다. 이어지는 문단에서 하이네는 니콜라이의 베르테르 패러디를 언급한다. 1775년『젊은 베르테르의 기쁨Die Freuden des Jungen Werthers』이란 제목으로 출간된 이 작품은 괴테의 유명하고 엄청난 성공을 거둔 작품인『젊은 베르테르의 슬픔』에 대한 패러디이다. 게다가 하이네는 민요에 대한 니콜라이의 거부 반응에 대해서도 언급하고 있다. 니콜라이는 이 역시 풍자적으로 (『너무나 아름답고 사랑스러운 민요에 대한 작은 연감Eyn feyner kleyner Almanach vol schönerr liblicherr Volckslieder...』, 1777/78) 행했다.

[85] 7년 전쟁(1756~1763)에서 프리드리히 2세는 1757년 11월 5일에 프랑스군과 연합한 제국 군대에 승리를 거뒀다. (7년 전쟁은 오스트리아 왕위계승전쟁에서 프로이센에게 패배해 슐레지엔을 빼앗긴 오스트리아가 그곳을 되찾기 위해 프로이센과 벌인 전쟁이다. 유럽의 거의 모든 나라가 참전했으며, 이후 미국 독립전쟁의 원인이 되기도 했다. 됨)

시Sanssouci⁸⁶를 방문한 사람이 있을 것이다. 그곳에 가면 성의 문지기인 늙은 상이군인이 서가에서 프랑스 소설을 꺼내어 보여준다. 프리드리히 대왕은 황태자 시절 이 소설을 교회에서 읽었으며, 엄격한 아버지⁸⁷에게 루터의 노래책을 읽고 있는 듯 보이기 위해 검은색 양피지로 그 책에 덮개를 입혔다. 여러분들은 그를 세상의 현자인 왕으로 알고 있으며, 북구의 솔로몬⁸⁸이라 불렀다. 프랑스는 이 북구 솔로몬의 오빌Ophir이었고, 거기에서 시인과 철학자의 칭호를 얻게 되었다. 이 칭호는 남쪽의 솔로몬이 그랬던 것처럼 그가 너무나도 소망하던 것이었다. 여러분이 『성경』의 「열왕기」에서 읽을 수 있듯이 솔로몬은 그의 친구 히람Hiram을 시켜 금과 상아, 시인과 철학자 등 모든 것들을 오빌에서 배로 실어 오도록 하였다. 외국의 인재들을 선호한 까닭에 프리드리히 대왕이 독일 정신에 미친 영향은 미미했다. 오히려 그는 독일 정신을 모욕하고, 독일의 민족 감정을 병들게 했다. 더구나 프리드리히 대왕이 독일 문학에 대해 보였던 멸

---

86 1747년에 프리드리히 대왕이 포츠담에 세운 여름 별궁. 역

87 프리드리히 빌헬름 1세Friedrich Wilhelm I(1688~1740), 1713년부터 프로이센 국왕을 지냈다.

88 볼테르는 프리드리히 2세를 그의 송시 『프러시아 왕을 위해Au roi de Prusse』(1740)에서 이와 같이 불렀다. 프로이센의 왕 프리드리히 2세는 프랑스 문학과 철학에 커다란 애착을 보였다. 그래서 특히 볼테르, 라메트리, 피에르 루이 모로 드 모페르튀이Pierre Louis Moreau de Maupertuis(1698~1759)(프랑스의 수학자이자 철학자 역)를 궁정으로 초빙했다. 『구약성경』에는 솔로몬의 부에 대한 언급이 있는데, 특히 히람의 배로 금, 은, 상아, 원숭이, 서아프리카산 뿔닭 등을 오빌에서 실어 왔다.

시[89]는 지금도 여전히 우리 후손들에게 혐오감을 일으키게 한다. 늙은 겔러르트Christian Füchtegott Gellert[90]를 제외하곤 우리 후손들 중 아무도 그의 자애로운 은총을 달갑게 여기지 않았다. 프리드리히 대왕이 겔러르트와 나눈 대화는 주목할 만하다.

하지만 프리드리히 대왕이 우리를 지원하지 않고 조롱할수록 책 판매상 니콜라이는 더욱더 우리를 지원했다. 그것 때문에 우리가 그를 조롱할 생각은 조금도 들지 않았다. 이 남자는 그의 전 생애 동안 끊임없이 조국의 안녕을 위해 일했고, 어떤 수고도, 돈도 아끼지 않았다. 그는 조국이 더 나아지기만을 바랬다. 하지만 독일에서 바로 이 남자만큼이나 그렇게 가혹하고 참혹하고 완전하게 조롱을 받았던 인물은 없다. 후대에 태어난 우리들은 계몽주의의 친구인 이 늙은 니콜라이가 핵심적인 부분에서 전혀 잘못된 길로 가지 않았다는 것을, 그리고 그를 철저하게 조롱한 것은 대부분 우리의 적인 반계몽주의자들이었다는 것을 너무나 잘 알고 있지만, 그럼에도 불구하고 우리는 진지한 표정으로 그를 생각할 수는 없다. 늙은 니콜라이는 프랑스 철학자들이 프랑스에서 했던 것과 동일한 일을 독일에서 추구했다. 그는 민족의 정신에서 과거를 지우려 했다. 그것은 급진적 혁명을 위한 훌륭한 예비 작업이었다. 하지만 그것은 실패로 끝

---

89   프리드리히 2세는 독일 문학에 대한 이해가 전혀 없었다. 그의 저서 『독일 문학에 대하여De la littérature allemande』(1780)를 보면 분명하게 알 수 있다.

90   작가인 크리스티안 F. 겔러르트(1715~1769)는 1760년 12월 18일 프리드리히 2세의 영접을 받았다. 프리드리히 2세는 겔러르트의 작품에 대해 호의적인 반응을 보였다.

났다. 그는 자신의 과업을 일으키지 못했다. 낡은 잔재들이 여전히 굳건하게 자리를 잡고 있었고, 그 속에서 유령들이 출현해 그를 조롱했다. 그러자 니콜라이는 매우 분개해서 무작정 그들에게 대들었다. 그래서 박쥐들이 그의 귓가에 쉿쉿 소리를 내며 달려들고 그의 풍성한 가발을 물어뜯을 때 관객들은 즐거워했다. 또한 니콜라이는 때때로 풍차를 거인으로 잘못 보고 풍차와 맞서 싸우기도 했다. 더 안 좋은 일은 그가 때때로 실제 거인을, 예를 들어 볼프강 괴테Johann Wolfgang von Goethe를 단순히 풍차로 오인한 일이다. 그는 괴테의 『젊은 베르테르의 슬픔』에 대해 비꼬는 글을 썼는데, 저자의 모든 의도를 잘못 오인해버렸다. 그렇지만 핵심에 있어서 그는 늘 옳았다. 그는 괴테가 『젊은 베르테르의 슬픔』 속에서 진실로 말하려고 했던 것을 파악하지 못했지만, 이 소설이 일으킨 효과, 즉 연약한 몽상과 결실 없는 감상주의를 완전하게 간파했다. 그것은 우리에게 꼭 필요한 이성적 사고와 적대적 모순을 이루고 있는 것이다. 이 점에서 니콜라이는 레싱Gotthold Ephraim Lessing과 완전히 일치한다. 레싱은 그의 한 친구에게 보낸 편지에서 『젊은 베르테르의 슬픔』에 대해서 다음과 같은 평가를 내렸다.

"그처럼 열정적인 작품이 이로움보다는 해로움을 더 많이 일으킨다면, 자네는 『젊은 베르테르의 슬픔』에서 짧고 냉정한 결말 부분이 더 있어야 한다고 생각하지 않는가? 어떻게 베르테르가 그처럼 모험적인 성격을 가지게 되었는지, 비슷한 성향의 다른 청년은 어떻게 모험을 거부할 수 있었는지에 대해 약간의 암시가 더 있어야 하지 않을까? 자네는 과거 그리스나 로마의 청년이 비슷한 이유로 생을 마감했으리라 생각하는가? 분명 그렇지 않다네. 그리스와 로마의 청년들은 사랑의 열정 앞에서 베르테르와는 전혀 다르게 자신을 지켜낼 줄 알았지. 소크라테스 시대에는 어떤 여성도 사랑에 도취되어 그렇게 부자연스러운 행위로 끝나는 것을 용서하지 않았을 거야. 그처럼 작으면서 위대하고, 경멸받아 마땅하면서도 귀중한 작품이 생산될 수 있었던 것은 오직 기독교 교육 때문이라고 할 수 있네. 기독교는 육체적 욕구를 너무나 아름답게 정신적 완전성으로 변화시킬 수 있으니까. 그러므로 존경하는 괴테는 결말에 작은 장을 하나 덧붙여야 했네. 그건 냉소적일수록 더 좋지!"[91]

레싱의 친구인 니콜라이는 실제로 이러한 레싱의 생각에 따라서 약간 변형된 『젊은 베르테르의 기쁨』을 출간했다. 이 판본에서 주인공은 권총으로 자신의 목숨을 끊지 않고 닭의 피를 뒤집어쓴다. 왜냐하면 권총에 탄환이 아니라 닭 피가 장진되어 있었기 때문이다. 베르테르는 웃고, 살아남아 샤를로테와 결혼한다. 결론적으로 이 판본은 괴테의 원전보다 더 비극적으로 끝난다.

『알게마이네 도이체 비블리오테크』는 니콜라이가 기초를 닦고, 그와 그의 친구들이 미신, 예수교도, 궁정의 아첨꾼들 등에게 대항했던 잡지로 불린다. 미신을 겨냥해서 날린 몇 번의 주먹에 불행하

---

[91] 하이네는 여기서 요한 요아힘 에쉔부르크Johann Joachim Eschenburg(1743~1820)(독일의 작가이자 비평가㈜)에게 보낸 레싱의 1774년 10월 26일 자 편지 중 일부분을 인용하고 있다.

게도 문학 스스로가 맞았다는 점은 부인할 수 없는 사실이다. 예를 들어 니콜라이는 옛 독일의 민요가 인기를 끌게 되자 이에 대항했다. 하지만 근본적으로는 그가 다시 옳았다. 모든 가능한 장점에도 불구하고 옛 민요는 시대에 맞지 않는 몇몇 기억들을 담고 있다. 즉 중세의 목동들의 노래가 지닌 오래된 울림들은 민중들의 정서를 과거 신앙의 마구간으로 다시 되돌아가도록 유혹할 수 있었다. 니콜라이는 오디세우스처럼 세이렌의 노랫소리를 듣지 못하도록 동시대인들의 귀를 막았다.[92] 그럼으로써 동시대인들이 나이팅게일의 무구한 지저귐에 귀머거리가 되어도 그는 아랑곳하지 않았다. 이 실천적인 남자는 그 시대의 대지에 잡초 하나도 자라지 못하도록, 심지어 꽃조차도 주저 없이 함께 완전히 뽑아버렸다. 이에 대해 꽃과 나이팅게일의 편에 서 있는 사람들이 가장 적대적으로 들고 일어났다. 그들이 숭배하는 것은 아름다움, 우아함, 위트, 농담이었고, 불쌍한 니콜라이는 그들에게 패배했다.

  오늘날 독일의 상황은 변했다. 꽃과 나이팅게일의 편은 혁명과 밀접한 관계에 있다. 미래는 우리의 것이고 승리의 먼동이 터 오르고 있다. 언젠가 아름다운 날, 그 빛이 우리 조국의 모든 곳들을 비춘다면 우리는 죽은 자들을 기념할 것이다. 그다음에는 당신, 늙은 니콜라이, 가련한 이성의 순교자를 정녕 기념하리라! 우리는 독일

---

[92] 호머Homer는 『오디세이아』 12번째 노래에서 오디세우스가 세이렌의 유혹을 어떻게 벗어나는지에 대해 이야기한다. 오디세우스는 선원들의 귀를 밀랍으로 막고 자신의 몸을 돛대에 묶게 한다.

의 판테온으로 당신의 재를 가져갈 것이다. 환호하는 개선 행렬이 석관 주위를 맴돌고, 음악가들의 합창 소리가 울려 퍼지고, 관악기 가운데 플루트는 결코 있어서는 안 될 것이다. 우리는 당신의 관에 가장 잘 어울리는 월계관을 올려놓을 것이다. 그리고 우리는 웃지 않기 위해 최선의 노력을 다할 것이다.

니콜라이 시대의 철학과 종교의 상황에 대해 말하고자 할 때, 여기서 나는 니콜라이와 다소간 연대하면서 베를린에서 활동했고 철학자와 문필가 사이의 절충을 표방했던 사상가들에 대해 말하지 않을 수 없다. 그들은 특정한 체계를 갖지 않고 단지 특정한 경향만을 보였다. 그들은 문체상으로, 그리고 궁극적 토대에서 영국의 도덕주의자들[93]과 닮았다. 그들은 엄격한 학문적 형식 없이 글을 썼고, 도덕적 의식이 인식의 유일한 원천이었다. 그들의 성향은 프랑스 박애주의자들[94]의 성향과 완전히 같다. 종교적으로는 합리주의자들이고, 정치적으로는 세계시민이며, 도덕적으로는 자신에게 엄격하고 타인에게 관대한 고결하고 덕이 있는 사람들이다. 멘델스존 Moses Mendelssohn, 줄처 Johann Georg Sulzer, 압트 Thomas Abbt, 모리츠 Karl Philipp

---

[93] 영국의 문헌학자이자 작가인 조지프 애디슨 Joseph Addison(1672~1719)은 리처드 스틸 Richard Steele(1672~1729)(영국의 극작가이자 정치가 📖)과 함께 여러 가지 도덕적 주간지를 발행했다. 맨 처음에는 『타틀러 The Tatler』(1709~1711), 그다음에는 『스펙테이터 The Spectator』(1711~1712/14) 그리고 『가디언 The Guardian』(1713). 이 잡지들은 특히 독자들의 미적 취미와 도덕성을 고취시키고자 했고, 독일 계몽주의에 커다란 영향을 미쳤으며, 그래서 적지 않은 모방의 시도가 있었다.

[94] 루소, 페늘롱 François Fénelon(1651~1715)(프랑스의 신학자이자 소설가 📖) 등을 말한다.

Moritz, 가르베Christian Garve, 엥겔Johann Jakob Engel, 바이스터Johann Erich Biester[95] 등이 특별한 인물들이라고 할 수 있다. 모리츠는 내가 가장 좋아하는 인물이다. 그는 경험심리학 분야에서 많은 업적을 남겼다. 그는 친구들에게 거의 이해받지 못했지만 귀중한 순수함을 지닌 인물이었다. 그의 생애는 그 시대의 가장 중요한 기념비 중의 하나이다. 하지만 멘델스존[96]은 앞에서 거론한 모든 인물들보다 중요한 사회적 의미를 갖는다. 그는 신앙적 동료인 독일의 유대인들을

[95] 요한 게오르그 줄처(1720~1779)는 김나지움 선생으로 1763년부터 베를린 기사학교 교장을 지냈고, 특히 『예술의 일반이론Allgemeine Theorie der Schönen Künste』(1771)을 저술했다. 토머스 압트(1738~1766)는 뷔케부르크의 행정관료를 지냈으며, 인기 있는 철학책 저술가이자 레싱, 멘델스존, 니콜라이와 함께 『최근 문학 동향에 관한 서한들Briefen, die neueste Literatur betreffend』(1759)(니콜라이가 발행한 주간지 █)의 공동 작업자였다. 카를 필리프 모리츠(1756~1793)는 중요한 자전적 소설 『안톤 라이저Anton Reiser』(1785)의 저자로 심리학 연구를 했고, 『경험심리학 잡지Magazin zur Erfahrungsseelenkunde』(1783)를 편찬했다. 크리스티안 가르베(1742~1798)는 독일 계몽주의의 인기 있는 철학자였다. 요한 야콥 엥겔(1741~1802)은 계몽주의 작가로 주로 베를린에서 활동했다. 요한 에리히 바이스터(1749~1816)는 계몽주의 잡지 편집자이자 베를린의 사서였다.

[96] 베를린의 '유대인 문화 학술 협회'에서 진행된 토론회에서 모제스 멘델스존은 스피노자와 더불어 중심적인 인물이었다. 1822년 8월 협회에 참석한 하이네는 참석자들이 개혁가인 멘델스존에게 보내는 존경을 눈앞에서 볼 수 있었다. 협회 구성원인 루트비히 마르쿠스Ludwig Marcus(1798~1843)(독일 출신의 프랑스 역사가로 하이네의 친구였다. █)에 대한 부고에서 하이네는 망자를 '독일 유대인의 위대한 개혁가'의 친척이라고 알렸다. 바로 이 개혁가인 멘델스존은 철학 저술가로서도 뛰어났다. 멘델스존은 유대교의 계몽주의적 관점을 위해 노력했다. 그는 『탈무드』의 유대교 계율을 단순화하고, 『성경』을 계시의 원천으로 다시금 강하게 부각시키고자 했다. 멘델스존은 "모세오경"(모세가 기록했다고 전해지는 「창세기」, 「출애굽기」, 「레위기」, 「민수기」, 「신명기」를 말한다 █), 「시편」, 「아가서」를 번역했다. 멘델스존은 자신의 철학책인 『파이돈: 영혼 불멸에 관하여Phädon oder über die Unsterblichkeit der Seele』(1767)에서 소크라테스의 대화법을 강조해 베를린의 소크라테스란 칭호를 얻었다.

개혁하려는 인물이었다. 그는 탈무드주의를 무너뜨리고 순수한 모세주의를 정초했다. 동시대인들에게 독일의 소크라테스로 불리었고, 그 고귀한 영혼과 정신적 힘 때문에 경외와 존경을 받은 멘델스존은 데사우Dessau 유대교 회당의 가난한 집사의 아들이었다. 이러한 태생적 불행 이외에도 그는 곱사등이라는 천형을 짊어졌다. 인간은 외관으로가 아니라 내면의 가치로 평가되어야 한다는 가르침을 가장 잔인한 방식으로 천민에게 보여주는 것 같았다. 그렇지 않다면 하늘이 그에게 곱사등을 부여한 것은 진정 자애로운 방식으로 천민들이 받는 부당함을 지혜로운 사람이 쉽게 위무할 수 있는 불행으로 여기게끔 하기 위함인가?

루터가 교황권을 무너뜨렸던 것처럼 멘델스존은 『탈무드』를 무너뜨렸다. 그것은 루터가 『성경』을 종교의 원천으로 선언하고 종교의 가장 중요한 부분을 번역한 것과 동일한 방식이었다. 그럼으로써 멘델스존은 루터가 기독교적 가톨릭을 파괴한 것처럼 유대교적 가톨릭을 파괴했다. 사실 『탈무드』는 유대인들의 가톨릭이다. 『탈무드』는 유치한 장식들로 뒤덮여 있지만 하늘을 찌르는 듯한 거대함으로 우리를 압도하는 고딕 성당과 같다. 『탈무드』는 일종의 종교 율법들의 위계질서이다. 종교의 율법들은 종종 가장 기괴하고 우스꽝스러운 미묘한 차이들을 지니고 있지만 매우 의미심장하게 위아래로 배열되어 있으면서 서로를 지탱하고, 무서울 정도로 철저하게 서로 영향을 주면서 지독하게 고집 센 거대한 전체를 형성하고 있다.

기독교적 가톨릭주의가 몰락함에 따라 유대적 가톨릭주의인 『탈무드』도 몰락의 길을 걸을 수밖에 없었다. 왜냐하면 『탈무드』는 그 의미를 상실했기 때문이다. 말하자면 『탈무드』는 로마에 대한 방어벽으로 기능했고, 유대인들은 과거 이교도적인 로마에 저항할 수 있었던 것과 마찬가지로 기독교적인 로마에 영웅적으로 저항할 수 있는 것은 『탈무드』 덕택이라고 생각했다. 그리고 유대인들은 저항만이 아니라 승리를 했다. 나사렛의 저 가난한 랍비의 죽어가는 머리 위에 로마의 이교도들은 악의적으로 다음과 같은 글을 써놓았다. "유대인의 왕, 바로 이 가시면류관을 쓰고 아이러니하게도 자주색 옷을 걸친 가짜 왕이 결국에는 로마인들의 신이 되었다. 그러므로 로마인들은 이 남자 앞에서 무릎을 꿇어야만 한다!" 이교도적 로마처럼 기독교적 로마도 패배했고, 심지어 기독교적 로마는 속국이 되었다. 친애하는 독자인 당신이 첫 학기가 시작되는 기간에 라피테 거리를 향해 걷는다면, 즉 15번 호텔을 향해 걸어간다면, 당신은 높은 정문 앞에서 천천히 움직이는 마차 한 대를 보게 된다. 한 뚱뚱한 남자가 마차에서 내려 계단을 올라가서는 조그만 방에 다다른다. 그 방에는 보기보다 좀 나이가 있는 금발의 젊은 남자가 앉아 있다. 그리고 그 젊은 남자의 품위 있는 귀족적인 태연함 속에는 어떤 견고한 것, 어떤 긍정적인 것, 절대적인 것이 들어 있다. 마치 이 세상의 모든 돈을 자신의 주머니 속에 지니고 있는 것처럼. 그런데 실제로 그는 이 세상의 모든 돈을 주머니 안에 갖고 있다. 그의 이름은 제임스 드 로트실트James de Rothschild[97] 경이었다. 그리고 그 뚱뚱한 남자는 몬시뇰 가리발디Antonio Garibaldi[98]로 교황 성하의 사신이었다. 그는 교황의 이름으로 로마인들의 대출 이자, 로마의 조세를 가지고 온 것이다.

오늘날 『탈무드』는 왜 존재하는가?

모제스 멘델스존은 이러한 유대적인 가톨릭주의를 무너뜨렸다는 이유로 커다란 명성을 얻었다. 적어도 독일에서는 그랬다. 가톨릭은 필요 이상의 것이 되었고, 필요 이상의 것은 해롭기 때문이다. 전통을 파괴하면서 그는 모세의 율법을 종교적 의무로 보전하고자 노력했다. 그것은 비겁함인가, 아니면 영리함인가? 그것은 선조들의 가장 성스러운 물건에, 순교자의 피와 눈물이 떨어졌던 물건에 자신의 파괴적인 손을 대지 못하게 하는 슬픈 노스탤지어인가? 나는 그렇게 생각하지 않는다. 물질의 왕들처럼 정신의 왕들 또한 가족에 대한 감정에 가혹해야만 한다. 사상의 권좌 위에서도 인간은 결코 연약한 감정에 굴복하지 않아야 한다. 그래서 오히려 나는 모제스 멘델스존이 순수한 모세주의에서 이신론에 최후의 보루처럼 기여할 수 있는 어떤 제도를 보았다고 생각한다. 왜냐하면 이신론은 그의 가장 내적인 신앙이며 가장 깊은 확신이기 때문이다. 친구인 레싱이 죽고 스피노자 철학이 공격을 받게 되었을 때, 멘델스존은 강력하게 스피노자 철학을 옹호했고, 이러한 상황에서 비롯된 화병이 그를 죽음으로 이끌었다.

여기서 나는 한 사람의 이름을 두 번째로 거론했다. 그는 독일인

---

97 1792~1868. 은행가. 로트실트 은행 가문에서 파리 지점 책임자였다.
98 안토니오. 가리발디(1797~1853). 파리에 있는 교황의 대사. (본시놀은 가톨릭교회의 주교급 고위 성직자에 대한 경칭이다. 劃)

이라면 가슴에 뭉클한 울림 없이 그 이름을 부를 수 없는 인물이다. 고트홀트 에프라임 레싱은 독일에서 루터 이후 가장 위대하고 훌륭한 인물이었다.[99] 루터와 레싱은 우리의 자랑이자 우리의 기쁨이다. 우울한 현재 속에서 우리는 저 위안을 주는 두 사람의 입상을 올려다본다. 두 입상은 고개를 끄덕이며 빛나는 약속을 한다. 그렇다. 이제 루터가 시작하고 레싱이 이어왔던 것을 완성할 제3의 인물이 등장할 것이다. 독일이 애타게 필요로 하는 세 번째 해방자가 등장할 것이다. 나는 자주색 황제의 외투에서 아침의 태양처럼 뿜어져 나오는 그의 금빛 갑옷을 이미 보고 있다.

레싱은 루터와 같이 어떠한 행위를 통해 독일인들에게 영향을 끼쳤을 뿐 아니라, 또한 그는 비판과 논쟁을 통해 독일 민족의 내면 깊숙한 곳까지 어떤 감정을 불러일으키고 올바른 정신의 운동을 이끌어냈다. 그는 시대의 살아 있는 비판이었고, 그의 삶 자체가 논쟁이었다. 그의 비판은 종교, 학문, 예술 분야에서 사고와 감정의 가장 넓은 영역에까지 미쳤으며, 그의 논쟁은 모든 적들을 압도했고, 승리 후에는 더 강해졌다. 스스로 고백했듯이 레싱은 자신의 정신적 발전을 위해 싸움을 필요로 했다. 레싱은 결투에서 자신이 죽인 사람들의

---

[99] 하이네는 레싱을 항상 높이 평가했다. 예를 들어 친구 크리스티안 제테Christian Sethe (1789~1857)(독일의 법률가이자 작가 團)에게 보낸 초기의 편지에서 하이네는 가족, 진리, 프랑스 혁명, 인간의 권리, 레싱, 헤르더, 실러 등등에 대한 사랑을 피력한 바 있다. 이 글에서도 어렵지 않게 읽을 수 있는 해방 과정에 있어서 레싱의 중요성은 계속되는 찬사를 낳게 한다. 『낭만파』에서 하이네는 이와 대조적으로 레싱의 문학사적 의미에 대해 말하고 있다.

재능과 지식과 힘을 물려받아 마침내 모든 장점과 탁월성을 갖게 된 우화 속의 인물 노르만Normann과 완전히 같았다. 전투를 즐기는 이러한 용사가 독일에서 적지 않은 소음을 불러일으킨 것은 당연하다. 당시 독일은 오늘날보다 훨씬 조용한 안식일 같은 고요함이 지배하는 나라였다. 대부분의 사람들은 레싱의 문학적 대담함에 충격을 받았다. 하지만 바로 이 대담함이 레싱에게는 도움이 되었다. 왜냐하면 대담함이란 혁명 그리고 사랑에서와 마찬가지로 문학에서도 성공의 비밀이기 때문이다. 레싱의 검 앞에서 모든 이들이 떨었고, 레싱의 검 앞에서 안전한 머리는 없었다. 심지어 그는 몇 개의 머리를 의기양양하게 땅에 내동댕이쳤고, 악의적으로 그것을 땅바닥에서 들어 올려 그 안이 텅 비어 있음을 사람들에게 보여주었다. 자신의 검이 이르지 못하는 사람은 위트의 화살로 죽였다. 친구들은 날아가는 화살의 번쩍이는 깃털에 경탄했고, 적들은 심장에서 화살촉을 느꼈다. 레싱의 위트는 프랑스인들이 알고 있는 그러한 쾌활함이니 유머, 재치 같은 것이 아니다. 그의 위트는 자신의 그림자를 뒤쫓아 달리는 프랑스의 조그만 그레이하운드가 결코 아니다. 오히려 그의 위트는 쥐를 목 졸라 죽이기 전에 쥐를 갖고 노는 커다란 독일의 수고양이었다.

그렇다. 논쟁은 우리 레싱의 즐거움이었다. 그래서 그는 그의 적수가 지닌 가치에 대해 결코 오래 생각하지 않았다. 아이러니컬하게도 바로 논쟁을 통해 그는 훌륭한 공적이 있는 몇몇 잊힌 이름들을 발굴해냈고, 뛰어난 영감이 깃든 조롱과 멋진 유머로 흡사 거미줄로 옭아매듯 거의 알려지지 않은 몇몇 작가들을 포획해냈다. 그래서 레싱의 작품 속에서 이들은 호박琥珀 속에 사로잡힌 곤충처럼 영원히 보존되어 있다. 그는 적들을 죽임으로써 동시에 적들을 불멸로 만들었다. 레싱의 조롱과 날카로운 비판이 없었더라면 저 클로츠Christian Adolf Klotz[100]에 대해 우리들 중 누가 알았겠는가! 레싱이 이 가난한 골동품상에게 던져 그를 박살내버린 바위덩어리들은 이제 파괴될 수 없는 기념비가 되었다.

저 별 볼일 없는 독일인이 동시에 훌륭한 인간이었다는 것은 참으로 기이한 일이다. 레싱의 진리에 대한 사랑은 그 누구와도 비교될 수 없다. 레싱은 처세에 능한 사람들의 일반적인 모습처럼 거짓에 대한 최소한의 용인이 진리를 촉진시킬 수 있을 때조차 최소한의 거짓도 용인하지 않았다. 레싱은 모든 것을 진리를 위해 행하였고, 거짓은 조금도 행하지 않았다. 레싱은 언젠가 말했다. "진리를 온갖 가면과 꾸밈으로 포장하려는 자는 아마도 진리의 뚜쟁이가 될지언정, 결코 진리의 연인이 될 수는 없다."[101]

---

100 크리스티안 아돌프 클로츠(1738~1771). 할레 대학의 웅변술 교수를 지냈다. 자신의 저서 『옛 석재와 그 화석의 이용과 사용에 관하여Über den Nutzen und Gebrauch der alten geschnittenen Steine und ihrer Abdrücke』(1768)에서 레싱의 『라오콘』(1766)을 공격했다. 그 후 레싱으로부터 격렬한 비판을 받았다.

101 하이네는 레싱의 책 『투르의 베렌가리우스Berengarius Turonensis: oder Ankündigung eines wichtigen Werkes desselben…』(1770)에서 거의 변형을 가하지 않은 채 인용하고 있다. 〔베렌가리우스(999~1066)는 프랑스 신학자로 11세기 후반 랑프랑크Lanfranc와의 성찬론 논쟁에서 성찬의 떡과 포도주는 그리스도의 몸과 피의 상징이며 표지라는 상징적 실체론을 주장해 비판을 받았다. 결국 그는 자신의 견해를 취소하도록 강요받았으며, 그의 글들은 정죄를 받아 불태워졌다. 웹〕

"문체는 인간 자체이다"라는 뷔퐁Georges Louis Leclerc Comte de Buffon[102]의 아름다운 말은 오직 레싱에게만 적용될 수 있는 말이다. 레싱의 문체는 그의 성격과 완전히 같았다. 진실하고, 굳으며, 꾸밈이 없고, 아름답고, 내면의 힘에서 나오는 위엄이 있었다. 그의 문체는 로마 건축의 방식과 완전히 같다. 최고의 단순성과 결부된 최고의 견고함. 마름돌처럼 문장은 서로서로 안정되게 연결되어 있다. 로마의 건축에서는 중력의 법칙이, 레싱의 문체에서는 논리적 추론이 보이지 않는 연결수단의 역할을 한다. 따라서 레싱의 산문에서는 우리가 중복문 구조에서 회반죽처럼 사용하는 허사나 기교적 표현이 거의 없다. 하물며 당신들이 아름다운 문장이라고 부르는 사유의 카리아티드karyatide[103]는 거의 찾아볼 수 없다.

레싱 같은 사람이 결코 행복할 수 없다는 것을 여러분들은 잘 알 것이다. 그리고 그가 진리를 사랑하지 않았다 해도, 그가 어느 곳에서나 굳선하게 진리를 위해 투쟁하지 않았다 해도, 그는 불행했을 것이다. 왜냐하면 그는 천재였기 때문이다. 최근에 한 시인은 탄식을 하며 말했다. "사람들은 당신의 모든 것을 용서할 것이다. 당신의 부와, 높은 가문의 출신이라는 것과 당신의 훌륭한 용모와 심지어 당신의 재능까지도 눈감아줄 수 있다. 하지만 사람들은 천재성에 대해서는 자비를 베풀지 않는다." 아! 비록 사람들이 그에게 나쁜 의도를 품

---

102   조르주 루이 르클레르 드 뷔퐁 백작(1707~1788)은 프랑스의 자연 연구자이다. 이 인용문은 그가 프랑스 학술원에 들어갈 때 행한 취임사에 나온 것이다.
103   카리아티드는 고대 그리스 신전의 기둥으로 사용된 여인상이다.

지 않았다고 해도 천재는 자기 자신 안에서 자신의 불행을 준비하고 있는 적을 발견할 것이다. 그러므로 위대한 인간의 역사는 언제나 순교자의 역사이다. 그들이 위대한 인류를 위해 수난을 겪지 않을지라도 그들은 그들 자신의 위대성 때문에, 그들의 위대한 존재 방식인 비세속성 때문에, 주위의 웃음 띤 비열함과 과시적인 비천함을 싫어했기 때문에 수난을 겪었다. 이러한 불쾌함으로 인해 천재들은 자연스럽게 세속적 비열함와 비천함을 극단적으로, 예를 들어 극장과 심지어 가난한 레싱이 그랬던 것처럼 도박장으로까지 가져가 표현했다.

레싱에게 이보다 더 나쁜 평판은 없을 것이다. 레싱의 전기를 보면 우리는 예쁜 여배우들이 함부르크의 목사들[104]보다 더 그를 즐겁게 했으며, 그에게는 말없는 카드가 수다쟁이 볼프학도들보다 더 나은 대화 상대였다는 것을 알 수 있다.

레싱의 전기에서 모든 즐거움을 빼앗긴 그의 가혹한 운명과 매일매일의 싸움 속에서 평안과 회복을 줄 수 있는 가족이란 울타리가 그에게 허락되지 않았다는 것을 읽을 때에는 가슴이 찢어진다. 단 한 번 행운의 여신이 그에게 미소를 지었던 것처럼 보인다. 행운의 여신은 그에게 사랑스런 아내와 한 명의 아이를 선사했다.[105] 하지만 이 행운은 날아가는 새의 날갯짓을 금빛으로 물들이는 석양처럼 순식간에 사라져갔다. 아내는 산욕으로, 아이는 출생 직후 사망했다.

104 함부르크의 주목사인 요한 멜히오르 괴체와의 논쟁을 암시한다.
105 1776년 10월 레싱은 에바 쾨니히 Eva König(1736~1778)와 결혼했다. 그녀는 아들을 출산한 후 얼마 지나지 않아 산욕 중에 사망했다. 아이도 태어난 직후 사망했다.

레싱은 죽은 아이에 대해 한 친구에게 끔찍한 위트의 편지를 썼다.

"내 기쁨은 짧았네. 나는 아이를 잃고 싶지 않았어. 왜냐하면 아이는 그만큼의 이성을 지녔으니까. 그만큼의 이성을! 내가 아버지였던 단 몇 시간 동안 나는 아이에 정신을 잃은 바보 같은 아버지였다는 것을 자네는 알겠는가? 내가 무슨 말을 하고 있는지 아네. 외과용 쇠집게로 아이를 세상에 끄집어내야만 하는 것이, 아이가 곧바로 불행을 감지하는 것이 이성은 아니잖나? 아이가 잡은 최초의 기회가 불행에서 다시 도망치는 것이라면, 그것이 이성은 아니잖나? 나는 단 한 번 다른 사람들처럼 되길 원했네. 하지만 그것은 내게는 어울리지 않는 일이었어."[106]

친구에게 말하지 않은 불행이 레싱에게는 더 있었다. 그것은 그의 끔찍한 고독, 정신적인 고독이었다. 몇몇 동시대인들이 그를 사랑했지만, 아무도 그를 이해하진 못했다. 가장 친한 친구인 멘델스존은 레싱이 스피노자주의로 공격을 받을 때 열정적으로 레싱을 옹호했지만, 그런 옹호와 열정은 쓸모없고 우스운 일이었다. 무덤에서 평안하소서, 모제스여! 당신의 레싱은 이 끔찍한 오류이자 슬픈 불행인 스피노자주의의 선상에 있었지만, 전지전능한 하느님 아버지가 그를 제때에 죽음으로 구원해주었다. 걱정하지 마라! 당신의 레싱은 모략자들이 주장하듯이 스피노자주의자는 결코 아니다. 레싱

---

[106] 하이네는 여기서 레싱이 요한 요아힘 에쉔부르크에게 보낸 1777년 12월 31일 자 편지를 조금 바꿔서 인용하고 있다.

은 당신과 니콜라이, 텔러와 『알게마이네 도이체 비블리오테크』처럼 훌륭한 이신론자로 죽었다!

레싱은 두 번째 성경에서 세 번째 성경으로 이행[107]하리라는 것을 예견했던 예언가였다. 나는 레싱을 루터의 후계자라고 불렀다. 그리고 바로 이러한 관점에서 나는 여기서 레싱에 대해 논의했다. 독일 예술에 있어서 레싱이 기여한 의미에 대해서는 나중에야 말할 수 있을 것이다. 독일 예술에서 레싱은 비평을 통해서뿐만 아니라 작품을 통해서도 현실에 유익한 개혁을 불러일으켰다. 이러한 작품 활동은 일반적으로 두드러지게 조명을 받는 측면이다. 하지만 우리는 레싱을 다른 관점에서 바라본다. 우리에게는 그의 철학적·신학적 투쟁이 그의 연극 비평과 희곡 작품보다 더 중요하다. 그렇지만 그의 모든 글과 마찬가지로 그의 희곡 작품은 사회적 의미를 지닌다. 『현자 나탄』[108]은 기본적으로 좋은 희극일 뿐만 아니라 순수한 이신론

---

107 레싱의 그의 저서 『인류의 교육Die Erziehung des Menschengeschlechts』(1780)에서 3단계 역사틀을 전개했다. 86절에서 그는 "새롭고 영원한 복음의 시대"를, 89절에서는 "세 번째 시대"에 대해 말하고 있다.

108 1779년에 쓴 이 드라마로 레싱은 정통주의 신학과의 대결을 계속했다. 왜냐하면 레싱이 헤르만 사무엘 라이마루스Hermann Samuel Reimarus(1694~1768)가 쓴 『하느님에 대한 이성적인 숭배자를 위한 변증 또는 보호의 글Apologie oder Schutzschrift für die vernünftigen Verehrer Gottes』에서 발췌해 몇몇 단편들을 출간한 후, 그 단편들의 내용에 대해 격렬한 논쟁이 불타올랐기 때문이다. 그것은 합리적 계몽주의의 성경 비판으로 기독교 정통주의를 강하게 공격한 내용이었다. '이신론의 관용'을 편든 레싱은 공격을 받았다. 논쟁은 J. M. 괴체에 대한 비방으로 정점에 달했다. 마침내 브라운슈바이크 공작은 자신의 사서였던 레싱에게 검열의 자유마저 박탈했다. 레싱은 작품 『현자 나탄』으로 이에 대응했다. 이 작품은 계몽주의적 관용 정신을 강조한 교훈극이다.

에 기초한 철학적·신학적인 논문이다. 예술은 레싱에게 하나의 연단이었다. 그리고 사람들이 그를 연단에서 끌어내리면, 그는 무대로 뛰어 올라가 거기서 더 분명하게 말하고 더 많은 관객을 얻는다.

나는 레싱이 루터를 계승했다고 말했다. 루터가 우리를 가톨릭 전통에서 해방시키고 『성경』을 기독교의 유일한 원천으로 끌어올린 후, 내가 앞서 설명했듯이, 경직된 언어 숭배가 발생했다. 그리고 『성경』의 글자는 과거의 가톨릭처럼 전제적으로 지배를 하게 되었다. 이 전제적인 글자로부터 우리를 해방시키는 데 레싱은 가장 큰 기여를 했다. 루터가 가톨릭 전통과 투쟁한 단 하나의 인물이 아니었던 것처럼 레싱도 혼자 투쟁한 것은 아니었지만, 그는 가장 강력하게 『성경』의 글자와 투쟁했다. 이곳이 그의 투쟁의 목소리가 가장 크게 울려 퍼진 장소였다. 여기서 레싱은 가장 기쁜 마음으로 자신의 검을 휘둘렀고, 검은 빛을 발하며 적을 죽였다. 하지만 레싱이 검은색의 무리로부터 가장 강력히 저항을 받은 곳이 이곳이다. 그러한 곤경 속에서 레싱은 외쳤다.

"오 성스러운 단순성이여! 하지만 나는 단순성을 부르짖었던 그 선한 사람이 여전히 단순성을 부르짖을 수 있었던 곳에 아직 이르지 못했다. (후스는 단순성을 장작더미 위에서 외쳤다.) 우리의 소리는 들려져야 하고 판단되어야 한다. 누가 우리의 소리를 듣고 판단할 수 있고 그렇게 하려는가!

아, 내가 나의 재판관으로 가장 삼고 싶은 그가 이 일을 할 수 있으련만! 루터, 세상에서 인정받지 못한 위대한 지인 당신이! 손에 당신의 슬리퍼를 들고 당신이 낸 길을 아무렇지도 않게 따라 걸으면서 외치는 저 고집쟁이들보다 당신을 오인한 자는 없으리라! 당신은 전통의 족쇄로부터 우리를 구해냈다. 이제 누가 저 참을 수 없는 활자의 족쇄에서 우리를 구할 것인가! 당신이 가르친 것처럼, 예수 자신이 가르친 것처럼, 누가 마침내 우리에게 기독교를 가져다줄 것인가!"[109]

그렇다. 『성경』의 활자는 기독교의 마지막 덮개라고 레싱은 말했다.[110] 그러므로 이 덮개를 제거한 후에야 비로소 정신이 드러난다. 이 정신은 바로 볼프파 철학자들이 증명했다고 생각한 것이고, 그 박애주의자들이 마음으로 느꼈던 것이고, 멘델스존이 모세주의에서 발견한 것이고, 프리메이슨 단원들이 노래했던 것이고, 시인들이 노래했던 것이고, 그 당시 독일에서 온갖 형태로 통용되던 것인 순수한 이신론이다.

레싱은 1781년에 브라운슈바이크에서 오인과 미움과 비방을 받은 채로 죽었다. 같은 해 쾨니히스베르크에서는 이마누엘 칸트의 『순수이성비판』이 발간되었다. 이상하게도 80년대 말에야 비로소

---

[109] 하이네는 레싱의 『우화Eine Parabel』(1778)에서 약간 고쳐서 인용하고 있다.

[110] 괴체에 대한 또 다른 논쟁적인 글, 『Axiomata, wenn es deren in dergleichen Dingen gibt』(1778)에서 레싱은 『성경』의 자구에 충실한 프로테스탄트 정통주의를 비판하고, 역사적 성경 비판은 종교의 정신에 있어서의 원칙적인 비판과 동일시될 수 없다는 것을 깨닫게 하였다. 『Axiomata』 2장에는 다음과 같이 쓰여 있다. "철자는 정신이 아니다. 그러므로 『성경』은 종교가 아니다. 따라서 철자와 『성경』에 대해 반대하는 것은 정신과 종교에 대해 반대하는 것과 다르다."

대중에게 알려진 이 책과 더불어 독일의 정신적 혁명이 시작되었다. 이 정신적 혁명은 프랑스의 물질적 혁명과 아주 특별한 유비관계를 형성하며, 칸트에게는 독일의 정신적 혁명이 프랑스의 물질적 혁명과 마찬가지의 중요성을 지닌 것으로 생각되었음에 틀림없다. 두 혁명은 동일한 발전 양상을 띤다. 말하자면, 두 혁명 사이에는 주목할 만한 평행론이 성립하고 있다. 라인 강 양쪽에서 우리는 과거에 대한 똑같은 단절을 볼 수 있다. 전통에 대한 존경은 폐기되었다. 이곳 프랑스에서는 모든 권리가, 저쪽 독일에서는 모든 사유가 정당화되었다. 프랑스에서는 옛 사회 질서의 핵심인 왕권이, 독일에서는 정신적 구체제의 핵심인 이신론이 추락했다.

이 파국에 대하여, 이신론의 1월 21일[111]에 대하여 우리는 다음 장에서 말할 것이다. 본질적인 공포, 신비에 가득 찬 외경 때문에 우리는 오늘날 더 이상 계속해서 글을 쓸 수가 없다. 우리의 가슴은 엄청난 연민으로 가득 차 있다. 스스로 죽음을 준비하는 자는 늙은 여호와 자신이다. 우리는 그를 요람에서부터 잘 알고 있다. 그는 이집트에서 신적인 송아지와 악어와 성스러운 양파와 따오기, 고양이들 사이에서 자랐다. 우리는 그가 이러한 유년 시절의 친구들에게, 그리고 고향인 나일 강 계곡의 오벨리스크와 스핑크스에게 이별을 고하는 것을 보았다. 그리고 가난한 유목민족의 고장 팔레스타인에서

---

[111] 1793년 1월 21일은 루이 16세가 단두대에서 목이 잘린 날이다. 이미 1년 반 전에 루이 16세는 1791년 6월 도주에 실패한 후 완전히 힘을 잃었다.

작은 신왕Gott-König[112]이 되어 신전에 거주하는 것을 보았다. 우리는 나중에 그가 아시리아-바빌로니아 문명과 만나서 자신의 너무나 인간적인 격정을 내려놓고, 더 이상 화와 저주를 내뱉지 않고, 적어도 하찮은 일에는 더 이상 분노하지 않았다는 것을 알게 되었다. 우리는 그가 수도인 로마로 이주하는 것을 보았다. 그곳에서 그는 모든 민족적 편견을 버리고, 모든 민족들의 천상의 평등을 선언하고, 그러한 아름다운 언사로써 유피테르Jupiter 신[113]에 반대하는 세력을 모아 권력을 장악하고 카피톨리노Kapitol 언덕[114]에서 내려와 로마와 세계를 지배할 때까지 오랫동안 음모를 꾸몄다는 것을 알고 있다. 우리는 그가 점점 더 정신화되고, 부드럽게 흐느끼고, 사랑에 가득 찬 아버지가 되고, 모든 인간의 친구, 세계를 행복하게 하는 자, 그 자신은 아무런 도움을 필요치 않는 박애주의자가 되는 것을 보았다.

당신들은 종이 울리는 소리가 들리는가? 죽어가는 신에게 성례를 올리기 위해 무릎을 꿇으라.

---

112 신성화된 통치자 또는 이교도의 신을 일컫는 말.
113 로마 신화에서 하늘과 천둥의 신이자 모든 신들의 왕. 그리스 신화의 제우스.
114 로마에 있는 일곱 언덕 가운데 하나. 고대 로마인들은 최고 신 유피테르의 신전이 있는 이 언덕을 가장 신성하다고 여겼다.

III

Zur Geschichte der Religion und Philosophie in Deutschland

영국의 한 기계공에 관한 이야기가 있다.¹ 그는 이미 정교한 기계를 고안했고, 마침내 인간을 생산하려는 착상에까지 몰두하게 되었다. 이 계획은 성공했고, 그의 손으로 만들어진 이 제품은 인간이 행동하는 것과 똑같이 행동할 수 있었다. 이 제품은 가죽으로 된 가슴속에 일종의 인간의 감정 같은 것을 지니고 있었고, 명료한 톤으로 자신의 감정을 전달할 수 있었다. 그리고 그것은 영국인들의 일반적인 감정과 전혀 다르지 않았다. 내부에 있는 기어와 나사들이 내는 거친 소음들이 이러한 톤에 진짜 영국식 억양을 부여했다. 간단히 말

---

1 이 이야기는 메리 셸리 Mary W. Shelley(1797~1851)가 쓴 공포소설 『프랑켄슈타인, 근대의 프로메테우스 Frankenstein, or the Modern Prometheus』의 내용을 생각나게 한다. 물론 하이네는 이 여성 작가를 언급하지 않지만, 아마도 이 소설을 읽은 듯하다.

해서, 이 기계는 한 사람의 완전한 신사였고, 영혼이 없는 것을 빼고는 진짜 인간과 다를 게 없었다. 그런데 이 영국의 기계공은 기계에 바로 이 영혼을 넣을 수가 없었다. 이 결여를 의식하게 된 불쌍한 피조물은 낮이나 밤이나 자신을 만든 사람에게 영혼을 집어넣어달라고 간청을 했다. 이 부탁은 점점 더 강도가 세졌고, 기계공은 견딜 수가 없어서 자신의 작품으로부터 도망을 쳤다. 하지만 이 기계는 특별우편마차를 타고 대륙까지 그를 추적했고, 끊임없이 그의 뒤를 따라다니며 때로는 그를 붙잡고 그에게 불만 섞인 어조로 말했다. "영혼을 줘." 이 두 인물을 우리는 이제 모든 나라에서 볼 수 있다. 이 두 인물의 특별한 관계를 인지한 자만이 그들의 유별난 조급함과 불쾌감을 알아차릴 수 있다. 하지만 이 두 인물의 특별한 관계를 알게 된다면, 우리는 어떤 일반적인 것을 보게 된다. 한 부류의 영국인들은 기계적인 존재에 물려서 영혼을 갈구하고, 또 다른 부류는 이러한 열망에 대한 두려움으로 갈피를 못 잡고 이리저리 내몰리다가, 두 부류 모두 자신의 상황을 견디지 못한다.

  이것은 끔찍한 이야기이다. 우리가 만든 육신이 우리에게 영혼을 요구한다는 것은 끔찍하다. 하지만 훨씬 더 섬뜩하고 끔찍하고 무서운 것은 우리가 영혼을 만들었을 때, 이 영혼이 우리에게 육신을 요구하고, 이 요구를 들어줄 때까지 우리를 괴롭히는 것이다. 우리가 생각하는 사고라는 것은 바로 이러한 영혼이다. 그것은 우리가 육신을 부여할 때까지, 우리가 영혼을 감각적 현상에 다다르게 할 때까지 우리를 가만히 내버려두지 않는다. 사고는 행동이, 말은 육신이 되고 싶어 한다. 놀라운 일이다! 신이 성경을 필요로 한 것처럼, 인간은 자신의 사고를 표현해야만 한다. 그리하여 세계가 형성되었다. 빛과 어둠이 생기고, 물과 육지가 나누어지고, 야생동물이 나타나게 되었다.[2] 세계는 말씀의 징표이다.

자랑스러운 행동의 인간인 당신들은 이 점을 주목하기 바란다. 당신들은 사유하는 인간들의 무의식적 인부와 같다. 사유하는 인간들은 종종 굴종적인 침묵 속에서 당신들의 모든 행동을 미리 예견하곤 했다. 막시밀리앙 드 로베스피에르는 다름 아닌 장 자크 루소[3]의 손이었다. 피 묻은 손. 이 피 묻은 손이 시대의 품속에서 육신을 끄집어냈고, 그 영혼은 루소가 창조했다. 장 자크 루소의 삶을 괴롭혔던 끊임없는 불안은 아마도 육체로 세상에 태어나기 위해 어떠한 산파가 필요한지 그가 정신으로 이미 예감했기 때문에 일어난 것은 아닐까?

늙은 퐁트넬Bernard Le Bovier de Fontenelle이 "내가 이 세상의 모든 사유를 내 손에 쥐고 있다면, 나는 손을 펼치기가 쉽지 않았을 것이다"라고 말했을 때, 아마도 그는 옳았다.[4] 내 생각은 다르다. 내가 이 세상의 모든 사유를 내 손 안에 가지고 있다면, 나는 곧장 내 손을 잘라버리라고 여러분들에게 간청했을 것이다. 나는 결코 주먹을 쥔 채 오랫동안 견디지는 못했을 것이다. 나는 사유의 교도관이 되기에

2 「창세기」 1장에 기록된 창조에 관한 이야기. 阁
3 철학자이자 교육가. 프랑스 혁명의 기초를 놓은 인물로 평가된다.
4 하이네가 여기서 인용한 문장은 프랑스 작가인 베르나르 르 보비에 드 퐁트넬(1657~1757)에게서 직접 인용한 것으로 보이지만 증명할 수는 없다.

는 적합하지 않은 인간이다. 맹세코 그러한 인간이다. 나는 손바닥을 펼쳐버렸을 것이다. 그렇게 되면 사유는 예사롭지 않은 현상들로 나타날 것이다. 그것은 미친 바쿠스 축제 행렬처럼 온 세상을 휘젓고, 티르소스Thyrsus 지팡이[5]로 우리의 무구한 꽃들을 부숴버리고, 병실로 쳐들어와서 병들고 늙은 세계를 침대에서 몰아낼 것이다. 그렇게 되면 물론 내 마음은 어두워지고, 나는 상처를 받을 것이다. 왜냐하면 아, 나 스스로가 이 병들고 늙은 세계에 속해 있기 때문이다. "당신의 목발을 조롱한다고 당신을 더 잘 걷게 할 수는 없다"고 한 저 시인의 말은 타당하다. 나는 당신들 중 그 누구보다 더 병든 자이며, 가련한 인간이다. 왜냐하면 나는 건강이 무엇인지 잘 알기 때문이다. 하지만 당신들은, 당신들같이 부러운 사람들은 모른다. 당신들은 죽음을 인지하지 못한 채로 죽을 수 있는 사람들이다. 그렇다. 당신들 대부분은 이미 죽었으면서도 이제 비로소 당신들의 참된 삶을 시작한다고 주장한다. 내가 그러한 망상에 대해 지적을 하면, 사람들은 나에게 화를 내고 욕을 한다. 무서울 정도로! 당신들의 시체가 나에게 튀어 올라와 나에게 욕설을 퍼붓는다. 하지만 욕설보다 더 나를 괴롭게 하는 것은 시체의 썩어가는 악취다. 꺼져라, 유령들이여! 나는 지금 한 남자에 대해 이야기하려 한다. 그 이름은 이미 악령을 쫓아내는 힘을 발휘했다. 나는 이마누엘 칸트에 대해 말하고자 한다.

---

[5]　바쿠스 신(로마 신화의 술의 신 ❹)의 님페Nymphe(영어로 님프 ❹)인 마이나데스들Maenades은 이 지팡이를 의식에 사용했다. 이 지팡이는 포도덩굴과 담쟁이덩굴로 둘러싸여 있고 끝에는 솔방울이 달려 있다.

사형집행인의 칼을 보는 순간 밤의 정령들은 두려움에 떤다고 한다. 만약 밤의 정령들이 칸트의 『순수이성비판』을 마주 대한다면 그들은 얼마나 놀라겠는가! 칸트의 이 책은 독일에서 이신론을 참수한 칼이다.

솔직히 말해서, 당신들 프랑스인들은 독일인에 비해 온건하다. 당신들은 기껏해야 왕을 참수시킬 수 있었다. 그리고 왕은 당신들이 머리를 자르기 전에 이미 머리를 상실했다. 왕의 목을 자를 때 당신들은 지구가 흔들릴 정도로 북을 두드리고 환호성을 지르고 발을 굴렀다. 막시밀리앵 드 로베스피에르를 이마누엘 칸트와 비교한다면, 그것은 로베스피에르를 너무 높이 평가하는 것이다.[6] 생토노레 Saint-Honoré 거리[7]의 위대한 혁명군이었던 로베스피에르는 물론 왕권이 건재했을 당시에 파괴적인 분노의 발작증을 얻었고, 국왕 살해의 간질병으로 무섭게 경련했다. 하지만 최고 존재[8]에 대한 말을 들

---

6 이미 『Einleitung zu Kahldorf über den Adel in den Briefen an den Grafen M. von Moltke』(1831)에서 하이네는 독일 철학과 프랑스 혁명을 비교했다. 하이네는 여기서 '칸트적 단두대'에 대해 말하면서 쾨니히스베르크의 철학자들을 자코뱅주의자로 명명했다. "그렇게 우리는 사유의 영역에서 전통을 파괴했다. 바로 프랑스인들이 사회의 영역에서 그렇게 했던 것처럼. 우리의 철학적 자코뱅주의자들은 『순수이성비판』 주위로 모여서, 순수이성의 비판을 견뎌내지 못하는 일체의 것에 대해 타당성을 부여하지 않았다. 칸트는 우리의 로베스피에르였다."(DHA 11, S. 134)

7 자코뱅 수도원이 있는 파리의 거리. 자코뱅이라는 명칭은 이 수도원을 근거지로 한 데서 유래되었다.〔원〕

8 로베스피에르는 기독교를 이성 숭배로 대체했다. 그는 1794년 6월에 '최고 존재의 축제'를 열었다.

게 되면, 그는 입에 묻은 하얀 거품과 손에 묻은 피를 닦고 빛을 반사하는 단추가 달린 푸른색 외출복을 입고, 심지어는 품이 넓은 조끼 앞에 스스로 꽃을 꽂았다.

이마누엘 칸트의 생애를 기술하기는 쉽지 않다. 왜냐하면 그에게는 삶도 사건도 없기 때문이다. 그는 독일의 북동쪽 경계에 있는 옛 도시 쾨니히스베르크의 조용하고 외진 조그만 골목길에서 기계적인 질서의 엄격한 독신의 삶을 살았다. 나는 그곳의 성당에 걸려 있는 커다란 시계가 지역 주민인 이마누엘 칸트만큼 건조하고 규칙적으로 자신의 일과를 수행했다고 생각하지 않는다. 아침에 일어나서 커피를 마시고, 글을 쓰고, 강의 원고를 읽고, 밥을 먹고, 산책을 하는 모든 일과가 정해진 시간에 이루어졌다. 그의 이웃들은 이마누엘 칸트가 회색 연미복을 입고 손에 스페인산 작은 지팡이를 든 채 문밖으로 나와 작은 보리수 가로수 길을 걸어가면, 수도원의 시계가 3시 반을 가리키고 있다는 것을 아주 정확하게 알고 있었다. 그런 연유로 그 길은 이제 철학자의 길로 불린다. 칸트는 사시사철 하루에 여덟 번 그 길을 오르내렸고, 날씨가 흐리거나 비가 오려 하면, 칸트의 하인인 늙은 람페Martin Lampe[9]가 긴 우산을 손에 들고 마치 신의 섭리를 그린 그림처럼 걱정스러운 듯이 칸트의 뒤를 따라 걷고 있는 모습을 보게 된다.

칸트의 외적인 삶과 그의 파괴적이고 세계를 으스러뜨리는 사유

---

9   마르틴 람페(1734~1806). 칸트의 하인.

는 놀라운 대조를 보인다! 실로, 쾨니히스베르크의 시민들은 이러한 사유의 완전한 의미를 예감할 수도 있었고, 단지 인간만을 처형하는 사형집행인에게서보다 칸트에게서 더 무서운 공포심을 느꼈을 수도 있다. 하지만 그들은 칸트에게서 철학 교수의 모습만을 보았고, 정해진 시간에 칸트가 지나가면 친절하게 인사를 건네면서 그들의 손목시계를 맞추었을 뿐이다.

사유의 제국의 위대한 파괴자인 이마누엘 칸트는 테러리즘이라는 면에서 로베스피에르를 훨씬 능가했지만, 이 두 사람을 비교할 때면 몇 가지 비슷한 점을 거론하지 않을 수 없다. 우선 두 사람은 칼로 자르는 듯한 엄격하고 감상이 없는 냉정한 정직함을 공유했다. 그리고 불신이라는 동일한 재능을 소유했다. 한 사람은 그것을 사유에 적용해서 비판이라 명명했고, 다른 한 사람은 그것을 인간에게 적용하여 공화주의적 덕성이라 칭했다. 그렇지만 두 사람은 최고의 속물근성을 보였다. 자연은 그들에게 커피와 설딩을 지울 길이도록 했지만, 운명은 다른 사물의 무게를 재길 원했다. 그래서 한 사람은 왕을, 다른 한 사람은 신을 저울 위에 올려놓았다.

그리고 그들은 정확한 무게를 달았다!

『순수이성비판』은 칸트의 주저로, 우리는 특별히 이 책과 씨름해야만 한다. 칸트가 쓴 책들 중 이 책보다 더 중요한 책은 없다. 이미 말했듯이, 이 책은 1781년 발간되어 1789년에야 비로소 대중들에게 널리 알려졌다.[10] 처음에 이 책은 완전히 묻혔으며, 단지 별로 중요치 않은 책을 소개하는 두 개의 글 정도가 있었을 뿐이있다. 그러다가 나중에 쉬츠Christian Gottfried Schütz, 슐츠Johann Schulz, 라인홀트Karl Leonhard Reinhold[11]의 비평을 통해 대중들의 주목을 받게 되었다. 이 책이 알려지지 않게 된 원인은 아마도 익숙하지 않은 형식과 읽기 어려운 문체에 있다고 할 수 있다. 이 책의 문체에 대해서 칸트는 다른 어떤 철학자보다 더 큰 비난을 받는다. 이보다 먼저 발간된 그의 다른 책에서 볼 수 있는 좀 더 읽기 쉬운 문체와 비교할 때 더더욱 그렇다. 최근에 간행된 칸트의 작은 글 모음집에는 그의 초기 에세이들이 실려 있다. 그리고 그 에세이들의 훌륭하고 때로는 위트 있는 문체는 놀랍다. 칸트는 머릿속으로 자신의 위대한 작품을 완성하는 동안 이 작은 글들을 혼자서 흥얼거렸다. 그는 마치 거의 승리가 확실한 전투에 나서기 위해 조용히 무기를 손질하는 병사처럼 미소를 지었다. 그 작은 글 중에서 특히 다음과 같은 글들이 주목할 만하다.[12] 1755년에 쓰인 『일반 자연사와 천체 이론Allgemeine Natur-

---

10   여기서도 하이네는 정신사적 사건과 정치적 사건을 대비시키고 있다. (아마도 1789년 프랑스 혁명과 연관을 짓고 있는 듯하다.—옮긴이)

11   크리스티안 고트프리트 쉬츠(1747~1832)는 예나의 출판업자이다. 요한 슐츠(1739~1805)는 칸트의 동료이자 칸트 저서들의 비평자이다. 카를 레온하르트 라인홀트(1758~1823)는 예나 대학의 철학 교수이자 칸트 철학의 저명한 대변자이다.

12   계속해서 하이네는 소위 비판 이전의 시기에 쓴 칸트의 세 개의 책 제목을 거론한다. 『일반 자연사와 천체 이론』(1755)에서 칸트는 라이프니츠-볼프의 형이상학 및 뉴턴의 물리학에 완전히 매료되어 있었다. 『아름다움과 숭고함의 감정에 관한 고찰』은 1764년 쾨니히스베르크에서 발간되었다. 『시령자의 꿈』은 1766년 리가에서 발간되었다. 이 두 책은 1833년에 라이프치히에서도 간행되었고, 슈타르크F. Chr. Starke에 의해 편집된 모음집 『이마누엘 칸트의 탁월한 작은 글과 논문들Immanuel Kant's vorzügliche kleine Schriften und Aufsätze enthalten』에 실려 있다.

geschichte und Theorie des Himmels』, 그 후 10년이 지나 쓰인 『아름다움과 숭고함의 감정에 관한 고찰』과 프랑스 에세이 방식으로 아주 좋은 기분으로 쓰인 『시령자의 꿈Träume eines Geistersehers』. 이 작은 글들 속에 표현된 칸트의 위트는 참된 고유성을 지닌다. 그 위트는 사유에서 뻗어 올라가, 그 연약함에도 불구하고 사유를 통해 기분을 상쾌하게 하는 높이에 이른다. 사유라는 지지대가 없었더라면, 그 풍부한 위트는 자라나지 못했을 것이다. 만약 그랬더라면 지지대가 없는 포도나무 줄기처럼 비참하게 땅바닥을 기어다니다가 소중한 과실과 더불어 썩어갔을 것이다.

칸트는 『순수이성비판』을 왜 그렇게 단조롭고 건조한 페이퍼백 스타일로 썼을까? 나는 칸트가 데카르트-라이프니츠-볼프류의 수학적 형식을 배척했기 때문에 학문을 가볍고 친절하고 밝은 톤으로 표현하면, 그 품격을 상실할 것을 우려했다고 생각한다. 그래서 칸트는 천박한 정신적 계급에게 다가가는 모든 친밀성을 사갑게 거부하는 딱딱하고 무미건조한 형식을 학문에 부여했다. 칸트는 고상한 방식으로 시민적 명징성을 추구하는 당시의 인기 있는 철학자들과[13] 자신을 구분 지으려 하였다. 그래서 자신의 사유에 궁정의 차가운 관청어를 입혔다. 이 점에서 칸트는 속물로 보인다. 하지만 칸트는 아마도 자신의 세밀하게 계산된 이념의 행로를 위해 세밀하게 계산

---

[13] 통속적인 방식으로 글을 써서 독자들에게 자신들의 생각을 퍼뜨리려고 했던 독일 계몽주의자들을 말한다. 편

된 언어를 필요로 한 것으로 보인다. 그리고 칸트는 더 나은 언어를 발견하지 못했다. 오직 천재만이 새로운 사유에 새로운 언어를 창조한다. 이마누엘 칸트는 천재가 아니었다. 선량한 로베스피에르와 마찬가지로 이러한 부족함을 느낀 칸트는 천재에 대해 더욱 불신했다. 칸트는 『판단력비판』에서 심지어 "천재는 학문을 창조할 수 없고, 천재의 능력은 예술의 영역에 속한다"고까지 주장했다.[14]

칸트는 『순수이성비판』에서 보인 무미건조한 문체로 인해 매우 많은 피해를 낳았다. 왜냐하면 정신을 결여한 모방자들이 피상적으로 칸트를 흉내 내서 글을 유려하게 잘 쓰면, 그는 철학자가 아니라는 미신이 생겨났기 때문이다. 그렇긴 하지만 칸트 이후로 수학적 형식은 철학에서 더 이상 나타나지 않게 되었다. 칸트가 『순수이성비판』에서 수학적 형식이라는 지주를 가차 없이 잘라버렸기 때문이다. 수학에서 철학적 형식이 공허한 잡담만을 낳는 것처럼, 철학에서 수학적 형식은 사상누각을 생산할 뿐이라고 칸트는 말했다. 왜냐하면 철학에는 수학에서와 같은 정의가 존재할 수 없기 때문이다. 수학의 정의는 추론적이 아니라 직관적인 것으로서 직관에 의해 증명될 수 있는 것이고, 철학의 정의란 것은 단지 시험적이고, 가정적인 것으로서 참으로 올바른 정의는 맨 마지막에 결과로서만 나타난다고 칸트는 말했다.[15]

---

14   『판단력비판』 46절에서 칸트는 천재의 네 가지 특징을 제시한다. 네 번째 특징은 다음과 같다. "자연은 천재를 통하여 학문에 규칙을 지정하는 것이 아니라, 예술에 대하여 규칙을 지정한다. 그리고 또한 이것은 예술이 미적 예술인 한에서만 그러한 것이다."

철학자들이 수학적 형식에 보인 수많은 애정은 어떻게 생겨난 것일까? 이 애정은 수로써 사물의 원리를 나타낸 피타고라스Pythagoras[16]로부터 시작되었다. 수는 천재적 사유였다. 수에서 모든 감각적인 것과 유한한 것은 폐지되었다. 그렇지만 수는 어떤 규정된 것 그리고 규정된 것과 규정된 것의 관계를 나타낸다. 그리고 이 관계가 마찬가지로 수로 표현되면, 그것은 탈감각적이고 무한한 것이라는 특성을 갖게 된다. 이 점에서 수는 서로에 대한 동일한 특성과 동일한 관계를 갖는 이념과 같다. 우리는 우리의 정신과 자연에서 나타나는 이념을 수를 통해 매우 적절하게 나타낼 수 있다. 그럼에도 불구하고 수는 이념을 가리킬 뿐이지 이념 자체는 아니다. 피타고라스는 이 차이를 의식했지만, 그의 제자는 그것을 잊고 자신의 다음 제자들에게 단지 수라는 상형문자만을 전수했다. 그것은 그 생생한 의미를 아무도 모르는, 단지 학자의 자만심으로 반복하여 학습하는 암호일 뿐이었다. 수학적 형식의 여타 요소들도 마찬가지였다. 영원한

---

15 여기서 하이네는 『순수이성비판』의 「초월적 방법론」 1장 1절로부터 간접적으로 인용하고 있다. 원문의 내용은 다음과 같다. "수학의 근본성은 정의, 공리, 증명을 기초로 한다. 나는 이 세 가지 점 어느 것이든 수학자가 취급하는 것과 같은 의미로는 철학에서 실행할 수도, 모방할 수도 없다는 점을 제시하는 것만으로 만족하겠다. 따라서 기하학자가 그의 방법에 따라 철학에서 성취할 수 있는 것은 공중누각밖에는 없고, 철학자가 그의 방법에 따라 수학에 끼어들면 말썽만 일으킬 뿐이다." 그리고 칸트는 계속해서 다음과 같이 설명한다. "철학에서는 단지 단순한 실험이나 가정의 경우 이외에는, 수학을 모방해 정의를 앞에 내세워서는 안 된다. […] 한마디로, 철학에서 […] 정의는 작업의 시작보다는 작업의 끝에서 이루어져야 한다."

16 그리스 철학자 피타고라스(기원전 502년경~497/8)는 수를 존재자의 존재 원리로 보고, 인식된 수의 조화를 특히 천체에까지 적용하였다(천체의 조화).

운동 속에 있는 정신은 결코 고정될 수가 없다. 그것은 수를 통해서도, 선, 삼각형, 사각형, 원에 의해서도 고정될 수 없다. 사유는 헤아려질 수도 측정될 수도 없는 것이다.

나에게 중요한 것은 독일 철학을 프랑스에서 알기 쉽게 설명하는 것이므로 나는 항상 대부분 독일 철학의 겉모습을 얘기하지만, 그것조차도 전혀 일면식이 없는 외국인에게는 쉽게 다가설 수 없다. 프랑스 독자들을 위해 칸트 철학을 설명하려는 문필가들에게 나는 그들이 단순히 볼프 철학의 부조리함과 맞서 싸운 칸트 철학의 한 부분을 잘라낼 수 있다는 점을 주의하라고 당부하고 싶다. 도처에서 제기되는 이러한 논란은 프랑스 독자들에게 단지 혼란을 가져다주고 아무런 유용함도 주지 못한다.

이미 말했듯이 『순수이성비판』은 칸트의 핵심 저서이고, 그 나머지 저작들은 어느 정도는 없어도 되거나 주석의 용도로 생각할 수 있다.[17] 『순수이성비판』이 어떠한 사회적 의미를 품고 있는지에 대해서는 다음에 설명할 것이다.

---

[17] 『순수이성비판』의 초판은 1781년에, 두 번째 판은 1787년에 인쇄되었다. 칸트는 이 책에서 모든 형이상학적 독단을 파괴하고, 인간의 인식 능력에 대해 비판적 검증을 했다. 하이네는 앞에서 칸트가 제시한 수학적 증명 방식과 철학적 증명 방식의 차이를 인용한 다음, 계속해서 구체적으로 코페르니쿠스적 전환을 언급하고, 독자들에게 현상과 본체의 구분을 설명하고, 신 존재 증명에 대한 칸트의 비판을 언급한다. 하지만 하이네가 여기서 칸트의 여타 저작들은 "어느 정도는 없어도 되거나 주석의 용도로 생각할 수 있다"고 말할 때, 하이네는 이러한 말로써 여타의 책들이 지니는 칸트 체계 내에서의 고유한 가치와 보완적인 면을 덮고 있다. 칸트가 『순수이성비판』에서 단호하게 인식론적 문제와 씨름했다면, 『실천이성비판』(1788)에서는 자신의 도덕론을, 『판단력비판』(1790)에서는 미학과 비판적 목적론을 기획했다.

칸트 이전의 철학자들도 물론 인식의 원천에 대해 숙고하였고, 이미 말한 것처럼 관념을 선천적으로 갖느냐, 아니면 후천적으로[18] 갖느냐에 따라 두 개의 다른 길로 나아갔다. 하지만 인식 능력 자체와 인식 능력의 범위 또는 인식 능력의 한계에 대해서는 거의 생각하지 않았다. 이것은 칸트의 과제가 되었고, 칸트는 우리의 인식 능력을 가차 없이 탐구하였다. 그는 인식 능력의 완전한 깊이를 측정하였고, 그것의 모든 경계를 알아냈다. 그는 물론 우리가 예전에 아주 잘 알고 있다고 생각한 수많은 사물들에 대해 우리가 전혀 모를 수도 있다는 점도 발견했다. 이것은 매우 불쾌한 사실이다. 하지만 어떤 사물에 대해 우리가 전혀 모를 수 있다는 점을 아는 것은 언제나 유용하다. 무익한 길에 대해 경고하는 자는 올바른 길을 제시하는 자와 마찬가지로 우리에게 도움을 준다. 칸트는 그 자체로 존재하는 사물에 대해 우리가 아무것도 모르며, 단지 우리의 정신에 반영되는 한에서만 그 사물에 대한 어떤 것을 알 수 있다는 점을 증명했다. 그렇다면 여기서 우리는 완전히 플라톤이 『국가』 제7권에서 매우 우울하게 이야기하는 죄수들이다.[19] 이 불행한 자들은 목과 다

---

18 칸트에게서 이 개념쌍은 물론 시간적인 관계(생득적인 것, 먼저인 것으로서의 이념)가 아니라 초월론적인 관계(경험에 의해 주어진 것, 나중의 것으로서의 이념)이다. "따라서 우리에게 선천적 인식이란 말은 이것 또는 저것의 경험에서 독립하여 있는 인식을 의미하지 않고, 모든 경험에서 단적으로 독립하여 있는 인식을 의미할 것이다. 이런 인식에 대립해 있는 것이 경험적인 인식, 즉 후천적으로만, 경험을 통해서만 가능한 인식이다. 하지만 선천적인 인식들 중에서 경험적인 것이 진혀 섞여 있지 않은 인식을 순수한 인식이라고 부른다."(I. Kant, *Kritik der reinen Vernunft*, S. 39)

리가 묶인 채 감옥에 앉아 있다. 감옥은 천장이 뚫려 있어서 천장으로부터 약간의 빛이 들어온다. 하지만 이 빛은 그들 뒤에서 타오르는 불꽃에서 나오는 빛으로, 작은 담으로 차단되어 죄수들은 불꽃을 볼 수 없다. 이 담을 따라 사람들은 온갖 종류의 입상과 나무와 돌로 된 조각상들을 나르면서 서로 이야기를 하고 있다. 불쌍한 죄수들은 담 높이보다 작은 사람들의 모습을 전혀 볼 수가 없고, 사람들이 담보다 높은 조각상들을 나를 때라야 마주보고 있는 벽에 어른거리는 그림자만 볼 수 있었다. 그들은 이 그림자를 실제 사물로 생각했고, 지하감옥에 울리는 메아리를 듣고 이 그림자들이 서로 말하고 있다고 생각했다.

사물을 조사해서 그 특징들을 모으고 분류했던 지금까지의 철학은 칸트의 등장과 함께 중지되었다. 칸트는 이러한 연구를 인간의 정신으로 되돌리고, 그곳에서 무엇이 나타나는지를 조사했다. 따라서 칸트가 자신의 철학을 코페르니쿠스Nikolaus Kopernikus와 비교한 것은 부당하지 않다.[20] 과거에 세계가 정지해 있고 태양이 지구 주위

19 하이네는 여기서 플라톤의 유명한 동굴 비유를 들고 있다.
20 칸트는 그의 인식론적 고찰에 있어서 중요한 관점의 변화를 코페르니쿠스의 천문학적 수정의 노력에 비유했다. 『순수이성비판』 2판 서문에는 다음과 같이 쓰여 있다. "지금까지 우리는 모든 우리의 인식이 대상을 따르지 않으면 안 된다고 생각해왔다. 그러나 이러한 전제 아래서 어떤 대상에 대한 지식을 개념에 의해 선험적 방법으로 규정함으로써 우리의 인식을 확대하려는―이를 통해 우리의 인식도 확장되는 것이지만―모든 시도는 실패로 끝났다. 그러므로 대상이 우리 인식에 따라서 규정되어야 한다고 상정하면 형이상학의 여러 과제가 더 잘 해결되는지를 한번 시도해보기로 하자. […] 이것은 코페르니쿠스의 제1의 생각과 같다. 즉 코페르니쿠스는 온 천체가 관찰자의 둘레를 회전한다고 상정하면 천체의 운동이 제대로

를 돌고 있었을 때는 천체의 여러 계산들이 이상하게도 맞지 않았다. 그래서 코페르니쿠스는 태양을 정지해놓고 태양 주위로 지구를 돌게 했다. 그러자 모든 것이 딱 맞아떨어졌다. 과거에 이성은 태양과 같이 현상세계 주위를 움직이면서 이성의 빛을 비추고자 했다. 하지만 칸트는 태양과 같은 이성을 멈추어놓고 현상세계로 하여금 이성 주위를 돌게 하였다. 그러자 현상세계가 이 태양의 영역으로 들어옴에 따라 빛이 발했다.

내가 칸트의 과제를 말하기 위해 사용한 이 몇 가지 단어들을 생각해보면, 칸트가 『순수이성비판』에서 소위 현상과 본체[21]를 다룬 부분을 내가 가장 중요하게 생각하고 칸트 철학의 핵심으로 보고 있다는 것을 알 수 있을 것이다. 말하자면, 칸트는 사물의 현상과 사물 자체를 구분했다. 우리는 현상을 통해 우리에게 알려지는 그만큼만 사물에 대해 알 수 있기 때문에, 그리고 사물 그 자체가 어떤 것인지는 사물이 우리에게 제시하지 않기 때문에, 칸트는 사물이 모습을 드러내는 것을 현상이라 칭하고, 사물 그 자체는 본체라고 명명했다. 우리는 단지 현상으로서의 사물에 대해서만 어떤 것을 알 수 있고, 본체로서의 사물에 대해서는 아무것도 알 수 없다. 이 본체로

설명되지 않으므로, 이와는 반대로 관찰자로 하여금 그 천체의 둘레를 회전하도록 하는 것이 옳지 않을까 생각하여 그 이론을 시도해본 것이다."

21 여기서 언급된 현상과 본체의 구분은 『순수이성비판』의 「초월적 원리론」에 나온다. 이미 『하르츠 여행기 Die Harzreise』의 아셰 에피소드 Ascher-Episode에서 하이네는 정확하게 이 구분을 지적했다. 물론 그것은 너무나 형식적으로 기능화된 이성의 사용을 특징적으로 표현하기 위함이었다.

서의 사물이 문제적이다. 우리는 사물이 존재한다고 말할 수 없고, 또한 사물이 존재하지 않는다고도 말할 수 없다. 그렇다. 본체라는 말은 우리가 인식할 수 없는 사물을 우리의 판단으로 침해하지 않으면서 우리에게 인식 가능한 사물에 대해 말할 수 있기 위해 단지 현상이란 단어 옆에 부착한 단어일 뿐이다.

따라서 칸트는 내가 거론하고 싶지 않은 몇몇 학자들처럼 사물을 현상과 본체로, 우리에게 존재하는 사물과 우리에게 존재하지 않는 사물로 구분한 것이 아니다. 이것은 철학에 있어서 아일랜드적 헛소리[22]에 불과하다. 칸트는 경계의 개념을 부여하려고 했을 뿐이다.

칸트에 의하면, 신은 본체이다.[23] 그의 주장에 따르면, 우리가 지금까지 신이라고 부른 이 초월적인 이상적 존재[24]는 하나의 허구에

---

22 자기모순, 역설.

23 하이네가 계속해서 인용하는 『순수이성비판』의 「최고 존재의 현존을 추론하는 사변적 이성의 증명 근거에 대하여」라는 부분에서 칸트는 "신적인 것의 존재 근거에 대한 가정은 이상적인 것이자 한갓 고안된 것으로서 나타난다"고 설명한다. 하이네가 선택한 '고안'이란 단어는 『순수이성비판』에서 다음과 같이 나타난다. "최고 존재라는 개념은 여러 관점에서 매우 유용한 이념이다. 그러나 그것이 단지 이념이라는 점 때문에 그것만을 매개로 해서 현존하는 것에 대한 우리의 인식을 확대할 수는 없다."

24 칸트에게서 '초월론적transzendental'이란 말은 이제 더 이상 '초월적transzendent'이란 말과 같은 의미로 사용되지 않는다. 특히 스콜라 철학의 전통적 형이상학에서 모든 존재에 귀속되는 본질 속성이 초월적인 것으로서, 그리고 무엇보다도 신의 피안적 영역이 최고의 초월적 영역으로 간주되었다면, 칸트의 '초월론적'이란 개념은 명백히 인식론적인 관점을 표방한다. "대상을 다루는 것뿐만 아니라 우리가 대상을 인식하는 방식을 다루는—이 인식 방식이 선험적으로 가능한 한에서—모든 인식을 나는 초월론적이라고 한다."(I. Kant, Kritik der reinen Vernunft, S. 55) 하이네가 암시했고 「이성의 사변적 원리에 기반한 모든 신학 비판」이라는 제목의 절에서 칸트는 결론적으로 다음과 같이 요약한다. "이성의 사변적 사용에 있어 최고

불과하다. 신은 자연스러운 환영의 산물이다. 칸트는 우리가 본체, 신에 대해서 아무것도 알 수 없다는 것을, 그 존재를 증명하려는 미래의 모든 시도는 불가능하다는 것을 제시했다. "희망을 포기하라!"는 단테Dante Alighieri의 말[25]을 우리는 『순수이성비판』의 이 장 위에 써야 한다.

「최고 존재의 현존을 추론하는 사변적 이성의 증명 근거에 대하여」를 다루는 이 부분에 대한 일반적인 논의를 독자들은 그만했으면 하고 바랄 것이다. 이 증명 근거들에 대한 칸트의 고유한 비판이 많은 지면을 차지하지 않고, 책의 중반 이후에야 비로소 나타나긴 하지만, 증명 근거에 대한 비판은 이미 앞부분에서부터 아주 의도적으로 등장한다. 그러므로 신 존재의 증명 근거는 이 책의 핵심 쟁점에 속한다. 여기에는 「모든 사변적 신학에 대한 비판」이 연결되어 있어서 이신론자들이 갖는 여타의 환영들이 폐기된다. 칸트가 신 존재에 대한 세 가지 주요 증명 방식을, 즉 존재론적, 우주론적, 자연적·신학적 증명을 비판하면서 내 생각으로는 두 번째, 세 번째 증명은 폐기하고 첫 번째 증명은 폐기할 수 없었다는 점을 나는 언급하

존재는 한갓 이상일 뿐이지만, 오류가 없는 이상이다. 그것은 인간의 모든 인식을 완결하고 그 정점에 이르게 하는 개념이며, 그 객관적 실재성은 이와 같은 사변적 방식으로 증명될 수 없지만, 그렇다고 반박될 수도 없다. 만일 도덕신학이 이러한 결함을 보완할 수 있다면, 이전에는 문제적일 뿐이었던 초월론적 신학은 그 완전무결함을 증명할 것이다."(I. Kant, Kritik der reinen Vernunft, S. 604)

25 단테 알리기에리(1265~1321)는 그의 『신곡』의 「지옥편」을 지옥의 입구에 대한 비문으로 시작한다. 그 마지막 구절은 "여기에 들어오는 자, 모든 희망을 버려라!"이다.

지 않을 수 없다. 나는 이러한 설명을 독자들이 잘 알고 있는지 알수 없기 때문에, 칸트가 증명 방식을 구분한 부분을 『순수이성비판』에서 직접 제시한다.[26]

"사변적 이성으로부터 신의 현존재를 증명하는 방식은 세 가지뿐이다. 이러한 목적에서 걸어갈 수 있는 모든 길은, 명확한 경험과 경험에 의하여 인식된 우리의 감성계의 특수한 성질로부터 출발해서 원인성의 법칙을 따라 세계 밖에 있는 최고 원인에까지 올라가든가, 단순히 막연한 경험, 즉 어떤 현존재를 경험적으로 근저에 두든가, 또는 마지막으로 모든 경험을 추상하여 절대적인 개념으로부터 완전히 선천적으로 최고 원인이라는 현존재를 추론해내는 것이다. 첫 번째 증명은 자연신학적 증명이고, 두 번째 증명은 우주론적 증명이고, 세 번째 증명은 존재론적 증명이다. 더 이상의 증명은 있지도 않고 또 있을 수도 없다."

칸트의 핵심 저서를 여러 번 탐독한 결과, 나는 이러한 기존의 신 존재 증명에 대한 논박이 도처에서 제기되고 있다는 것을 알게 되었

---

[26] 칸트는 「초월론적 원리론」 2부 1장의 마지막에 세 가지 신 존재 증명을 논박했다. 하이네는 3장의 내용을 약간 바꿔서 인용하고 있다. 신학자이자 철학자인 안셀무스의 존재론적 신 증명―이것은 후에 데카르트에 의해서 반복된다―은 완전한 존재로서의 신에게는 필연적으로 그 현존이 주어지며, 그렇지 않을 경우 더 완전한 어떤 것이 생각될 수 있다는 것이다. 이와 반대로 우주론적 신 존재 증명은 존재 전체를 그것의 모든 운동과 더불어 최초의 원인자로 귀속시킨다. 우리는 여기서 아리스토텔레스의 '부동의 동자'를 떠올릴 수밖에 없다. 초기 계몽주의의 전형적인 물리-신학적 또는 목적론적 신 존재 증명은 결국 세계의 조화와 질서, 즉 세계의 합목적적 설립을 근거로 질서를 놓는 신이란 근거를 추론한다. 칸트는 물리-신학적 증명에 대해 '항상 주목할 만한 가치가 있는 증명'이라는 점만을 인정한다.

다. 그래서 종교적 감정이 막지 않는다면 나는 이 논박을 좀 더 자세하게 말하고 싶다. 누군가가 신의 존재에 대해 토론하는 것을 보는 것만으로도 내 마음속에서는 이상한 불안이, 매우 불길한 중압감이 솟아오른다. 그것은 내가 과거 런던의 뉴베들램New-Bedlam[27]에서 느꼈던 감정과 유사하다. 그때 나는 정신병자들에게 둘러싸여 여행 가이드를 눈앞에서 놓쳐버렸다. "신은 존재하는 모든 것이다." 그리고 신에 대한 의심은 삶 자체에 대한 의심이며, 그것은 죽음이다.

신의 존재에 대한 모든 논의가 매우 절망스럽지만, 그럴수록 신의 본성에 대한 숙고는 더욱 가치가 있다. 신의 본성에 대한 숙고는 참된 숭배이며, 그것을 통해 우리의 마음은 덧없고 유한한 것에서 벗어나 진정한 선과 영원한 조화로움을 의식하게 된다. 기도를 할 때나 교회의 상징물을 볼 때 이러한 의식은 인간의 감정을 전율시킨다. 칸트는 숭고한 정신의 힘을 행사할 때 이러한 성스러운 감정이 일어난다고 보았다. 이 숭고한 정신을 우리는 이성이라 부르며, 그 최상의 과제는 신의 본성을 탐구하는 것이다. 종교적 인간은 어린 시절부터 매우 특별하게 이러한 과제에 매달린다. 그들은 이성이 처음으로 자극을 줄 때 이미 신비롭게도 이러한 과제를 떠맡게 된다. 이 책자의 저자는 이러한 유년 시절의 근원적인 종교성을 가장 기쁘게 의식했고, 그래서 그는 신이 나의 모든 사유의 시작이고 끝이라는 생각을 떨쳐버릴 수 없었다. 지금 나는 신이 무엇이고, 신의

---

[27] 런던에 있는 정신병원. 런던에 체류하는 동안 하이네는 이 병원을 방문했다.

본성은 무엇인가라고 묻는다. 유년 시절의 내가 신은 어떻게 생겼을까라고 물은 것처럼. 그 당시 나는 온종일 하늘을 쳐다보았고, 저녁이면 지고지순한 신의 얼굴을 보지 못하고 잿빛의 무의미한 구름의 모습만을 바라보며 우울해졌다. 나를 완전히 혼란의 상태에 빠뜨린 것은 천문학에 관한 지식이었다. 당시 계몽주의 시대에는 아주 작은 어린아이들조차 천문학에 대한 지식이 있었다. 나는 수십억 개의 별들이 우리 지구와 같은 크고 아름다운 지구들이라는 사실과, 그리고 이 모든 빛나는 세계들을 하나의 신이 주재하고 있다는 사실에 놀라움을 금할 수 없었다. 내가 기억하기에, 한번은 꿈에서 아주 멀고 높은 곳에 있는 신을 보았다. 신은 작은 하늘의 창에서 만족한 듯이 밖을 바라보고 있었다. 그 모습은 짧게 자란 유대인의 턱수염을 지닌 경건한 노인의 얼굴이었다. 그는 한 줌의 곡식을 아래로 흩뿌렸고, 곡식의 알갱이들은 하늘에서 떨어지면서 헤아릴 수 없는 엄청난 넓이로 퍼져 빛을 발하고, 꽃을 피우고 사람들이 사는 세상이 되었다. 그 각각은 우리의 지구만큼 컸다. 이 광경을 나는 결코 잊을 수가 없다. 계속해서 이따금씩 나는 작은 하늘의 창에서 밝은 인상의 노인이 세계라는 곡식을 뿌리는 모습을 보곤 했다. 그럴 때 나는 노인이 입맛을 다시는 듯 입술을 쪽쪽거리는 모습을 보았다. 마치 우리 집 하녀가 암탉들에게 모이를 던져줄 때처럼. 나는 떨어지는 곡식 알갱이들이 점점 커다랗고 빛나는 지구로 변해가는 모습만을 보았다. 하지만 흩뿌려진 지구를 먹기 위해 어디선가 부리를 벌리고 있는 커다란 암탉의 모습을 나는 볼 수 없었다.

친애하는 독자 여러분들은 이 커다란 암탉 이야기에 웃을 것이다. 하지만 이 우스꽝스러운 모습은 성숙한 이신론자들의 모습과 거의 다르지 않다. 세계 바깥에 있는 신에 대해 개념을 부여하기 위해 동양과 서양은 유치한 과장법을 소모해왔다. 이신론자들의 환상은 시간과 공간의 무한성과 씨름했지만 아무런 결과를 얻지 못했다. 이 점에서 그들의 무능함이, 즉 신의 본성에 대한 그들의 이념과 세계관의 근거 없음이 완전히 드러난다. 그러므로 이들의 이념이 파멸된다고 해도 우리의 마음이 우울해지지는 않는다. 하지만 칸트는 신의 현존에 대한 그들의 증명을 파괴해버림으로써 그들에게 실제로 깊은 상처를 주었다.

  신에 대한 존재론적 증명을 복원한다고 해서 이신론에 특별한 도움이 되지는 않을 것이다. 왜냐하면 이러한 증명은 오히려 범신론에 도움이 될 것이기 때문이다. 좀 더 이해를 돕기 위해 말하자면, 이러한 존재론적 증명은 데카르트가 제시했고,[28] 오래전 중세 시대에 안셀무스가 고요한 기도 형식으로 표현한 바 있다. 또한 성 아우구스티누스가 이미 그의 『자유의지론』에서 존재론적 증명을 제시했다고 말할 수 있다.[29]

---

[28] 다섯 번째 『성찰』에서 데카르트는 다음과 같이 정리했다. "이와 반대로 내가 신을 오직 존재하는 것으로 생각할 수 있다는 점으로부터, 즉 그 존재가 신으로부터 분리될 수 없다는 점으로부터, 그리고 그에 따라서 신은 참으로 존재한다는 점이 추론된다. 이것은 나의 사고의 작용이 아니라 [⋯] 반대로 사태 자체의 필연성이, 즉 신 존재의 필연성이 그렇게 생각하도록 한 것이다. 왜냐하면 현존재가 없는 신, 이를테면 완전성 없는 완전한 존재를 생각하는 것은 나의 선택 영역이 아니기 때문이다."

[29] 아우렐리우스 아우구스티누스도 자유의지에 관한 자신의 책(『자유의지론』)에서 이미 완

이미 말했듯이 나는 존재론적 증명에 대한 칸트의 비판에 대해 일체의 대중적인 논의를 피하고자 한다. 단지 칸트 이후로 이신론은 사변적 이성의 영역에서 사라지게 되었다는 말을 확언하고 싶다. 이러한 우울한 죽음의 소식이 널리 퍼지기까지는 아마도 수 세기가 걸리겠지만, 우리는 이미 상복을 입었다. 삼가 조의를 표한다!

여러분들은 이제 집으로 돌아갈 때라고 생각할 것이다. 천만에! 아직 상연될 하나의 연극이 남아 있다. 비극 다음에는 희극이 상연된다. 이마누엘 칸트는 지금까지 가혹한 철학자를 연기했다. 그는 천상을 공격했고, 모든 수비대를 무찔렀다. 세상의 통치자는 증명되지 않은 채 자신의 핏속을 떠다니고 있다. 자비도 아버지의 은혜도 이승의 단념에 대한 저승의 보상도 더 이상 존재하지 않는다. 영혼의 불멸성은 숨을 거두기 직전이다. 가쁜 숨을 내쉬며 신음하고 있다. 그리고 침울한 구경꾼인 늙은 람페는 그 옆에서 우산을 들고 서서 식은땀과 눈물을 흘리고 있다. 그것을 본 이마누엘 칸트는 가련한 생각이 들어 자신이 위대한 철학자일 뿐만 아니라 선한 인간이라는 것을 보여준다. 칸트는 곰곰이 생각하다가 반쯤은 관대한 마음으로 반은 아이러니컬하게 말한다. "불쌍한 람페에게는 신이 있어야만 해. 그렇지 않으면 그는 불행할 거야. 인간은 세상에서 행복해야만 해. 나로서는 실천이성이 그 역할을 해야 해. 실천이성이 신의 존재를 보증할 수 있을 거야." 이러한 주장에 따라서 칸트는 이론이

전한 본질의 이념으로부터 그것의 현존을 추론했다.

성과 실천이성을 구분하고, 마법의 지팡이처럼 실천이성을 가지고 이론이성에 의해 죽은 이신론의 시체에 다시금 생명을 불어넣었다.[30]

어쩌면 칸트는 늙은 람페뿐만 아니라 경찰 때문에 신을 부활시킨 것인가? 아니면 칸트는 실제로 어떤 확신을 가지고 부활시킨 것인가? 칸트가 신 존재에 대한 모든 증명을 파괴한 것은, 그럼으로써 신의 존재에 대해 아무것도 알 수 없다는 것이 얼마나 곤란한 일인지를 우리에게 제대로 보여주기 위한 것인가? 이 점에서 칸트는 베스트팔렌 출신의 내 친구만큼이나 현명하다. 내 친구는 괴팅겐의 그로너슈트라세Gronerstraße에 있는 모든 가로등을 깨트린 후 어둠 속에 서서 가로등의 실제적 필요성에 대해 장황하게 설명했다. 칸트는 가로등이 없으면 우리는 아무것도 볼 수 없다는 점을 말하기 위해 이론적으로 가로등을 깨트렸을 뿐이다.

나는 앞서 『순수이성비판』이 출간 당시에는 거의 주목을 받지 못

---

[30] 『실천이성비판』에서 칸트는 최고 존재로서의 신의 개념은 그 현존을 이론적으로 증명할 수는 없지만, 실천이성의 규제적 이념으로서, 즉 윤리적 요청으로서 계속해서 타당성을 갖는다는 것, 말하자면 그것은 도덕적 필연성이라는 점을 말하고자 한다. "단순한 개념으로 이 존재의 현존을 인식하는 것은 완전히 불가능하다. […] 따라서 이러한 인식에 도달하기 위해 이성에게는 단 하나의 방법만이 남는다. 왜냐하면 순수이성으로서의 이성은 그것의 순수한 실천적 사용이라는 최상위 원리에서 출발하여 […] 자신의 대상을 규정하기 때문이다. 그러므로 세계 내에서의 선의 가능성과 관련하여 그러한 근원적 존재를 가정하는 필연성이 나타난다." 하이네의 서술은 칸트가 『실천이성비판』에서 근본적으로 수정을 가하여, 자신의 이론적 비판과는 반대로 신이라는 가정을 다시 구제했다는 점을 다소간 은연중에 주장하고 있는 것이다. 하지만 사실 칸트는 앎과 신앙의 영역을 새로이 연관 짓고, 이론적 명제와 도덕적 명제를 구분했을 뿐이다.

했고, 몇 년이 지난 후 몇몇 예리한 철학자들이 이 책에 대해 비평을 하면서 대중들의 주목을 받게 되었다는 점을 말했다. 그리고 1789년에 독일에서는 오직 칸트 철학만이 논의되었다. 칸트 철학에 대해 이미 많은 비평과 선집과 주석과 평가와 옹호의 글이 나왔고, 사람들은 새로 나온 최상의 철학 목록에 눈길을 던지기만 하면 됐다. 그 당시 칸트 철학에 관하여 출간된 수많은 책들은 이 독보적인 인간에서 시작된 정신적 운동을 충분히 증명하고 있다. 한 책에서는 끓어오르는 열광이, 다른 책에서는 지독한 불쾌감이, 다른 많은 책들에서는 이 정신적 혁명의 시작에 대한 놀라운 기대감이 표현되었다. 우리는 당신들이 물질적 세계에서 했던 것과 같은 반란을 정신적 세계에서 해냈다. 낡은 교조주의를 무너뜨릴 때 우리는 당신들이 바스티유 감옥을 습격할 때와 마찬가지로 흥분했다. 물론 교조주의를 옹호하는 소수의 패잔병들이 있긴 했다. 그것은 볼프 철학이었다. 혁명이 있었고, 그와 함께 잔혹함이 없을 수 없었다. 과거를 지지하는 세력들 중에서 진정으로 선한 기독교인들은 이러한 잔혹함에 대해 거의 분개하지 않았다. 그렇다. 그들은 더 심한 잔혹함을 원했다. 그들은 잔이 채워지고 필연적 반응으로 반혁명이 더 빨리 일어나기를 바랐다. 당신들의 정치에서와 마찬가지로 우리에게는 철학의 비관론자들이 있었다. 일부 비관론자들은 자기기만으로까지 나아갔다. 그들은 칸트 철학이 그들의 이론과 은연중에 일치하고 있으며, 칸트가 신의 존재에 대한 기존의 증명을 부정한 것은 이성을 통해서는 결코 신을 인식할 수 없기에 계시종교에 기댈 수밖에 없다는 점을 세상 사람들이 인식하게끔 하기 위한 것이라고 상상했다.

칸트는 이 정신적 운동을 책의 내용으로 일으킨 것이 아니다. 오히려 책 속에 깔려 있고, 이제 모든 학문들 속으로 침투해 들어간 비판 정신으로써 정신적 운동을 일으켰다. 모든 학문 분야에서 비판 정신이 각인되었다. 심지어 문학도 그 영향에서 벗어날 수 없었다. 예를 들어 실러Friedrich Schiller는 강력한 칸트주의자였다.[31] 그의 예술관은 칸트 철학의 정신에 의해 잉태되었다. 순수문학과 순수예술은 그 추상적 건조함으로 인해 칸트 철학의 공격을 받았다. 다행히도 칸트 철학은 요리예술로 들어가지는 않았다.

독일 민족은 쉽게 움직이지 않는 사람들이다. 하지만 한번 어떤 길로 진입하면 그들은 끈질기게 끝까지 그 길로 나아간다. 우리는 종교에서 이러한 모습을 보여주었고, 이제 철학에서도 이러한 모습을 보여주었다. 그렇다면 우리는 정치에서도 마찬가지로 이러한 모습을 유지할 수 있을까?

독일은 칸트에 의해 철학의 길로 들어서게 되었고, 이제 철학은 민족적인 것이 되었다. 아름다운 일군의 위대한 사상가들이 마치 마법처럼 갑자기 독일의 대지 위에 싹터 올랐다. 언젠가 프랑스 혁명처럼 독일 철학도 자신의 티에르Adolphe Thiers[32]와 미네François-Au-

---

[31] 1791년부터 프리드리히 실러는 강도 높게 칸트 철학을 공부했다. 특히 『판단력비판』은 실러가 그 자신의 미학을 완성하는 데 강력한 영향을 끼쳤다.

[32] 아돌프 티에르(1797~1877). 프랑스의 정치가이자 역사가. 티에르는 '시민왕' 루이 필리프Louis-Philippe(1773~1850) 통치하에서 잠시 장관직에 있었고, 1871~1873년에 공화국의 대

guste Mignet³³를 만나게 된다면, 독일의 철학사는 놀라운 독서 경험을 제공할 것이다. 그래서 독일인들은 자랑스럽게, 프랑스인들은 경탄을 하며 책을 읽을 것이다.

칸트의 후예 중에서 가장 먼저 두각을 나타낸 것은 요한 고틀리프 피히테³⁴였다.

나는 이 사람의 의미를 올바르게 알려줄 수 있을지에 대해 거의 절망적이다. 칸트에 대해서는 단지 책을 고찰하면 되었다. 하지만 피히테에 대해서는 책 바깥에 있는 한 인간도 살펴보아야 한다. 이 사람에게는 사유와 신념이 일치한다. 그러한 거대한 통일성 속에서 그의 사유와 신념은 동시대 사람들에게 영향을 끼쳤다. 따라서 우리는 철학뿐만 아니라 철학을 규정짓는 한 인물에 대해서도 살펴보아야 한다. 그리고 양자에 끼친 영향을 이해하기 위해서는 아마도 당시의 시대 상황을 파악해야 할 것이다. 이 얼마나 광범위한 과제인가! 만약 우리가 여기서 아주 적은 정보만을 제공한다면 거기에는 분명 합당한 이유가 있어야 할 것이다.

피히테의 사상에 대해 말한다는 것은 매우 어렵다. 또한 우리는

통령을 지냈다. 그는 프랑스 혁명의 위대한 역사를 10권의 책으로 출간했다(1823~1827).

33   프랑수아 오귀스트 미녜(1796~1884). 프랑스의 역사가. 미녜는 티에르와 마찬가지로 프랑스 혁명의 역사를 저술했다.

34   1762~1814. 피히테의 생애와 저작에 대한 설명을 위해 하이네는 특히 이마누엘 에르만 피히테Immanuel Hermann Fichte(1796~1879)(피히테의 아들 🎜)가 쓴 20권의 전기(『요한 고틀리프 피히테의 생애와 문학적 편지 교환Johann Gottlieb Ficht's Leben und literarischer Briefwechsel』, 1830/31)를 참조했다.

특별한 어려움과 마주하게 되는데, 그것은 사상의 내용의 문제일 뿐만 아니라 형식과 방법의 문제이다. 나는 외국인들에게 우선 이 형식과 방법을 알리고 싶다. 먼저 피히테의 방법에 대해 살펴보자. 애초에 피히테의 방법은 완전히 칸트에게서 빌려온 것이었다. 하지만 곧 대상의 본성 때문에 이 방법은 변했다. 칸트는 오직 비판을, 말하자면 부정적인 것을 제시했고, 피히테는 나중에 체계, 즉 긍정적인 것을 제시했다. 군건한 체계가 결여되었다는 이유로 사람들은 칸트 철학에서 '철학'이란 명칭을 거부하려고 했다. 이것은 이마누엘 칸트 자신에 대해서는 올바른 말이지만, 칸트의 정리들에서 확고한 체계를 세운 칸트주의 철학자들에게는 결코 맞지 않는 말이다. 이미 말했듯이 그의 초기 저작에서 피히테는 완전히 칸트의 방법을 따르고 있었다.[35] 그래서 익명으로 출간된 피히테의 최초 논문을 사람들은 칸트의 책으로 오인할 정도였다. 하지만 피히테는 후에 하나의 체계를 세운 후 열정직이고 매우 고집 센 체계를 구성하는 길로 나아갔다. 그리고 완전한 세계를 구성한 후 피히테는 역시나 열정적이고 고집스럽게 처음부터 끝까지 자신의 구조물을 증명하기 시작했다. 이러한 구조와 증명의 과정 속에서 피히테는 소위 추상적 열정을 드러냈다. 그의 체계에서처럼 그의 강의에서도 주관성이 지배했

---

[35] 피히테의 철학은 완전히 칸트 철학에서 시작되었다. 최초의 작품은 『모든 계시에 대한 비판 시도Versuch Einer Kritik Aller Offenbarung』란 제목으로 1792년에 출간되었지만, 익명으로 출간되어 사람들은 처음에 칸트의 종교철학 저서인 줄 알았다. 하지만 칸트는 한 잡지에서 자신이 저자가 아니라고 해명했다.

다. 이와 반대로 칸트는 사유를 자기 앞에 놓고 그것을 해부하고 가장 섬세한 부분으로까지 해체했다. 그래서 칸트의 『순수이성비판』은 정신의 해부학적 극장이라고도 일컬어진다. 칸트 자신도 이 작업에서는 외과의사처럼 냉정하고 감정이 없는 인간이었다.

피히테의 형식 역시 방법과 마찬가지이다. 그것은 살아 있는 형식이었지만, 삶의 모든 오류를 갖고 있었다. 피히테의 형식은 불안정하고 혼돈스럽다. 생생한 형식을 위해 피히테는 철학자들의 일반적인 언어를 경멸했다. 그것은 그에게 죽은 것으로 생각되었다. 하지만 그럼으로써 그의 철학을 이해하기는 한층 더 어려워졌다. 피히테는 이해에 관하여 완전히 엉뚱한 생각을 가지고 있었다. 라인홀트가 자신도 같은 생각이라고 말했을 때, 피히테는 이 세상에서 라인홀트만큼 자신을 이해하는 사람은 없다고 말했다. 하지만 나중에 라인홀트와 멀어지게 되었을 때, 피히테는 라인홀트가 자신을 결코 이해하지 못했다고 말했다.[36] 피히테는 칸트와 차이를 두면서 '칸트는 자기 자신을 이해하지 못했다'고 썼다. 나는 여기서 우리 철학자들의 우스꽝스러운 면을 보게 된다. 그들은 항상 이해받지 못하는 것에 대하여 불평을 한다. 헤겔은 죽기 전에 침상에서 이렇게 말했다. "단 한 사람만이 나를 이해했어." 그러고 나서 곧바로 짜증 섞인 투

---

36 처음에는 동의를 했지만 피히테와 라인홀트 사이에는 결국 의견 차이가 있었다. 『지식학』의 구상들과 주관적 관념론을 가다듬으면서 피히테는 스승인 칸트와 멀어졌다. 칸트는 피히테의 체계에 대해 결코 동의하지 않았으며, 그래서 피히테의 공격을 받게 되었다.

로 덧붙였다. "그런데 그 사람도 나를 이해하지는 못했어."[37]

피히테 철학의 내용 자체는 별로 중요한 의미가 없다. 그의 철학은 사회적으로 어떠한 결과물을 내놓지 못했다. 다만 독일 철학의 가장 두드러진 국면에서 한 부분을 차지하고 있고, 그 최종적 결론으로 관념론의 비생산성을 드러냈다는 점, 그리고 오늘날의 자연철학으로 향하는 필수적인 이행 경로였다는 점이 약간의 관심을 끈다. 이와 같은 내용은 사회적으로보다는 역사적이고 학문적으로 의미가 있으므로 나는 단지 이러한 점을 간단하게만 언급하고자 한다.

피히테가 제시한 과제는 사물에 대한 우리의 표상이 우리 바깥에 있는 사물과 일치한다고 전제할 때, 우리는 어떤 근거를 갖고 있는가 하는 점이다. 이 질문에 대해 피히테는 모든 사물은 우리의 정신 안에서만 실재성을 갖는다라는 해결책을 내놓았다.

『순수이성비판』이 칸트의 주저이듯 『지식학Die Wissenschaftslehre』[38]은 피히테의 주저이다. 말하자면 이 책은 『순수이성비판』을 계

---

[37] 여기서 헤겔이 말한 문장은 증명할 길이 없다. 이것은 헤겔이 죽은 후 30년이 지나서 널리 유포된 것으로 보이는 일화라고 할 수 있다. 『고백록』에서 하이네는 다음과 같이 말했다. "나는 헤겔이 전혀 이해되길 원치 않는 사람이라고 생각한다. 그래서 그의 강의는 난해했고, 자신을 이해하지 못하는 사람들을 좋아했다. 그리고 그는 자신을 이해하지 못하는 사람들에게 점점 더 다가가서 친밀감을 표현했다."

[38] 1794년에는 피히테의 『지식학의 개념에 관하여Über den Begriff der Wissenschaftslehre』가, 1794/95년에는 『전체 지식학의 기초Grundlage der gesamten Wissenschaftslehre』라는 책이 발간되었다. 피히테는 그 후에도 계속 자신의 철학을 폭넓게 소개하고 주요 저작의 새로운 판을 내기 위해 노력했다. 칸트를 넘어서 피히테는 그 중심에 '나'가 있는 사변철학을 발전시켰다. 모든 존재는 이제 자기의식에서 존재의 근거를 갖게 되었다. 이것은 다음과 같다. 나는 맨 처음 스스로를 정립한다(명제: 나는 나다, A=A, 동일성 명제). 하지만 그다음에 나는 또한 나의 완

승한 책이다. 『지식학』은 『순수이성비판』과 마찬가지로 정신을 정신 자체로 소환했다. 하지만 칸트가 분석한 곳에서 피히테는 구성했다. 『지식학』은 '나=나'라는 추상적 공식으로 시작한다. 『지식학』은 정신의 근저에서 세계를 창조해내고, 분리된 각 부분들을 조립한다. 그것은 현상세계에 도달할 때까지 추상의 길을 되짚어간다. 그렇게 될 때, 정신은 현상세계를 지성의 필연적인 행위로 설명한다.

피히테에게는 또한 특별한 어려움이 있다. 그것은 그가 정신에게 정신이 활동하는 동안 자기 자신을 관찰하라고 요구한 것이다. '나'는 '나'가 지성의 행위를 하는 동안, '나'는 '나'의 행위에 대한 관찰을 해야만 한다.[39] 사고는 생각하는 동안 생각하는 자기 자신을 관찰해야 한다. 그러는 동안 사고는 점점 뜨거워져서 마침내 완전히 익게 된다. 이러한 작용은 타오르는 장작불에 냄비를 올려놓고 불가에 앉아서 자신의 꼬리를 요리하는 원숭이를 떠오르게 한다. 참된 요리는 단순히 객관적으로 요리하는 것이 아니라, 주관적으로 요리를 의식하는 것이라는 점을 원숭이가 말하고 있기 때문이다.

피히테의 철학은 항상 많은 사람들의 풍자를 감내해야만 했다.

전한 외부세계인 비아에 대립한다(반명제: 모순 명제). 이러한 '실행' 과정에서 마침내 모든 존재(나와 비아)는 절대적 나 속에서 지양된다(종합 명제).

39 하이네는 여기서 피히테가 마침내 '지적 직관'이라고 부른 저 반성 절차를 말하고 있다. "행위를 실행하는 데 있어서 철학자에게 요구되는 자기 자신에 대한 이러한 직관을 나는 '지적 직관'이라고 부른다. 그것은 직접적인 의식이다. 말하자면 그것은 내가 행위하는 것, 내가 행위하는 모든 것이 지적 직관이고, 그것을 통해서 나는 내가 행위하는 대상인 어떤 것을 알게 된다."(피히테, 『지식학의 제2 서론 Zweite Einleitung in die Wissenschaftslehre』)

나는 한번은 피히테와 닮은 거위 그림을 본 적이 있다. 그 거위는 커다란 간을 지니고 있었는데, 그것이 거위인지 간인지 알아볼 수 없을 정도였다.[40] 거위의 배 위에 다음과 같이 쓰여 있었다. '나=나.' 장 파울Jean Paul[41]은 『피히테를 여는 열쇠Clavis Fichteana seu Leibgeberiana』라는 제목의 책에서 피히테의 철학을 잔인할 정도로 풍자했다. 관념론이 그 논리적 전개 과정에서 최종적으로 결국 물질의 현실성을 부정했다는 사실은 대부분의 사람들에게 너무 멀리 나아간 농담으로 여겨졌다. 우리는 현상세계를 단순히 사유를 통해 생산한 피히테의 '나'에 대하여 너무 심하게 조롱할 생각은 없다. 이러한 조롱에는 너무나 잘 알려져서 말할 필요조차 없는 오해가 부가된다. 말하자면 대부분의 조롱이 뜻하는 것은 피히테의 '나'는 요한 고틀리프 피히테의 '나'라는 것이다. 그리고 이 개인적인 '나'는 다른 모든 존재들을 부정한다는 것이다. 그래서 선량한 보통사람들은 이렇게 외친다. "이런 몰상식한 인간이 있나. 이 사람은 우리가 존재한다고 생각하지 않는군. 우리는 피히테나 시장, 법원의 서기보다 훨씬 수가 많은데 말이야." 여자들은 다음과 같이 말한다. "그는 자기 부인이란 존재에 대해 생각이라도 하는가? 아니라고? 그러면 피히테의 부

---

40 하이네는 여기서 클레멘스 브렌타노Clemens Brentano(1778~1842)(독일의 낭만주의 시인 譯)의 『Der Philister, vor, in und nach der Geschichte』를 참조하고 있다. 여기서 언급된 거위는 A=A를 모사하고 있다.

41 본명은 요한 프리드리히 리히터Johann Friedrich Richter(1763~1825)(독일의 소설가 譯)이다. 장 파울은 『피히테를 여는 열쇠』에서 풍자적으로 피히테와 논쟁했다.

인이 그걸 받아들일까?"

하지만 피히테의 '나'는 결코 개인적인 '나'가 아니라 의식 속에 존재하는 보편적인 세계-나이다. 피히테의 사유는 개인의, 특정한 인간의 사유가 아니다. 피히테는 이렇게 말한다. "그것은 오히려 한 개인 속에 천명된 보편적인 사유다." 그래서 사람들이 '비가 온다es regnet, 번개가 친다es blitzt'고 말할 때처럼, 피히테는 "내가 생각한다ich denke"고 말하지 않고, "그것이 생각한다es denkt", 즉 "내 안의 보편적인 세계사유가 생각한다"고 말한다.

이전에 나는 프랑스 혁명과 독일 철학을 비교하면서 반농담으로 피히테와 나폴레옹을 비교한 적이 있다.[42] 그러나 실은 두 사람 사이에는 중요한 유사점이 있다. 집정부가 일종의 순수이성비판으로써 과거 전체를 파괴한 이후에 나폴레옹이 등장한 것처럼, 피히테 역시도 칸트의 후예들이 무자비한 파괴 작업을 수행한 이후에 나폴레옹처럼 등장했다. 나폴레옹과 피히테 두 사람은 사고와 행위가 일치하는 위대하고 냉혹한 자아를 대표한다. 두 사람이 건설한 거대한 건축물은 거대한 의지를 증명한다. 하지만 이 거대한 의지의 제한 없음schranKenlosigKeit으로 인하여 그들이 건설한 건축물은 곧 다시 쓰러진다. 지식학과 제국은 탄생할 때와 마찬가지로 빠르게 파괴되고 소멸되었다.

---

[42] 이 비교는 하이네의 다음 글에 실려 있다. 『Einleitung zu: Kahldorf über den Adel in den Briefen an den Grafen M. von Molte』.

제국은 역사에 속할 뿐이지만, 황제가 세상에 일으킨 운동은 정지하지 않고 여전히 움직이고 있다. 이 운동에 의해 우리의 현재가 존재한다. 피히테의 철학 역시 마찬가지다. 그의 철학은 완전히 사라졌지만, 우리의 정신은 피히테가 표현한 사유에 의해 여전히 자극을 받고 있다. 그가 남긴 말의 영향력은 헤아릴 수가 없다. 완전한 초월적 관념론은 오류였을지라도, 피히테의 저작 속에는 당당한 독립성, 자유에 대한 사랑 그리고 특히 청년들에게 유익한 영향을 끼친 남성적 존엄성이 살아 있다. 피히테의 '나'는 굽히지 않는 강인한 성격과 완전히 일치한다. 이러한 전능한 '나'의 이론은 아마도 오직 강인한 성격에서만 나올 수 있으며, 강인한 성격은 다시 전능한 '나'의 이론에 뿌리를 두면서 한층 더 굽히지 않는 완고하고 강인한 성격이 될 수밖에 없었다.

이 남자는 신념 없는 회의주의자들과 경박한 절충주의자들과 온갖 색채를 지닌 온건주의자들에게 얼마나 공포스러운 인물인가! 그의 전 생애는 끊임없는 투쟁이었고, 그의 어린 시절은 대부분의 뛰어난 남성들과 마찬가지로 고난의 연속이었다. 가난은 요람에서부터 함께했고, 요람을 크게 흔들었으며, 이 빈약한 보모는 피히테의 어린 시절의 충실한 삶의 동반자였다.

의지로 충만한 피히테가 가정교사 일을 하며 힘들게 세상을 헤쳐 나가는 모습은 매우 감동적이다. 그 옹색한 일자리조차 고향에서는 찾을 수 없어서 그는 바르샤바로 이주를 했다. 바르샤바에서 그의 오래된 이야기가 시작된다. 이 가정교사는 사비로운 부인이나 아마도 불친절한 시녀의 마음에 들지 않았을 것이다. 그의 인사 예법은 세련되지 않았으며, 프랑스어도 유창하지 않았다. 그래서 그는 폴란드의 소규모 융커Junker[43]의 교육을 맡기에는 적합지 않아 보였다.

요한 고틀리프 피히테는 하인처럼 해고되었고, 불만스러운 주인에게서 최소한의 여비도 얻지 못한 채 바르샤바를 떠나 칸트를 만나겠다는 청춘의 열정을 가지고 쾨니히스베르크로 이주했다. 이 두 사람의 만남은 모든 점에서 흥미롭다. 두 사람의 태도나 상태에 대해 피히테 일기장의 한 부분보다 더 잘 보여주는 것은 없다고 나는 생각한다. 피히테의 일기는 피히테의 아들이 최근에 편찬한 전기 속에 포함되어 있다.

"6월 25일에 나는 그곳에서 온 마부와 함께 쾨니히스베르크로 떠났다."[44] 특별한 어려움 없이 7월 1일에 그곳에 도착했다. 4일에 칸트를 방문했고, 칸트는 별다른 특별함 없이 나를 맞이했다. 나는 그의 강의를 청강했으며, 그의 강의는 내 기대에 못 미쳤고, 졸렸다. 그러던 중 이 일기를 쓰고 있다.

이미 오래전에 나는 칸트를 진지하게 만나보려 했지만 별다른 방법이 없었다. 마침내 나는 『모든 계시에 대한 비판 시도』를 써서, 소개서를 대신해 이 책을 보내자는 생각에 다다랐다. 나는 아마도 7월

---

43 토지귀족 또는 지주계급. 옮긴이

44 하이네는 I. H. 피히테가 쓴 전기의 한 부분을 약간 수정해 인용하고 있다. 피히테는 1791년 봄에 바르샤바에서 짧게 가정교사 생활을 한 후 칸트를 만나기 위해 쾨니히스베르크로 떠났다.

13일에 책을 쓰기 시작해서, 그때부터 한 번도 쉬지 않고 계속 써 내려갔다. 8월 18일에 나는 마침내 완성된 책을 칸트에게 보냈고, 칸트의 평가를 듣기 위해 25일에 칸트에게 갔다. 칸트는 나를 매우 특별한 호의를 보이며 맞이했고, 내 논문에 매우 만족한 듯 보였다. 좀 더 깊은 학문적 대화는 나누지 못했다. 왜냐하면 내가 철학에 대해 회의적인 태도를 보였기 때문에 칸트는 자신의 『순수이성비판』과 곧 방문할 예정이던 궁정목사 슐츠의 책을 읽어보라고 권했다. 26일에는 좀머Georg Michael Sommer[45] 교수의 주재하에 칸트의 집에서 식사를 했다. 그러면서 나는 칸트에게서 매우 편안하고 정신적으로 풍요로운 모습을 발견했다. 비로소 이제 나는 그의 저작에 깔려 있는 거대한 정신에 어울리는 어떤 모습들을 칸트에게서 인식하기 시작했다.

27일에 나는 폰 쉰Heinrich Theodor von Schön[46] 씨가 빌려준 칸트의 인류학 강의 발췌록을 끝낸 후에 이 일기장을 마무리지었다. 동시에 나는 이제부터 매일 저녁 자러 가기 전에 규칙적으로 일기를 계속해서 써나가기로 결심했다. 내가 만났던 모든 흥미로운 것들과 특히 성격적 특징과 표현을 기록하기로 결심했다.

---

45 게오르크 마하엘 좀머(1773~1856). 칸트의 친교 모임에 속한 인물.

46 하인리히 테오도르 폰 쉰(1773~1856). 칸트의 제자로 프로이센의 지방 장관인 슈타인 남작Freiherr von Stein(1757~1831)의 개혁운동에 함께했다. (슈타인 남작은 농민의 세습적 예속관계와 영주의 결혼 동의권을 폐지하고, 강제 부역과 태형을 철폐했으며, 대토지 시민이 선거로 뽑은 시의원들로 의회를 구성해 시를 운영하도록 했다. 圍)

28일 밤. 어제부터 나는 나의 『모든 계시에 대한 비판 시도』를 수정하기 시작했고, 훌륭하고 깊은 사유에 이르렀다. 하지만 나의 첫 번째 논문이 근본적으로 피상적이었다는 점을 확신하게 되었다. 오늘 나는 새로운 연구를 계속하려 한다. 하지만 상상에 빠져서 하루 종일 아무것도 할 수가 없었다. 내 지금의 상태에선 정말 당연한 일이다. 나의 계산으로는 오늘부터 14일 동안만 여기서 지낼 수 있다. 물론 예전에도 이런 곤경에 빠진 적이 있었지만, 그래도 그것은 내 조국에서였다. 나이를 더 먹게 되고 명예심이 커져감에 따라 상황은 더 어려워진다—나는 결정을 내릴 수가 없다. 칸트가 소개한 보로브스키Ludwig Ernst Borowski[47] 목사에게 내 사정을 드러낼 수는 없다. 내 사정을 드러내야 한다면, 그것은 오직 칸트에게만 말해야 한다.

29일에 나는 보로브스키에게 갔다. 그리고 그가 매우 훌륭하고 정직한 남자라는 것을 알게 되었다. 그는 아직은 완전히 확실하지 않은 어떤 조건을 나에게 제안했다. 그것은 나에게 그다지 좋은 조건은 아니었다. 동시에 그는 아주 솔직한 성품이어서 내가 곤궁에 처해 있으며 일자리를 찾고 있다는 고백을 자연스럽게 하게 했다. 그는 일자리를 찾지 못하면 발트Samuel Gottlieb Wald[48] 교수에게 가라고 나에게 조언을 했다. 다음 날 나는 정말로 발트 교수에게 갔고, 그다음에는 궁정목사인 슐츠에게 갔다. 발트 교수가 보인 반응은 매

---

47 루트비히 에른스트 보로브스키(1740~1832). 칸트의 친교 모임의 한 사람이며, (칸트를 포함해 團)철학자들에 대한 전기를 썼다.

48 사무엘 고틀리프 발트(1762~1828). 신학 교수.

우 어두웠다. 그렇지만 그는 쿠를란트의 가정교사 자리에 대해서 말해주었다. 그 일자리는 정말 가장 궁핍할 때 받아들일 수 있는 제안이었다. 그다음에 궁정목사 집에 갔을 때에는 그의 부인이 먼저 나를 맞이했다. 수학의 원에 깊이 빠져 있는 궁정목사도 모습을 드러냈다. 그는 내 이름을 재차 정확하게 물어보고 나서 칸트의 소개를 기억해낸 후 훨씬 더 친절해졌다. 그는 각진 프로이센인의 얼굴이었지만 성실함과 선량함의 빛이 발했다. 게다가 나는 거기서 브라인리히Bräunlich 씨와 그의 시종, 댄호프Dänhof 백작, 궁정목사의 조카인 뷔트너Büttner 씨 그리고 뛰어난 머리를 지녔지만 생활 태도와 세상에 대한 앎이 결여된 뉘른베르크 출신의 젊은 학자인 에어하르트Ehrhard 씨를 알게 되었다.

9월 1일에는 내 마음속에 하나의 결심이 확고하게 섰다. 나는 이 결심을 칸트에게 말해야겠다. 비록 탐탁지 않은 것이라도 가정교사 일자리는 찾을 수 없었고, 불안정한 나의 상황 때문에 여기서 자유로운 정신을 갖고 학문을 하며 나의 친구들과 발전적인 교제를 즐기는 일을 더 이상 할 수가 없다. 그러므로 나는 나의 조국으로 돌아가야 한다! 고향으로 돌아갈 때 필요한 약간의 여비는 아마도 칸트를 통해 마련할 수 있을 것이다. 하지만 막상 칸트에게 가서 내 제안을 말할 생각을 하자 용기가 나지 않았다. 나는 편지를 쓰기로 했다. 저녁에 나는 궁정목사의 집에 초대되어, 그곳에서 매우 편안한 저녁시간을 보냈다. 2일에 나는 편지를 완성해서 칸트에게 보냈다."

주목할 만한 것임에도 불구하고 나는 이 편지를 여기서 프랑스어로 전달할 결심이 서지 않는다. 나의 뺨이 붉어지는 것을 느낀다. 마치 내 가족의 부끄러운 곤란함을 낯선 사람들 앞에서 말해야만 할 때처럼. 프랑스적인 세계관을 향한 나의 열망에도 불구하고, 나의 철학적 세계주의에도 불구하고, 나의 가슴속에는 소시민적 감정과 더불어 낡은 독일이 언제나 자리를 잡고 있다. 나는 저 편지를 밝힐 수 없다. 단지 말할 수 있는 것은, 요한 고틀리프 피히테의 가슴이 찢어지는 듯한 감정이 담긴 언어에도 불구하고 칸트는 한 푼의 돈도 빌려줄 수 없을 정도로 가난했다는 점이다. 하지만 피히테는 그 때문에 조금도 언짢아하지 않았다. 이 점은 내가 지금 여기에 인용하는 일기장의 단어들에서 알 수가 있다.

"9월 3일에 나는 칸트의 집으로 초대를 받았다. 칸트는 평소의 솔직한 태도로 나를 맞았지만, 나의 제안에 대해서는 아직까지 결심이 서지 않았고, 앞으로 2주 동안은 돈을 빌려줄 수 있는 상황이 안 된다고 말했다. 이 얼마나 솔직한 대답인가! 더구나 칸트는 나의 구상에 대해 어려워했다. 그것은 칸트가 작센에서의 우리의 상황에 대해 잘 알지 못한다는 반증이었다—이 모든 나날들 동안 나는 아무것도 할 수 없었다. 그렇지만 나는 다시 연구를 시작하고 나머지 일들은 신에게 맡기기로 했다. 6일에 칸트가 다시 나를 초대했고, 그는 나에게 나의 원고『모든 계시에 대한 비판 시도』를 목사인 보로브스키 씨의 중재로 서적상인 하르퉁Gottfried Lebrecht Hartung[49] 씨에게 팔면 어떻겠냐고 제안했다. 칸트는 내가 그 책을 수정해야겠다고 말하자 그 책이 잘 쓴 책이라고 말했다. 이게 사실인가? 칸트가 잘 썼다고 말하다니! 어쨌거나 칸트는 나의 첫 번째 부탁을 거절했다. 10일에 나는 칸트의 집에서 점심을 먹었다. 우리 사이의 일에 대해서는 아무 말도 오가지 않았다. 학자 겐지헨Johann Friedrich Gensichen[50] 씨가 함께했고, 단지 일반적이고 가끔씩 매우 재미있는 대화가 이어졌다. 칸트 역시도 나에 대해서 전혀 변함없는 모습을 유지했다. 13일인 오늘 나는 연구 작업을 하려 했지만 아무것도 하지 못했다. 우울이 나를 엄습했다. 상황이 어떻게 흘러갈 것인가? 어떻게 8일을 버틸 수 있을까? 8일이 지나면 돈은 다 떨어지겠지."

수많은 방랑과 스위스에서의 오랜 체류 이후 피히테는 마침내 예나 대학에서 확고한 자리를 잡게 되었다.[51] 그리고 여기서부터 피히테의 빛나는 시기가 시작된다. 예나와 바이마르, 불과 몇 시간이면 도달할 수 있는 거리에 있는 작센의 두 도시는 당시 독일 정신계의 중심지였다. 바이마르에는 왕궁과 문학이, 예나에는 대학과 철학이 있었다. 바이마르에서 우리는 가장 위대한 문사들을, 예나에서 우리는 가장 위대한 독일의 학자들을 볼 수 있었다. 1794년부터 피히테는 예나 대학에서 강의를 시작했다. 이 연도는 중요한 의미를 갖는다. 이 연도는 피히테가 그 당시에 쓴 저작의 정신을 담고 있으며, 피히테가 그때부터 겪게 되고 4년 후에 결국 굴복하게 되는 고통을

49　고트프리트 레브레흐트 하르퉁(1759~1807). 쾨니히스베르크의 출판업자.

50　요한 프리드리히 겐지헨(1759~1807). 칸트의 친교 모임에 속한 인물.

51　피히테는 1794년 라인홀트의 후임으로 예나 대학의 부름을 받아 철학 교수직을 맡게 되었다.

담고 있다. 1798년에 무신론자라는 비난이 피히테에게 제기된다.[52] 이러한 비난은 피히테에게 견디기 힘든 박해를 낳았으며, 예나를 떠나게 만들었다. 피히테의 삶에서 가장 주목할 만한 장면인 이 사태는 동시에 보편적인 의미를 갖는다. 그리고 우리는 이 점에 대해 이야기해야 한다. 바로 여기에 신의 본성에 대한 피히테의 견해가 완전히 본질적으로 표현되고 있기 때문이다.

당시 자신이 간행한『철학 잡지Philosophischen Journal』에 피히테는 「종교 개념의 전개Entwicklung des Begriffs Religion」라는 제목의 논문을 실었다. 이 논문은 자르펠트의 교사인 포르베르크Friedrich Karl Forberg란 사람이 피히테에게 보낸 것이었다. 피히테는 이 논문에 「신의 세계 경영에 대한 우리의 믿음의 근거에 대하여Über den Grund nseres Glaubens an eine göttliche Weltregierung」라는 제목으로 작은 해설을 덧붙였다.

이 두 글은 무신론을 담고 있다는 명목으로 작센 선제후 정부에 의해 압수되었다. 동시에 드레스덴에서 바이마르 궁으로 피히테 교

---

52 계속되는 글에서 하이네는 피히테가 연루된 무신론 논쟁을 다루고 있다. 피히테는 1798년 자신이 간행하는 『철학 잡지』에 프리드리히 카를 포르베르크(1770~1848)(예나 대학 철학 교수㉗)가 쓴 논문(「종교 개념의 전개」)을 게재하고, 자신의 해설(「신의 세계 경영에 대한 우리의 믿음의 근거에 대하여」)을 덧붙였다. 익명으로 제기된 무신론에 대한 비난이 떠들썩해지자, 작센 선제후 정부는 문제가 된 잡지의 판본을 압수했다. 동시에 카를 아우구스트 폰 작센–바이마르–아이제나흐 공작Karl August von Saxen-Weimar-Eisenach(1757~1828)에게 저자를 처벌하라는 청원서가 보내졌다. 공작은 시 의회에 이 사건에 대해 예나 대학을 조사하라고 명령했다. 피히테는 1799년 「대중들에게 호소함Appelation an das Publikum」이란 글로 이에 맞섰고, 마침내 바이마르를 떠났다.

수를 진지하게 처벌하라는 요청이 적힌 서류가 보내졌다. 바이마르 궁은 물론 그와 같은 요구에 오도되진 않았지만, 피히테가 이 사건에서 커다란 오류를 범하고 있다는 점 때문에, 다시 말해서 정부의 입장을 고려하지 않고 대중들에게 직접 호소했기 때문에 심기가 불편해졌고, 외부의 압력 때문이라도 경솔한 표현을 행한 교수에게 가벼운 처벌을 내려서 국면을 전환시키지 않을 수 없었다. 하지만 자신이 옳다고 믿은 피히테는 그러한 처벌을 받아들이지 못하고 예나를 떠났다. 그 당시 피히테의 편지들을 보면, 특히 두 사람의 태도가 그를 매우 화나게 했다. 그들은 공적인 위치에 있었기 때문에 이 사태에 대해 특히 중요한 목소리를 내는 사람들이었다. 이 두 사람은 기독교총회 회원인 헤르더Johann Gottfried Herder[53]와 추밀원 고문관 괴테였다. 그러나 이 두 사람에게는 나름의 충분한 이유가 있었다. 헤르더가 남긴 편지들에서 예나에서 공부를 마친 후 불쌍한 헤르더가 프로테스탄트 목사 시험을 보기 위해 자신이 있는 바이마르로 온 신학자들에게 얼마나 애정 어린 걱정을 하고 있는지를 보고 있노라면, 감동적이다. 헤르더는 하느님의 아들 예수에 대해 더 이상 질문을 던지지 않았다. 헤르더는 수험생들이 단지 아버지의 존재에 대해서만 인정을 하면 그것으로 충분히 기뻐했다. 괴테는 앞의 사태

---

[53] 요한 고트프리트 헤르더(1744~1803). 헤르더는 1776년부터 바이마르 프로테스탄트 교회의 총책임자였다. 예나의 신학자들과 벌인 논쟁에 관한 서술은 아마도 헤르더의 부인인 마리아 카롤리나 헤르더Maria Carolina Herder(1750~1809)가 편집한 『요한 고트프리트 폰 헤르더의 삶에 대한 기억Erinnerungen aus dem Leben Joh. Gottfried von Herder』에서 가져온 듯하다.

와 관련된 기억을 다음과 같이 표현했다.[54]

"라인홀트가 예나에서 떠난 후—이것은 아카데미의 입장에서 커다란 손실로 여겨진다—그 자리에 피히테를 불러들인 것은 대담한, 아니 무모한 일이었다. 피히테는 그가 쓴 책에서 가장 중요한 도덕적·정치적 문제에 대해 대담하게 설명했지만, 아마도 완전히 합당한 설명은 아니었다. 사람들이 본 것은 그의 탁월한 개인성이었고, 그래서 좀 더 높은 관점에 있는 그의 신념에 대해 아무것도 비난하지 않았다. 하지만 피히테는 그 자신이 획득한 소유물로 간주한 세계와 어떻게 보조를 맞출 수 있었을까?

평일에 대중 강연을 위한 시간이 거의 없었기 때문에 피히테는 일요일에 강의를 했지만, 그것은 시작부터 암초에 부딪쳤다. 신과 신적인 대상에 대한—물론 사람들은 이에 대해 깊은 침묵을 관찰하는 것이 더 나을 것이다—피히테의 언급들이 외부로부터 비판을 불러일으켰을 때 그로부터 발생하는 크고 작은 성가신 일들이 사그라지지 않았다. 상급 관청이 느끼는 불편함도 없지 않았다.

피히테는 자신이 펴낸 『철학 잡지』에서 관습적인 표현에 모순되는 것처럼 보이는 방식으로 신과 신적인 것을 과감하게 표현했다.

---

54 하이네는 이 부분을 괴테의 책 『Tag-und Jahresheften』에서 인용하고 있다. 이와 함께 I. H. 피히테가 피히테 전기를 쓰기 위해 뽑아 엮은 괴테의 원전도 참조하고 있다. I. H. 피히테는 괴테가 쓴 두 편의 비망록을 함께 모아놓았다. 이 책에 인용된 부분 중 처음부터 중간 부분("상급 관청이 느끼는 불편함도 없지 않았다")까지는 1794년의 기록이고, 나머지 부분은 1803년의 기록이다.

피히테는 자신의 이러한 방식이 사태를 개선시키지 못했다는 비난을 받았다. 왜냐하면 피히테는 어떻게 하면 사람들을 자신의 편에 서게 할 수 있는지, 다시 말해서 어떻게 하면 사람들에게 자신의 사유와 말을 잘 이해시킬 수 있는지에 대해서는 아무런 생각도 하지 않고 열정적으로 작업에 착수했기 때문이다. 물론 사람들은 그들의 빈곤한 언어로 피히테의 사유와 언어를 인식할 수 없었다. 그리고 또한 피히테는 어떻게 해야 사람들이 가장 부드러운 방식으로 자신을 구제해줄 수 있는지에 대해 전혀 생각하지 않았다. 이런저런 말들, 억측과 주장, 지지와 결심 등이 여러 층위의 불확실한 말로 아카데미에서 오가고 있었다. 사람들은 정부의 질책에 대해 말했고, 그것은 피히테가 예상했던 질책 이상의 것이었다. 이러한 질책에 완전히 평정심을 잃고, 피히테는 정부에 격렬한 항의서[55]를 제출할 권한이 자신에게 있다고 생각했다. 그는 이러한 방법이 받아들여질 것이라고 확신하면서 자신이 정부의 처벌을 결코 받아들일 수 없으며, 곧바로 아카데미에서 탈퇴할 것이며, 그럴 경우 혼자만이 아니라 뜻을 같이하는 많은 중요한 학자들과 함께 나갈 것이라고 격렬하고 대담한 성명을 발표했다.

이러한 성명이 발표되자 그에게 우호적이었던 분위기가 갑자기 멈춰지고, 어떤 탈출구도 어떤 중재안도 사라져버렸다. 가장 온화한

---

55 피히테는 추밀원 고문관 크리스티안 고틀리프 포이크트Christian Gottlieb Voigt(1743~1819)에게 보낸 1799년 3월 22일자 글에서 추방 명령이 떨어질 경우 대학을 떠나겠다고 예고했다.

반응은 곧바로 피히테의 탈퇴를 승인하라는 것이었다. 상황이 더 이상 변할 수 없게 된 후에야 비로소 피히테는 사람들이 그에게 했던 말의 의미를 이해했다. 피히테는 자신의 성급한 대응을 후회하지 않을 수 없었고, 그런 그를 우리는 안타깝게 생각한다."

이것은 행정적이고 매끄럽게 조정하면서 무엇인가를 숨기는 괴테다운 설명이 아닌가. 괴테는 기본적으로 피히테가 자신이 생각한 것을 말했고, 자신의 생각을 전통적인 완곡한 표현으로 말하지 않았다는 점을 비난한다. 괴테는 사유가 아닌 말을 비난한다. 내가 앞서 말했듯이, 칸트 이후 독일 사상사에서 이신론이 소멸되었다는 것은 누구나가 아는 공공연한 비밀이지만, 그것을 입 밖으로 꺼내어 크게 말해서는 안 되었다. 괴테는 피히테와 마찬가지로 이신론자가 아니었다. 괴테는 범신론자였다. 하지만 바로 범신론의 높이에서 괴테는 그의 날카로운 눈으로 피히테 철학의 정지 없음haltlosigKeit을 가장 잘 꿰뚫어보고, 그의 부드러운 입술로 그것을 비웃지 않을 수 없었다. 하지만 모두가 이신론자인 유대인들에게 피히테는 분명 공포였다. 저 위대한 이교도에게 피히테는 한갓 바보로 보였다. '저 위대한 이교도'는 다름 아닌 독일에서 괴테를 부르는 이름이다.[56] 하지만 이 이름은 결코 적합한 이름이 아니다. 괴테의 이교도성은 놀라울 정도로 현대적이다. 그의 강한 이교도성은 모든 외적 현상들과 모든 색채, 모든 형상들에 대한 명료하고 예리한 파악에서 드러난다. 하지

---

[56] 하이네의 『낭만파』의 내용과 비교해보라.

만 동시대에 기독교는 괴테에게 심오한 이해의 재능을 부여했다. 강한 반발심에도 불구하고 괴테는 기독교로부터 영적인 세계의 신비로움이라는 세례를 받았고, 예수 그리스도의 피를 받아들였다. 그럼으로써 괴테는 자연의 가장 심오한 목소리를 이해했다. 그것은 살해된 용의 한 방울의 피가 그의 입술을 적시자마자 갑자기 새의 말을 이해한 니벨룽의 영웅 지크프리트Siegfried[57]와 같은 경우였다. 괴테의 경우 저 이교도성이 오늘날 우리의 감수성에 침투되어 있다는 것은 놀라운 일이다. 그것은 고대의 대리석상이 현대적으로 약동하면서, 젊은 베르테르의 슬픔과 고대 그리스 신의 기쁨을 함께 강하게 느끼는 것과 같다.

그러므로 괴테의 범신론은 이교도성과 구분된다. 간단히 말하자면, 괴테는 문학의 스피노자이다. 괴테의 모든 시의 바탕에는 스피노자의 글에서 우리가 느끼는 것과 동일한 정신이 깔려 있다. 괴테가 완전히 스피노자의 철학을 숭배했다는 것은 의심의 여지가 없다. 적어도 괴테는 그의 전 생애 동안 스피노자의 철학을 공부했다. 회고록의 시작 부분에서,[58] 그리고 최근에 발간된 회고록 마지막 권에서도 괴테는 솔직하게 이 점을 시인했다. 어디에서 읽었는지 기억이

---

[57] 오래전부터 전해져 내려온 설화를 소재로 한 중세 독일의 서사시 『니벨룽의 노래』에 등장하는 영웅.
[58] 괴테는 『시와 진실』에서 스피노자를 높이 평가하고 있음을 분명하게 표현했다. 제14권의 한 부분은 다음과 같다. "나에게 결정적인 영향을 끼쳤고, 나의 사유방식에 커다란 영향을 준 정신은 스피노자였다." 제16권에서 괴테는 자신이 스피노자를 읽음으로써 "세계를 결코 명확하게 바라보지 않는" 신앙을 갖게 되었다고 다시 한 번 확언한다. 하이네가 여기서 스피

나지 않지만, 헤르더는 괴테가 스피노자를 끊임없이 공부하는 것에 대해 기분 나쁜 투로 다음과 같이 말한 적이 있다.[59] "괴테가 한 번이라도 스피노자 이외의 다른 라틴어 책을 손에 들었으면!" 하지만 이러한 일은 괴테에게서도, 나중에 시인으로 다소간 유명해지고 일찍이 범신론에 경도된 괴테의 친구들에게서도 일어나지 않았다. 범신론은 철학적 이론으로 우리를 지배하기 전에 이미 독일 예술에서 실천적으로 꽃을 피웠다. 관념론이 철학의 영역에서 가장 장엄한 전성기를 구가한 바로 피히테의 시대에 범신론은 예술의 영역에서 폭력적으로 파괴되었다. 그리고 여기에서 저 유명한 예술 혁명이 시작되었고, 이 예술 혁명은 고대 고전주의에 대한 낭만주의자들의 투쟁으로, 슐레겔Schlegel 형제의 반란[60]으로 시작되어 오늘날 여전히 계속되고 있다.

노자에 대한 상론이 "회고록의 시작 부분에서"뿐만 아니라 최근에 발간된 회고록의 마지막 권에서도 발견된다고 말했을 때, 이것은 부분적으로만 맞다. 하이네는 『시와 진실』 네 번째 부분에 대한 독서에 기대고 있는데, 이 부분은 제16권, 스피노자로의 회귀로 시작한다. 이 네 번째 부분은 1833년 『괴테의 유작Goethe's Nachgelassene Werke』 제8권으로 고타 출판사에서 출간되었다. 이에 반해서 제14권은 이미 1814년에 발간된 세 번째 부분에서도 발견된다. 따라서 제14권은 회고록의 시작 부분이 결코 될 수 없다.

59 괴테의 『이탈리아 여행Italienische Reise』에는 1786년 10월 12일 자로 기록한 다음과 같은 문장이 있다. "헤르더는 내가 읽은 유일한 라틴어 책이 스피노자의 책이라는 점을 들어 종종 내가 라틴어를 스피노자에게서 배웠다고 조롱했다."

60 카를 빌헬름 프리드리히 슐레겔Karl Wilhelm Friedrich Schlegel(1772~1829)과 아우구스트 빌헬름 슐레겔August Wilhelm Schlegel(1767~1845)의 문예비평 활동은 『낭만파』에서 하이네에 의해 자세하게 비평되었다. 예를 들어 『낭만파』에서 하이네는 아우구스트 빌헬름 슐레겔에 대해 매우 비판적으로 서술한다. 그리고 하이네의 비판적 서술을 보면 여기서 언급된 '반란'의 의미는 명백하다. "아우구스트 빌헬름 슐레겔 씨의 명성은 본래 기존의 문학적 권위를 공

사실 우리의 초기 낭만주의자들은 그들 스스로도 이해하지 못한 범신론적 본능에 의해 작업을 하였다. 그들이 가톨릭 대성당을 향한 향수로 여겼던 감정은 그들이 예감했던 것보다 훨씬 더 깊은 원천을 갖는다. 중세 시대의 전승물들, 민속신앙, 악마, 마법적 존재, 마녀 등등에 대한 그들의 숭배와 애정은 갑자기 일깨워진, 고대 게르만 범신론으로의 무의식적인 회귀였다. 그리고 비천하고 더럽고 흉측한 형상 속에서 그들은 오직 선조들이 지녔던 기독교 이전의 종교를 사랑했다. 여기서 나는 이 책의 1장을 상기하지 않을 수 없다. 1장에서 나는 어떻게 기독교가 고대 게르만족의 종교를 수용했고, 어떻게 고대 게르만족의 종교가 가장 굴욕적인 변화를 거쳐 중세 시대의 민속신앙 속에서 유지되고, 그 결과 과거의 자연 숭배는 나쁜 마법으로, 과거의 신들은 불쾌한 악마로, 순수한 수녀들은 평판이 나쁜 마녀로 간주되었는지를 보여주었다. 우리의 초기 낭만주의자들의 잘못은 이러한 관점에서 디소 관대하게 평가될 수 있을 것이다. 그들은 중세 시대의 가톨릭적 모습을 복원하려고 했다. 왜냐하면 그들은 그 속에 고대의 선조들의 신성함과 최초의 민족성의 훌륭함이 보존되고 있다고 느꼈기 때문이다. 그들의 마음을 끌어당긴 것은 훼손된 고대의 신성한 유물들이었다. 그들은 프로테스탄티즘과 자유주의를 싫어했다. 프로테스탄티즘과 자유주의는 가톨릭

격하는 전대미문의 뻔뻔스러움에 기인할 뿐이다. 그는 시대에 뒤떨어진 사람들의 월계관을 찢어 무성한 먼지를 일으킬 뿐이었다."

의 전 과거와 함께 이러한 유물들을 말살하려 했기 때문이다.

이에 대해서는 나중에 얘기할 것이다. 다만 여기서 반드시 언급하고 넘어가야 할 사실은 범신론이 이미 피히테의 시대에 독일 예술에 침투해서 심지어 가톨릭 낭만주의자들도 무의식적으로 이러한 방향을 좇았고, 괴테는 이러한 방향을 가장 특징적으로 표현했다는 점이다. 이 점은 이미 『젊은 베르테르의 슬픔』에서 나타났다. 이 작품에서 괴테는 자연과의 행복한 동화를 갈망한다. 『파우스트』에서 괴테는 자연과의 관계를 대담하게 신비적이고 직접적인 방식으로 맺고자 했다. 부연하자면 괴테는 악마의 주문이라는 마법적 형태를 통해 감추어진 땅의 힘을 불러냈다. 하지만 이러한 괴테의 범신론은 그의 작은 시가에서 가장 순수하고 사랑스럽게 표현된다. 스피노자의 철학은 수학의 덮개를 벗어버리고 괴테의 노래로 우리 곁에 팔랑거리며 날아다니고 있다. 따라서 우리의 정통주의자들과 경건주의자들은 괴테의 노래에 분노했다. 그들은 경건한 곰의 발톱으로 이 나비를 잡으려고 했지만, 언제나 나비는 그들의 발톱을 피해 날개를 치며 날아갔다. 그것은 너무나 부드럽고 향기로운 날갯짓이었다. 당신들 프랑스인들은 독일어를 알지 못하므로 그것을 이해할 수 없을 것이다. 괴테의 시가는 설명할 수 없는 짓궂은 마법을 지니고 있다. 운율이 있는 시구들은 마치 부드러운 연인처럼 당신의 마음을 감싸 안는다. 사상이 키스를 하는 동안, 언어는 당신을 껴안는다.

피히테에 대한 괴테의 태도에서 우리는 불순한 동기를 결코 발견할 수 없다. 몇몇 동시대인들은 불쾌한 단어들로 피히테를 지칭한 바 있다. 그들은 두 사람의 상이한 본성을 파악하지 못했다. 그들 중 온순한 사람들은 나중에 피히테가 심하게 어려움에 처해지고 고난을 겪을 때 괴테의 수동적인 태도를 오해했다. 그들은 괴테의 상황을 고려하지 않았다. 이 거인은 독일의 아주 작은 공국의 장관이었다. 괴테는 결코 자연스럽게 움직일 수 없었다. 사람들은 올림피아에 있는 페이디아스Pheidias[61]가 조각한 앉아 있는 유피테르에 대해 그가 갑자기 일어서면 신전의 둥근 지붕이 무너질 것이라고 말했다. 이것은 완전히 바이마르에 있는 괴테의 상황이었다. 말없이 고요히 앉아 있다가 갑자기 일어서면 괴테는 국가의 지붕을 부숴버릴 수 있을 것이다. 좀 더 현실적으로 말하자면 지붕에 괴테의 머리가 부딪쳐 깨질 것이다. 괴테는 잘못되고 우스꽝스러운 철학을 위해 이것을 감행할 것인가? 이 독일의 유피테르는 조용히 앉아서 기도하며 향을 피웠다.

나의 주제에서 멀리 벗어나는 것이지만, 당시 예술관의 관점에서 볼 때 피히테를 비난하는 괴테의 태도를 나는 좀 더 근본적으로 정당화하고 싶다. 피히테의 입장에서 그러한 비난은 변명에 불과하며, 그 속에는 정치적 사주가 숨어 있다고 말할 수 있을 뿐이다.[62] 신학자는 특정한 교리를 가르칠 의무가 있기 때문에 확실히 무신론자라

---

61   아테네의 조각가(기원전 5세기). 그가 조각한 앉아 있는 제우스는 보존되어 있지 않지만, 문학적 기록과 동전의 그림으로 남아 있다.
62   피히테는 글을 통해 프랑스 혁명을 옹호했다. 예를 들어 「프랑스 혁명에 대한 대중의 판단을 교정하기 위한 기고문Beitrag zur Berichtigung der Urteile des Publikums über die französische

는 비난을 받을 수 있다. 하지만 철학자는 그러한 의무를 지지 않았고, 질 수도 없다. 철학자의 사상은 공중의 새처럼 자유롭다. 내가 한편으로는 나 자신의 감정을, 다른 한편으로는 다른 사람의 감정을 보호하기 위해 저 비난 자체를 근거 짓고 정당화하는 모든 것을 여기서 말하지 않는다면, 그것은 아마도 부당한 일일 것이다. 나는 비난을 받은 논문들[63]의 문제가 되는 부분 중에서 한 부분만을 여기서 인용하려고 한다. "[…] 살아 있으며 효력이 있는 도덕적 질서 자체가 신이다.[64] 즉 우리는 결코 다른 신을 필요치 않으며 다른 신을 이해할 수도 없다. 도덕적인 세상의 질서를 벗어나 근거 지워진 것에서 근거로 향하는 추론을 통해 원인으로서의 특별한 존재를 가정하

Revolution」을 1793년 발표했다. 1799년 4월 라트슈타트Radstadt에서 개최된 강화 회의에 참석했던 세 명의 프랑스 사절 중 두 명이 오스트리아 군인에 의해 살해된 후, 피히테는 라인홀트에게 다음과 같은 편지를 보냈다(1799년 5월 22일 자). "오스트리아와 러시아가 동맹을 맺은 이래 줄곧, 특히 외교사절에 대한 끔찍한 살해(사람들은 이 사건에 환호했고, 괴테와 실러는 "그것은 정당한 일이다. 그 개들은 때려 죽여야 한다"고 외쳤습니다) 이후 벌어진 최근의 사건들 때문에 나는 […] 개연적인 것으로 여기게 되었습니다. 그것은 이제부터 독재정치가 필사적으로 자신을 방어할 것이고 […]."(O Freiheit Silberton dem Ohre……Französische Revolution und deutsche Literatur 1789~1799, Marbacher Kataloge 44, Marbach 1989, S, 483) 하이네는 계속해서 자세하게 (다소 수정을 가하여) 인용하고 있다. 이 인용의 출처는 I. H. 피히테가 쓴 전기이다. 〔라슈타트 회의는 1792년부터 시작된 제1차 프랑스 동맹(영국, 오스트리아, 프로이센, 러시아, 네덜란드, 에스파냐) 전쟁에서 승리한 프랑스가 1798년 이집트와 스위스, 이탈리아를 침공하자 동맹국과 프랑스 사이를 중재하기 위해 개최된 강화 회의이다. 영국과 오스트리아의 계략으로 성과를 내지 못했던 회의는 프랑스 대표단이 살해된 후 결렬되었고, 1799년 제2차 대프랑스 전쟁이 발발했다. 편〕

63 이의를 제기한 피히테의 논문들을 뜻함.
64 피히테의「신의 세계 경영에 대한 우리의 믿음의 근거에 대하여」에서 인용.

는 것은 결코 이성적인 근거가 아니다. 그러므로 근원적인 오성은 이러한 추론을 신뢰하지 않으며, 그러한 특별한 존재를 알지 못한다. 자기 자신을 오해하는 철학만이 이러한 일을 할 뿐이다."

본래 고집 센 인간이 그러하듯이 피히테는 그의 대중들에 대한 호소와 법률적 변호문에서 더욱 신랄하고 노골적으로 우리의 마음 깊숙한 곳을 찢는 표현으로 발언을 했다. 감각적으로는 무한한 연장을, 정신적으로는 무한한 사유를 계시하는 현실적인 신을 믿는 우리는 자연 속에서 모습을 드러내는 신을 존경하며, 우리 자신의 영혼 속에서 보이지 않는 신의 목소리를 듣는 우리는 우리의 신을 한갓 환영이라고 말하고 심지어 빈정대는 피히테의 신랄한 언어에 거부감을 느낄 수밖에 없다. 피히테가 존재하는 것은 감각적 개념이고, 오직 감각적 개념으로서만 존재할 수 있다는 이유로 우리의 사랑하는 신을 모든 감각적인 것에서 벗어나게 하고 심지어 신의 존재마저도 부정할 때,[65] 그것은 아이러니인지 난순한 망상인지 의심스럽다. 피히테는 학문의 이론은 감각적인 존재만을 인식한다고 말한다. 그러므로 존재는 오직 경험의 대상에만 귀속되기 때문에 이 같은 술

---

[65] 하이네는 여기서 피히테의 법률 변호문을 참조하고 있다. 하이네는 철학자들의 이러한 사상을 이미 그의 소설 『폰 슈나벨레봅스키 씨의 회상Memoiren des Herren von Schnabelewopski』에서 피력했다. 소설에 나오는 뚱뚱한 피히테주의자는 다음과 같이 생각한다. "'신이 존재한다'고 말하는 것은 신에 대한 모독이다. 순수한 존재는 감각적인 제한 없이 생각될 수 있어야만 한다. 우리가 신을 생각하려 한다면, 모든 실체를 추상해야만 한다. 신을 연장의 형식으로 '생각해서는 안 되고, 일어나 것들의 질서로 생각해야만 한다. 신은 존재가 아니라 순수한 행위이고, 신은 초감각적 세계 질서의 원리일 뿐이다."

어가 신에게는 결코 사용될 수 없다. 그러므로 피히테의 신은 결코 존재하지 않는다. 피히테의 신은 오직 순수한 행동으로서, 사건의 질서로서, 질서를 낳는 질서로서, 세계의 법칙으로 자신을 드러낸다.

이와 같이 관념론은 가능한 모든 추상 행위를 통해 신성을 철저하게 여과해서 결국에는 아무것도 남아 있지 않게 한다. 이제 당신들의 경우에는 왕의 자리를 대신하여, 우리 독일인의 경우에는 신의 자리를 대신해서 법칙이 지배한다.

신을 갖지 않는 법칙과 단지 법칙일 뿐인 신 중에서 무엇이 더 터무니없는 것인가?

피히테의 관념론은 역사상 인간 정신이 기획한 가장 거대한 착오에 속한다. 피히테의 관념론은 천박한 유물론보다 더 무신론적이고 더 저주스럽다. 여기 프랑스에서 유물론자들의 무신론이라 부르는 것은 피히테의 초월적 관념론의 결론과 비교할 때 훨씬 더 경건하고 신앙적이라고 나는 쉽게 말할 수 있다. 내가 아는 것은 두 가지 모두 나에게 혐오스럽다는 것이다. 또한 두 입장은 반反문학적이다. 프랑스의 유물론자들은 독일의 초월적 관념론자와 마찬가지로 저열한 시구들을 만들어냈다. 하지만 피히테의 철학은 결코 국가에 위협이 되지 않았다. 국가에 위험을 주는 요소로서 탄압을 받을 가치조차 없었다. 이러한 잘못된 철학에 의해 잘못된 길로 빠져드는 데에는 소수의 인간만이 지니고 있는 사변적인 명민함이 요구된다. 두꺼운 머리를 지닌 무수한 대중들에게 이 잘못된 철학은 이해될 수 없었다. 따라서 피히테의 신에 대한 입장은 이성적인 방식으로 논박되어야 하는 것이지, 경찰력으로 부정될 수 있는 것이 아니었다. 철학에서 무신론이란 이유로 공격을 받는 것은 독일에서 너무나 낯선 일이었다. 피히테는 실제로 처음부터 사람들이 무엇을 원하는지 전혀 알지 못했다. 피히테는 어떤 철학이 무신론이냐 그렇지 않냐 하는 문제는 가령 수학자에게 삼각형이 녹색이냐 빨간색이냐 하는 문제와 마찬가지로 이상한 것이라고 완전히 올바르게 말했다.[66]

따라서 피히테에 대한 비난에는 숨겨진 동기가 있었고, 피히테는 이를 곧바로 알아차렸다. 피히테는 세상에서 가장 존경스러운 인물이었기 때문에 우리는 그가 라인홀트에게 숨겨진 동기를 밝힌 편지를 충분히 신뢰할 수 있다. 1799년 5월 22일 자의 이 편지는 시대 전체를 묘사하고 있으며, 피히테 자신의 곤경을 구체적으로 보여주는 것이기 때문에 나는 편지의 한 부분을 여기에 인용하고자 한다.

"피로와 혐오감이 나로 하여금 당신에게 이미 전했던 결정을 하게 하였습니다. 몇 년이 지나면 완전히 사라져버릴 결정이지요. 그 당시 나의 입장에서 볼 때 의무감이 이런 결정을 요구했다고 나는 확신합니다. 왜냐하면 흥분된 현재의 상태에서는 어쨌든 내 목소리가 들리지 않고 흥분 상태를 더 악화시킬 뿐이기 때문입니다. 하지만 몇 년이 지난 후에 최초의 충격이 사그라질 때 나는 훨씬 더 단호하게 말할 것입니다. 이제 나는 다르게 생각한다고. 지금 나는 침묵할 수 없습니다. 지금 내가 침묵한다면, 나는 결코 다시는 말할 기

---

[66] 라인홀트에게 보낸 1799년 4월 22일 자 편지에서.

회를 갖지 못할 것입니다. 오스트리아와 러시아가 동맹[67]을 맺은 이래 줄곧, 특히 외교사절에 대한 끔찍한 살해(사람들은 이 사건에 환호했고, 괴테와 실러는 "그것은 정당한 일이다. 그 개들은 때려 죽어야 한다"고 외쳤습니다) 이후 벌어진 최근의 사건들 때문에 나는 이제 확실해 보였던 것을 개연적인 것으로 여기게 되었습니다. 그것은 이제부터 독재정치가 필사적으로 자신을 방어할 것이고, 파벨 1세Paul I와 피트William Pitt[68]에 의해 일관되게 시행될 것이며, 그 계획의 근간은 정신의 자유를 마비시키는 것이고, 독일인들은 독재정치가 이러한 목적에 도달하는 것을 방해하지 않을 것이라는 점입니다.

나의 존재로 인해 대학의 출석률이 떨어진다는 바이마르 궁의 생각을 믿지 마십시오. 바이마르 궁은 정반대로 내가 출석률을 높이고 있다는 것을 너무나 잘 알고 있을 겁니다. 바이마르 궁은 일반적인 계획에 따라, 특히 선제후 작센의 강력한 계획에 따라 나를 추방해야만 했습니다. 이 비밀을 잘 아는 라이프치히의 부르셔Johann Friedrich Burscher[69]는 이미 작년 말경에 내가 올해 말에 망명을 하게 될 것이라는 것을 걸고 상당한 금액의 내기를 했습니다. 포이크트는 부르크도르프Christoph Gottlob von Burgsdorff[70] 때문에 오래전에 나에게

---

67 프랑스에 대항하기 위해 유럽 국가들이 결성한 제2차 대프랑스 동맹(1798~1801). 러시아는 1799년에 이 동맹에서 탈퇴했다. 〔편〕
68 러시아 황제 파벨 1세(1754~1801)와 영국 수상 윌리엄 피트(1759~1806).
69 요한 프리드리히 부르셔(1732~1805). 신학자.
70 크리스토프 고틀로프 폰 부르크도르프(1736~1807). 선제후 작센 정부의 관료.

반대하는 명분을 얻는 데 성공했습니다. 드레스덴의 학문 부서는 새로운 철학의 편에 서 있는 어느 누구도 승진할 수 없으며, 이미 승진한 자가 있다면 좌천될 것이라는 점을 공개적으로 밝혔습니다. 라이프치히의 자유학교에서는 로젠뮐러Johann Georg Rosenmüller[71]의 계몽주의까지도 불안한 상황에 있습니다. 그곳에는 루터의 교리문답서가 최근에 다시 도입되었습니다. 그래서 선생들은 다시금 그 상징적인 책으로 견진성사[72]를 받아야 합니다. 이것은 앞으로 계속될 것이고 확산될 것입니다. 결론을 내리자면, 프랑스인들이 강력한 힘을 획득해서 독일에, 적어도 독일의 상당 부분에 변화를 행사하지 못한다면, 몇 년 이내에 독일에서는 자유로운 사상가로 알려진 그 어떤 인물도 독일 내에서 쉴 곳을 발견하지 못할 것이라는 점입니다. 그 무엇보다 확실한 것은 내가 지금 어떤 구석자리를 얻는다 할지라도 2년 내에 나는 다시 쫓겨날 것이라는 점입니다. 여러 군데에서 쫓겨나게 되면 그것은 위험한 일입니다. 이것은 루소의 역사적 사례가 가르쳐주고 있는 바입니다.

내가 완전히 침묵하고, 아무것도 쓰지 않는다면, 상황은 고요해질까요? 나는 그렇게 생각하지 않습니다. 혹시라도 궁정이 그 일을 해주길 바라기는 하지만, 내가 어느 방향을 취하든 성직자들이 군중들을 나에게 적대적으로 만들어 나를 돌로 쳐 죽이게 하지 않을까요?

---

71 요한 게오르크 로젠뮐러(1736~1815), 신학자.
72 세례를 받은 기독교인에게 신앙을 성숙시키고 자기 신앙을 증언하게 하는 성사.

그리고 나를 소요를 일으키는 인간으로 만들어 추방하도록 정부에 요구하지 않을까요? 이런 상황에서 나는 침묵해도 될까요? 아닙니다. 진실로 침묵해서는 안 되지요. 왜냐하면 나에게는 독일 정신에서 아직 어떤 것이 구제될 수 있다면 그것은 내가 발언함으로써 구제될 수 있고, 내가 침묵한다면 철학은 너무 일찍 완전히 소멸할 것이라고 믿을 만한 이유가 있기 때문입니다. 나를 침묵하게 하려는 사람들을 나는 신뢰하지 않습니다. 더구나 나를 말하게 하려는 사람들은 더더욱 믿지 않습니다.

하지만 나는 내 철학의 무해함에 대해 군중들을 설득할 것입니다. 친애하는 라인홀트, 어떻게 당신은 군중들에 대해 그렇게 좋게 생각할 수 있습니까! 내가 투명해질수록, 내가 무구한 인간이 될수록, 그들은 더 검어지고 나의 참된 범행은 더 커질 것입니다. 나는 그들이 나의 **무신론**을 박해한다고는 생각하지 않습니다. 그들은 사상가 스스로를 명료하게 이해시킬 수 있는 자유로운 사상가인 나를 박해합니다. 칸트의 모호함은 그에게 행운이었습니다. 그리고 그들은 악명 높은 민주주의자인 나를 박해합니다. 그들을 유령처럼 겁먹게 하는 것은, 그들이 음울하게 예감하듯, 바로 내 철학이 일깨우는 자립성입니다."

다시 말하지만, 이 편지는 어제 쓴 편지가 아니라 1799년 5월 22일 자 편지였다. 당시의 정치적 상황은 매우 우울했다는 점에서 오늘날 독일의 상황과 유사하다. 당시에는 학자, 시인, 그 밖의 지식인들에게서 자유가 꽃피었다면, 오늘날에는 오히려 활동하는 수많은 대중들, 즉 수공업자와 무역업자들에게서 자유가 더 많이 표현되고 있다는 차이가 있을 뿐이다. 최초의 혁명의 시대에는 가장 독일적인 무기력증이 독일 민족을 짓누르고 있었고, 이를테면 잔인한 고요함이 전 독일을 감싸고 있었던 반면에, 우리의 글쟁이 세계에서는 극도의 분노가 들끓고 있었다. 독일의 어느 외진 구석에 살고 있던 저 고독한 작가도 이러한 움직임에 동참했다. 정치적 사건들에 대한 정확한 이해 없이 거의 심정적으로 그는 정치적 사건들의 사회적 의미를 느끼면서 그것을 글로 표현했다. 이 현상은 거대한 조개껍데기들을 연상케 한다. 우리는 때때로 조개껍데기를 장식용으로 굴뚝 위에 올려놓기도 하지만, 먼 바다에 있는 조개껍데기들은 밀물이 밀려와 파도가 해안에 부딪치기 시작하자마자 갑자기 서로 달그락달그락 부딪치는 소리를 내기 시작한다. 여기 파리에서, 거대한 인간의 바다에서 혁명의 파도가 포말을 일으키며 휘몰아칠 때, 라인 강 저편 독일인들의 마음은 달그락 소리를 내며 끓어올랐다…… 하지만 그들은 그렇게 고립되었다. 그들은 감정 없는 도자기들, 찻잔들, 커피포트들이며, 그리고 무슨 얘기를 하는지 안다는 듯 기계적으로 고개를 끄덕이는 중국의 꼭두각시들이다. 아! 우리 독일의 가련한 선배들은 저 혁명에 대한 공감으로 매우 커다란 대가를 치러야만 했다. 융커와 성직자들은 이들에게 가장 졸렬한 술책을 썼다. 혁명의 편에 섰던 이들 중 일부는 파리로 도망쳤고, 이곳 파리에서 가난과 궁핍 속에 몰락해갔다. 최근에 나는 그 시기부터 파리에 있었던 한 눈먼 동포를 보았다. 그는 왕궁에서 햇볕을 쪼이고 있었다. 너무나도 창백하고 여윈 그의 모습과 짚들을 더듬으며 길을 걸어가는 모습을 보는 것은 고통스러웠다. 누군가는 그가 노년이 된 덴마크의 시인 하이베르크Peter Andreas Heiberg[73]라고 말했다. 그리고 얼마 전에는 게오르크 포르스터Georg Forster[74]가 죽은 다락방을 가보기도 했다. 하지만 나폴레옹과 그의 프랑스 군대가 조속히 우리를 점령하지 않았더라면, 독일의 자유를 열망하는 사람들의 상황은 훨씬 더 나빠졌을 것이다. 나폴레옹은 그가 이데올로기의 구원자였다는 사실을 확실히 결코 생각하지 못했다. 나폴레옹이 없었다면 우리의 철학자들과 그들의 이념은 교수대와 수레바퀴에 의해 사라져버렸을지도 모른다. 하지만 공화주의의 이념을 품은 우리의 자유파들은 너무나 나폴레옹에게 경도되어 있어서, 또한 너무나 큰 뜻을 품고 외국의 지배세력과 연대하는 데 골몰한 나머지 그때부터 깊은 침묵 속으로 빠져들었다. 그들은 찢어진 가슴과 굳게 닫힌 입술로 우울하게 배회했다. 나폴레옹이 몰락했을 때 그들은 슬픈 미소를 머금고 침묵했다. 부연하자면, 그들은 당시 독일의 온 국민이 한마음으로 환호하며 들끓었던 애국적 열정에 거의 동참하지 않았다. 그들은 그들이 무엇을 알고 있는지 알고 있었지만 침묵했다. 이 공화주의자들

---

73   피터 안드레아스 하이베르크(1758~1841). 파리로 망명한 덴마크 작가.

74   1754~1794. 1792년부터 마인츠의 자코뱅 조직원으로 활동하며 프랑스 공화정과 연결하려는 희망을 품고 파리에서 라인-독일 국민의회 대표자로 활동했다. 포르스터는 제임스 쿡James Cook(1728~1779)(영국의 탐험가 🜨)과 자신의 두 번째 세계 여행을 함께했으며, 알렉산드로스 폰 훔볼트와는 네덜란드, 영국, 프랑스를 함께 여행했다. 포르스터는 문학적으로 특히 여행 문학에 커다란 기여를 했다.

은 매우 순수하고 단순한 생활방식으로 살았기 때문에 일반적으로 매우 오래 살았다. 그래서 7월 혁명[75]이 발발했을 때 그들 대부분은 살아남았고 우리는 상당수가 부상을 당했다. 그리고 그때 평소에는 늘 허리를 굽힌 채 백치처럼 말없이 돌아다니던 이 늙은 올빼미들이 갑자기 머리를 치켜들고 우리 젊은이들에게 친절하게 다가와 웃으며 손을 잡고는 즐거운 이야기를 했다. 심지어 나는 그들 중 한 사람이 부르는 노래를 들은 적이 있다. 카페에서 그는 우리 앞에서 마르세유 찬가를 불렀다. 거기서 우리는 멜로디와 아름다운 가사를 배웠다. 그리고 얼마 지나지 않아 우리는 그 늙은이보다 더 노래를 잘 부를 수 있었다. 그 늙은이는 노래의 절정 부분에서 바보처럼 웃거나 어린아이처럼 울었기 때문이다. 노인들이 젊은이들에게 노래를 가르쳐주기 위해 살아남았다면 그것은 언제나 좋은 일이다. 우리 청년들은 그 노래들을 결코 잊지 않을 것이다. 그리고 우리들 중 일부는 언젠가 아직 태어나지 않은 후손들에게 그것들을 가르쳐줄 것이다. 하지만 우리들 대부분은 그러는 사이에 타락하게 될 것이고, 조국에서 감옥에 가거나 낯선 이국땅의 다락방에 있을 것이다.

다시 철학에 대해 얘기해보자! 앞에서 말한 것처럼, 피히테의 철학은 빈약한 추상 위에 건설되었지만 그럼에도 그 결론들에서는 강철 같은 완고함으로 터무니없는 높이까지 치고 올라갔다. 하지만 어

---

[75] 1830년 7월에 프랑스에서 일어난 혁명으로 그 결과 샤를 10세Charles X가 퇴위를 하고 '부르주아의 왕'이라고 불린 루이 필리프Louis-Philippe가 왕위에 올랐다. 7월 혁명은 전 유럽에 영향을 미쳐 폴란드, 독일, 이탈리아 등에서도 자유주의 운동이 일어났다.

느 이른 아침에 우리는 피히테의 철학에서 거대한 변화를 목격했다. 피히테의 철학은 화려하게 장식되기 시작했고 흐느껴 울기 시작했으며, 부드러워지고 겸손해졌다. 사유의 사다리를 타고 하늘로 올라가 뻣뻣한 손으로 하늘의 텅 빈 공간을 이리저리 더듬는 관념론의 거인에서 그는 이제 허리를 굽히고 사랑을 갈구하는 기독교도가 되었다. 이것이 피히테의 두 번째 시기[76]이다. 이 시기는 여기서 우리의 주된 관심사가 아니지만, 그의 전 체계는 매우 낯선 변화를 겪게 된다. 이 시기에 피히테는 최근에 프랑스어로 번역된 『인간의 소명Die Bestimmung des Menschen』과, 그리고 이와 비슷한 책인 『행복한 삶을 위한 안내서Anweisung zum seligen Leben』를 썼다.

완고한 인간이었던 피히테가 이러한 자신의 커다란 변화를 결코 인정하지 않았다는 점은 자명하다. 피히테는 자신의 철학은 언제나 변함없으며, 단지 그 표현의 수단이 변화되고 개선되었을 뿐이라고 주장했다. 그는 전에도 결코 이해받아본 적이 없었다. 또한 그는 당시 관념론을 밀어내고 독일에서 떠오르고 있던 자연철학이 사실은 완전히 자신의 체계이며, 자신과 단절하고 새로운 철학을 도입한 자신의 신봉자 요제프 셸링 씨는 표현의 수단을 바꾸어 과거의 학설

---

[76] 후기의 피히테에게는 주관적 관념론의 엄격성이 사라지고, 다시금 선험적 존재가 그 중심에 들어선다. 신 개념이 이전에는 도덕적 질서와 같은 의미로 사용되었다면, 이제 신적인 것은 존재의 의미를 갖게 되었다. 피히테는 이제 자신의 작업을 「요한복음」(사랑의 요청)의 사유와 기꺼이 함께했다. 하이네가 여기서 언급한 『인간의 소명』과 『행복한 삶을 위한 안내서』는 각각 1800년과 1806년에 출간되었다.

에 볼썽사납게 덧붙였을 뿐이라고 주장했다.

우리는 여기서 독일 사상의 새로운 국면에 이르렀다. 우리는 요제프 셸링이라는 이름과 자연철학을 언급했다.[77] 요제프 셸링은 사실상 알려지지 않은 인물이며, 자연철학이라는 표현도 일반적으로 이해되고 있지 않기 때문에 나는 이 두 개의 의미를 설명하지 않을 수 없다. 물론 우리는 이 책에서 완전히 그 의미를 설명할 수 없으므로 나는 나중에 나올 책[78]에서 이 과제에 전념할 것이다. 우리는 서서히 발생하기 시작한 몇 가지 오류를 여기에서 논박하고, 자연철학의 사회적 중요성에 대해 몇 가지 주목하고자 한다.

우선 말하고 싶은 것은 피히테가 요제프 셸링 씨의 철학이 사실은 자신의 철학이며, 단지 다른 식으로 구성하고 확대한 것뿐이라고 역설할 때, 피히테가 완전히 잘못 말한 것은 아니라는 점이다. 요제프 셸링 씨와 마찬가지로 피히테는 다음과 같이 가르쳤다. 단지 하나의 본질, 나, 절대적인 것만이 존재한다. 말하자면 피히테는 이념과 현실의 동일성을 가르쳤다. 이미 말한 바 있듯이 『지식학』에서 피히테는 지적인 구성을 통해 이념으로부터 현실을 구성하려고 하였다. 반면에 요제프 셸링 씨는 사태를 거꾸로 놓았다. 셸링 씨는 현실에서 이념을 끄집어내고자 하였다. 좀 더 명확하게 말하자면, 피

---

[77] 앞의 단락에서뿐만 아니라 이미 이 책의 2권에서 하이네는 자연철학과 셸링이라는 이름을 언급했다.

[78] 이 기획을 하이네는 실현하지 못했다.

히테는 사유와 자연은 하나이고 동일한 것이라는 원칙[79]에서 출발하여 정신의 작용을 통해 현상세계에 도달했다. 즉 피히테는 사유에서 자연을, 이념에서 현실을 만들어냈다. 이와 반대로 셸링 씨에게는 피히테와 같은 원칙에서 시작하면서도 현상세계가 순수한 이념이 되고, 자연은 사유가 되고, 현실은 이념이 된다. 그러므로 피히테와 셸링 씨의 두 방향은 대체로 서로를 보완한다. 왜냐하면 위에 언급한 최상위 원칙에 따르면 철학은 두 부분으로 나뉠 수 있기 때문이다.[80] 한 부분에서는 어떻게 자연이 이념에 의해 현상으로 나타나는지를 제시한다. 다른 부분에서는 어떻게 자연이 순수한 이념으로 해체되는지를 보여준다. 따라서 철학은 초월적 관념론과 자연철학으로 나뉠 수 있다. 이 두 개의 방향을 셸링 씨도 실제로 인정하였다. 그러면서 셸링 씨는 『자연철학의 이념』에서는 자연철학을, 『초월적 관념론 체계』에서는 초월적 관념론을 추구했다.

『자연철학의 이념』은 1797년에, 『초월적 관념론 체계』는 1800년

---

[79] 독일 동일성 철학의 핵심 명제로 하이네는 이 명제를 이미 이 책의 2장에서, 즉 스피노자의 범신론적 사유를 설명할 때 말한 바 있다.

[80] 셸링은 그의 동일성 철학의 시작을 이중의 관점에서 구성한다. 그 하나는 자연에 정신성이 인정되는 것이고, 다른 하나는 정신에 자연의 객체성이 부여되는 것이다. 논점의 방향이 한번은 객체에서 주체로(자연철학), 다음번에는 주체에서 객체로(초월철학) 나아간다. 하이네는 1797년의 『자연철학의 이념』과 1800년에 출간된 『초월적 관념론 체계』라는 셸링의 책 제목으로 두 방향을 나눈다. 후자의 작품에서 셸링은 다음과 같이 상이한 방법론을 제시한다. "A. 객관적인 것이 제1자가 된다. 그러면 과제는 주관적인 것을 객관적인 것과 일치하도록 덧붙이는 일이다. […] B. 주관적인 것이 제1자가 된다. 그러면 과제는 객관적인 것을 주관적인 것과 일치하도록 덧붙이는 일이다."

에 발간되었다. 내가 이 책들을 언급하는 것은 단지 서로를 보완하는 방향이 이미 책 제목에 표현되어 있다는 점에서일 뿐, 가령 하나의 완전한 체계가 그 안에 내포되어 있다는 점 때문은 아니다. 셸링 씨가 쓴 책들에서 완전한 체계란 결코 존재하지 않는다. 셸링 씨에게는 칸트와 피히테의 경우처럼 철학의 핵심으로 간주될 수 있는 그러한 주저가 없다. 셸링 씨의 철학을 책의 분량을 잣대로, 철자의 엄격성을 잣대로 평가한다면, 그것은 잘못된 평가일 것이다. 오히려 그의 책은 시간의 순서대로 읽어야 한다. 점차적으로 형성되어 가는 그의 사유를 따라가면서, 그다음에는 그의 근본 이념을 붙잡아야만 한다. 드문 일은 아니지만 사유가 중단되고 시가 시작되는 지점을 구분하는 것이 정말 나에게도 필요한 듯하다. 왜냐하면 셸링 씨는 천성이 시적 능력보다는 시를 쓰려는 경향이 강한 사람이기 때문이다.[81] 그래서 파르나소스Parnassus의 딸들[82]에게 만족하지 못하고 철학의 숲으로 도망쳐서, 그곳에서 추상적인 하마드리아스hamadryads[83]와 결혼을 하지만 아이를 낳지 못한 그런 부류의 인간이었다. 그들의 감정은 시적이지만 그 도구인 언어가 취약했다. 그들은 그들의 사유와 인식을 전달할 수 있는 예술 형식을 찾고자 노력했지만 결국 그 뜻을 이루지 못했다. 시는 셸링 씨의 강점이자

---

81 다른 책(『루카 시』와 『낭만파』)에서도 하이네는 셸링의 언어 사용 방식에 대해 말하고 있다.
82 뮤즈 (파르나소스는 그리스에 위치한 산으로 뮤즈의 고향이다. 옮김)
83 고대 그리스 신화에 나오는 나무 님프들. 이들은 특정한 나무에 연결되어 있었다.

약점이었다. 시는 피히테와 그가 구분되는 지점이었고, 그것은 그의 장점과 약점 모두에 해당된다. 피히테는 철학자일 뿐이었고, 그의 힘은 변증법에, 그의 강점은 증명하는 데 있었다. 하지만 이러한 점이 셸링 씨에게는 약점이었다. 셸링 씨는 직관에 더 많이 의존했고, 논리의 차가운 높이에서 편안함을 느끼지 못했다. 그는 상징의 꽃 계곡으로 기꺼이 건너뛰었다. 그리고 그의 철학적 강점은 구성하는 데 있었다. 하지만 이러한 구성 행위는 최고의 철학자들에게서뿐만 아니라 보통의 시인들에게서도 자주 볼 수 있는 정신적 능력이었다.

이러한 점에서 볼 때, 초월적 관념론 부분에서 셸링 씨는 단순히 피히테의 아류일 뿐이지만, 꽃과 별들 사이에서 연구해야만 했던 자연철학 부분에서는 찬란하게 꽃을 피우고 빛을 발할 운명이었다. 그러므로 이러한 방향은 셸링 씨뿐만 아니라 비슷한 경향의 동료들에 의해서도 주로 추구되었다. 그리고 이들이 보인 격정은 말하자면, 이전의 추상적 정신철학에 대한 평범한 시인들의 반응일 뿐이었다. 하루 종일 좁은 교실에서 단어와 상징들에 눌려 허덕이다가 해방된 학생들처럼 셸링 씨의 제자들[84]은 자연 속으로, 향기가 나고 햇살이 내비치는 현실 속으로 물밀듯이 들어가서 환호하고 공중제비를 돌며 장관을 연출했다.

84   하이네는 여기서 어떤 이름도 말하지 않는다. 아마도 로렌츠 오켄, 요제프 괴레스, 헨리크 슈테펜스(각각 각주 101, 103, 104 참조 역), 특히 프란츠 폰 바더Franz von Baader(1765~1841)(독일 철학자 역)를 염두에 두고 있는 듯하다.

여기서 '셸링 씨의 제자'라는 표현을 일반적으로 쓰이는 의미로 받아들여서는 안 된다. 셸링 씨 스스로 말했듯이, 그는 오직 고대 시인들의 모습에 따라 학교를 세우고 싶어 했다.[85] 그것은 그 누구도 특정한 철학과 특정한 학습에 구속되지 않고, 모두가 정신을 따르며, 모두가 자신의 방식으로 정신을 드러내는 시인 학교였다. 또한 셸링 씨는 영감을 받은 자가 자기 기분에 따라 자기 방식대로 표현하는 예언자 학교를 세웠다고 말할 수도 있을 것이다. 실제로 셸링 씨의 정신에 감화를 받은 젊은이들이 이런 일을 했다. 가장 생각이 짧은 인간들이 각자 다른 말로 예언을 하기 시작했다. 그리하여 철학의 위대한 성령강림절[86]이 탄생하게 되었다.

가장 의미심장하고 존중받는 것이 요란한 가장무도회 행렬이나 바보 같은 짓으로 바뀔 수 있는 것처럼, 비겁한 불량배와 우울한 어릿광대가 위대한 이념을 망가트릴 수 있는 것처럼, 우리는 자연철학의 경우에서 이러한 상황을 보게 된다. 셸링 씨의 예언자 학교니 시인 학교가 불러일으킨 우스꽝스러움은 사실 자연철학의 오류는 아니다. 왜냐하면 자연철학의 이념은 근본적으로 스피노자의 이념인

---

[85] 셸링의 『자연철학 입문을 위한 잠언들Aphorismen zur Einleitung in die Naturphilosophie』 28절에 다음과 같은 구절이 있다. "나는 학교를 세우길 원하는가? 그렇다. 하지만 과거의 시인 학교 같은 학교를 세우고 싶다. 그러면 길에서 함께 영감을 받은 자들은 영원한 시의 길 위에서 계속 시를 창작할 수 있을 것이다. 내가 발견한 이러한 학교 몇 개를 지어다오. 그리고 미래에도 시적 영감을 받은 자들이 계속 나올 수 있도록 신경을 써다오. 그러면 나는 너희들에게 장차 학문을 위해서도 필요한 통일의 원리를 약속하겠다."

[86] 성령의 강림을 기념하는 축일. 예수가 부활한 후 50일째 되는 날. 〔편〕

범신론이기 때문이다.

  스피노자의 학설과 셸링이 좀 더 개선된 시기에 펼친 자연철학은 본질적으로 동일하다. 로크의 유물론에 실망하고 라이프니츠의 관념론을 그 정점까지 추구하다가 아무런 결실을 보지 못한 독일인들은 마침내 데카르트의 세 번째 아들인 스피노자에 이르렀다. 철학은 다시금 커다란 원을 완성했고, 사람들은 그것이 2000년 전 그리스에서 완성한 것과 동일한 것이라고 말했다. 하지만 이 두 개의 원을 좀 더 세밀하게 비교하면 본질적인 차이가 있다. 그리스인들에게는 우리와 마찬가지로 용감한 회의주의자들이 있었다. 엘레아학파[87]는 외부세계의 실재성을 우리 근대 초월적 관념론자들과 마찬가지로 확고하게 부정했다. 플라톤은 셸링 씨와 마찬가지로 현상세계에서 정신세계를 재발견했다. 하지만 우리는 그리스인보다 먼저, 또한 데카르트학파보다 먼저 어떤 것을 발견했다. 우리가 먼저 발견한 것은 말하자면 다음과 같다.

  우리는 우리의 철학적 원을 인간 인식의 근원에 대한 검증으로, 즉 이마누엘 칸트의 순수이성에 대한 비판으로 시작했다.

  앞서 서술한 칸트에 대한 설명에 덧붙이고 싶은 것은 칸트가 허용한 신 존재의 증명이, 말하자면 소위 도덕적 증명이 셸링 씨가 일

---

[87] 이탈리아 남부의 엘레아 지방에서 기원전 500년경 크세노파네스Xenophanes가 철학학파를 창시했다. 그 학파에는 파르메니데스Parmenides와 제논Zeno이 속해 있었다. 엘레아학파의 철학은 존재를 부동의 단위로 보며, 이것은 단지 생각될 수 있을 뿐인 것으로서 사유와 동일하다. 이에 반해 세계의 모든 생성은 가상이다.

으킨 커다란 소동으로 뒤집어졌다는 점이다. 그렇지만 앞서 말한 것처럼 이러한 신 존재의 증명은 특별한 중요성을 지니는 것이 아니라, 아마도 칸트의 선한 마음씨에서 나온 것이다. 셸링 씨의 신은 스피노자의 신-우주이다. 적어도 셸링 씨는 1801년에, 즉 『사변 물리학지Zeitschrift für spekulative Physik』 제2권에서는 그러했다.[88] 여기서 신은 자연과 사유의, 물질과 정신의 절대적 동일성이었다. 그리고 이 절대적 동일성은 우주의 원인이 아니라 우주 자체였고, 따라서 신-우주였다. 신-우주에서는 어떤 대립도 어떤 분리도 존재하지 않는다. 절대적 동일성은 또한 절대적 총체성이다. 1년 후 셸링 씨는 『브루노 또는 사물의 신적 원리와 자연적 원리에 관하여Bruno, oder über das göttliche und natürliche Prinzip der Dinge』란 제목의 책에서 자신의 신 개념을 더욱 확대시켰다. 이 제목은 우리 이론의 가장 고귀한 순교자인 거룩한 조르다노 브루노Giordano Bruno를 상기시킨다.[89] 이탈리아인들은 셸링 씨의 사유의 핵심이 브루노에게서 빌려온 것으로, 셸링 씨가 표절을 한 것이라고 주장했다. 하지만 이탈

---

[88] 하이네는 계속해서 셸링의 「나의 철학 체계에 대한 진술Darstellung meines Systems der Philosophie」을 참조하고 있다. 이 글은 1801년 『사변 물리학지』 제2호의 2권에 발표되었다. 32절은 다음과 같은 문장으로 시작된다. "절대적 동일성은 우주의 원인이 아니라 우주 자체이다." 그리고 26절에는 다음과 같은 명제가 나온다. "절대적 동일성은 절대적 총체성이다." (『사변 물리학지』는 셸링이 편집한 잡지이다.🕮)

[89] 셸링과 브루노 사이의 논쟁은 1802년 베를린에서 벌어졌다. 르네상스 시대의 중요한 철학자 조르다노 브루노(1548~1600)는 범신론적 형이상학을 발전시켰으며, 이 때문에 박해를 받고 마침내 종교재판에서 화형에 처해졌다.

리아인들의 주장은 부당하다. 왜냐하면 철학에서는 표절이란 결코 있을 수 없기 때문이다. 1804년에 셸링 씨의 신은 『철학과 종교 Philosophie Und Religion』란 책에서 마침내 완성되어 나타났다.[90] 여기서 우리는 절대자에 대한 논리를 완성된 형태로 볼 수 있다. 이 책에서 절대자는 세 가지 형식으로 표현되었다. 그 첫 번째는 정언적인 형식이다. 절대자는 이상도 현실도 (정신도 물질도) 아니고, 그것은 양자의 동일성이다. 두 번째 형식은 가정적인 형식이다. 주체와 객체가 존재한다면, 절대자는 이 두 개의 본질적인 동등성이다. 세 번째 형식은 대립의 형식이다. 단 하나의 존재가 있으며, 하지만 이 하나의 존재는 동시에, 또는 번갈아가면서 완전한 이상과 완전한 현실로 관찰될 수 있다. 첫 번째 형식은 완전히 부정적이고, 두 번째 형식은 조건을 전제하는데 그 조건은 조건 지워진 것보다 더 이해하기가 어렵다. 세 번째 형식은 완전히 스피노자의 형식이다. 즉 절대적 실체는 사유 또는 연장으로 인식될 수 있다는 것이다. 철학의 길에서

---

[90] 절대자의 형식과 직관적 관조의 위엄에 관한 이하의 서술은 셸링이 『철학과 종교』(1804)의 시작 부분인 「절대자의 이념」 장에서 표현한 것과 부분적으로 동일하다. 『철학과 종교』에는 다음과 같이 쓰여 있다. "절대자가 표현될 수 있고 표현되어 있는 모든 형식들은 유일하게 가능한 세 가지 형식으로 환원된다. 이 형식들은 반성에 근거하며, 추론의 세 가지 형식으로 표현된다. 하지만 절대자는 이 형식들을 자주 벗어난다. 그러므로 직접적으로 관조하는 인식만이 개념을 통한 모든 규정을 무한히 뛰어넘는다. 절대자를 정립하는 첫 번째 형식은 정언적 형식이다. 이것은 반성 속에서 단지 부정적으로—A도 B도 아닌—표현될 수 있을 뿐이다. […] 반성 속에서 절대자를 현상하는 또 다른 형식은 가정인 형식이다. 주체와 객체가 존재한다면, 절대자는 양자의 동일한 본질이다. […] 반성이 절대자를 표현하는 세 번째 형식은 특히 스피노자에 의해 잘 알려진 형식으로 양자택일의 형식이다. 하나의 존재는 완전히 같은 방식으로 완전히 관념적이거나, 혹은 완전히 현실적으로 생각될 수 있다."

셸링 씨는 스피노자보다 더 멀리 나아갈 수 없었다. 왜냐하면 단지 사유와 연장이라는 두 개의 속성 아래에서만 절대자를 파악했기 때문이다. 그러나 셸링 씨는 이제 철학의 길을 버리고, 신비주의적 직관으로 절대자를 직관하고자 한다. 다시 말해서 셸링 씨는 이상도 현실도 아닌, 사유도 연장도 아닌, 주체와 객체도 아닌, 정신도 물질도 아닌, 양자의 중심점, 절대자의 본질성에서 절대자를 직관하고자 한다. 누가 그것을 알겠는가!

셸링 씨의 철학은 여기서 멈추었다. 그리고 시가 시작되었다. 나는 이를 멍청한 짓이라고 말하고 싶다. 그렇지만 바로 이 점에서 셸링 씨는 수많은 멍청이들에게 최대의 찬사를 받았다. 이들에게는 고요한 사유를 중지하고, 이를테면 저 탁발승들의 회전춤[91]을 모방하는 것이 올바른 일이었다. 우리의 친구인 쥘 다비드Jules David[92]가 설명한 것처럼 탁발승들은 오랜 시간 동안 원을 그리며 돈다. 그들은 객관적 세계와 주관적 세계가 사라지고 양자기 현실도 이상도 아닌 하얀 무無의 세계로 함께 흘러들어갈 때까지 돈다. 그들은 보이지 않는 것을 보고 들리지 않는 것을 들을 때까지, 색채를 듣고 소리를 볼 때까지, 절대자가 그들의 눈앞에 보일 때까지 원을 돈다.

내 생각에 절대자를 지성적으로 직관하는 시도와 함께 셸링 씨의 철학적 행로는 끝을 맺었다. 좀 더 위대한 사상가가 등장했다. 그는

---

91 이슬람의 탁발승들은 춤에 도취된 채 무아지경에 빠진다.
92 쥘 아민타스 다비드Jules-Amyntas David(1811~1890). 프랑스의 출판업자로 1833년 6월에 발간된 『뢰로프 리테레르』에 실린 하이네의 「프랑스De la France」를 비평했다.

자연철학을 완성된 체계로 만들고, 그 완성된 체계로부터 현상세계 전체를 설명했다. 또한 앞선 철학자들의 위대한 이념들을 더 큰 이념을 통해 보완하고, 자신의 이념을 모든 과정에서 철저하게 확인하였다. 말하자면 그는 이념을 학문적으로 정초했다. 그는 셸링 씨의 제자이지만, 점차 철학의 영역에서 스승의 모든 권능을 제압하고, 스승을 뛰어넘어, 마침내 스승을 어둠 속으로 내쫓았다. 이 사람은 바로 라이프니츠 이후 독일이 낳은 가장 위대한 철학자, 헤겔이다.[93] 그가 칸트와 피히테를 훨씬 능가했다는 점은 의문의 여지가 없다. 그는 칸트처럼 명민했고, 피히테처럼 힘이 있었다. 동시에 그는 근본적으로 평화로운 영혼의 소유자였다. 그것은 우리가 칸트와 피히테에게서 볼 수 없었던 사유의 조화였다. 이 두 사람에게는 혁명적인 정신이 강했다. 헤겔과 요제프 셸링 씨를 비교하는 것은 불가능하다. 왜냐하면 헤겔은 인격자였기 때문이다. 셸링 씨처럼 헤겔도 국가와 교회의 권력에 너무나도 애매한 정당성을 부여하긴 했지만,

[93] 헤겔은 베를린 대학에서 피히테의 후임자로 철학 교수직에 임명된 후 좀 더 커다란 중요성을 갖게 되었다. 곧바로 그는 동시대의 가장 영향력 있는 철학자로 여겨졌고, 1829년에는 베를린 대학 총장으로 임명되었다. 하이네가 여기서 말하는 헤겔과 셸링의 관계는 점점 소원해지는 관계로 특징된다. 튀빙겐 대학 시절 셸링과 기숙사의 같은 방을 썼던 헤겔은 박사학위 공부를 위해 예나 대학에 있던 중 일찍 교수직에 임용된 친구의 소식을 들었다. 하지만 헤겔은 자신의 철학적 체계의 토대가 된 『정신현상학』을 쓰고 예나를 떠난 후(1806)에는 셸링과 거의 만나지 못했다. 셸링이 그 후 20여 년간 사상의 변곡점을 맞이해 더 이상 거의 저작을 내놓지 못한 반면, 헤겔은 이 시기에 끊임없이 자신의 체계를 확장하는 데 매진했다. 또한 지리적, 종교-정치적 관점에서도 두 사람은 철학적 대립관계의 모습을 띤다. 헤겔은 프로테스탄트의 베를린에서 활동했던 반면, 셸링은 1806년부터 가톨릭 성향의 뮌헨에서 활동했다.

적어도 이론적으로는 진보의 원리를 따르고 있다는 점에서 국가에 정당성을 부여하고, 자유로운 연구의 원칙을 기본 요소로 삼고 있다는 점에서 교회에 정당성을 부여했다.[94] 그리고 그 과정에서 그는 숨김이 없었다. 그는 자신의 모든 의도를 자백했다. 반면에 셸링 씨는 실천적·이론적 절대주의의 대기실에서 벌레처럼 뒤틀려 있었다. 그리고 그는 정신의 족쇄를 벼리고 있는 예수회 동굴에서 일을 했다. 동시에 그는 자신이 예전과 같이 여전히 변함없이 빛나는 인간이라는 것을 사람들에게 믿게 하고 싶어 했다. 그는 자신이 부정한 것을 부정했다. 그리고 배교자라는 불명예에 거짓말쟁이라는 비겁함을 덧붙였다.

우리는 존경의 감정 때문이든 신중함 때문이든 다음과 같은 사실을 숨겨서도 안 되고, 숨기고 싶지도 않다. 과거 독일에서 가장 용감하게 범신론이란 종교를 표방했고, 자연의 신성함과 인간의 신적 권리의 재정립[95]을 가장 소리 높여 천명한 사람이 지기 자신의 철학을 배반했다. 그는 스스로 헌신했던 제단을 떠나 과거 신앙의 마구간으

---

[94] 『법철학』에서 헤겔은 예를 들어 "국가에서 사람들은 이성적인 표현 이외의 어떤 것도 표현하려 해서는 안 된다. 국가는 정신이 만든 세계이고, 따라서 국가는 하나의 규정된, 즉자 대자적으로 존재하는 활동체이다. [⋯] 왜냐하면 정신이 자연 위에 있는 것처럼, 국가는 육체적 삶 위에 있기 때문이다. 따라서 우리는 국가를 지상의 신과 같이 존중해야 하며, 자연을 이해하는 것이 어렵다면 국가를 이해하는 것은 무한한 고통이 따를 정도로 더 어렵다는 것을 알아야 한다"고 썼다.

[95] "따라서 모든 것은 그 자체로 불완전한 것이 아니라, 존재하는 모든 것은 그것이 존재히는 한, 무한한 실체라는 존재에 속한다. 그것이 존재한다는 것, 그것만이 그것의 본성이다. 이것이 모든 사물의 신성함이다."(셸링, 『자연철학 입문을 위한 잠언들』)

로 다시 기어들어갔다. 그는 이제 독실한 가톨릭 신자가 되어 "세계를 창조하는 어리석음을 범한" 세계 바깥의 개인적인 신을 설교한다.[96] 늙은 신자들이 그러한 개종에 대해 종을 울리면서 "주여, 우리를 불쌍히 여기소서"라고 읊조릴 때, 늙은 신자들의 그러한 행위는 그들의 생각을 아무것도 증명해주지 않는다. 단지 인간은 지치고 늙게 되면 육체적·정신적으로 쇠약해지고, 더 이상 즐길 수도 생각할 수도 없게 될 때에는 가톨릭에 경도된다는 것을 증명할 뿐이다. 죽음에 이르러 많은 무신론자들이 개종을 했다. 하지만 그것은 전혀 자랑할 만한 일이 아니다. 이러한 개종의 사례들은 기껏해야 병리학의 문제이거나 당신들의 문제에 대해서 유리한 증거가 되지 못할 뿐이다. 결국 이러한 개종은 무신론자들이 건강한 감각으로 신의 광활한 하늘 아래에서 돌아다니며 자신들의 이성을 완전히 지배하는 한, 당신들이 이들을 개종시키는 것은 불가능하다는 점만을 증명할 뿐이다.

내 생각에 발랑슈Pierre Simon Ballanche[97]는 어떤 일의 창시자들은

---

96 셸링은 후에 영지주의적 신지학을 발전시켰다. 그 내용은 다음과 같다. 무차별적으로 단지 '무근거'에 있는 절대자는 사랑과 이성이라는 보편적 의지와 충동적이고 비합리적인 의지로 분리된다. 악의 실존을 설명하는 이러한 이원론은 원죄에 근거한다. 존재는 그 중심에서 떨어져 나오고, 역사는 소외와 회귀의 이중 운동으로 해석되어야만 한다. 구체적 존재의 부정성은 창조가 신의 어리석음이라는 테제에서 극명하게 표현된다. 하이네가 여기서 셸링에 대해 비판적으로 말하는 문장들이 『계시의 철학Philosophie der Offenbarung』에서도 비슷하게 발견된다.

97 피에르 시몽 발랑슈(1776~1847). 프랑스의 작가. 하이네는 여기서 발랑슈의 작품 『오르페Orphée』를 참조하고 있다.

그 최초의 작품을 완성하자마자 곧 죽는 것이 자연의 법칙이라고 말했다. 아! 선량한 발랑슈. 그의 말은 부분적으로만 진실이다. 오히려 나는 다음과 같이 주장하고 싶다. 획기적인 작품이 완성되면, 그 주창자는 죽거나 변절자가 된다. 그러므로 우리는 사유하는 독일이 셸링 씨에게 내린 엄격한 판정을 어느 정도 완화할 수 있을 것이다. 말하자면 우리는 그에게 부과했던 무겁고 심한 경멸을 침묵의 동정으로 바꿀 수 있을 것이다. 그리고 자신의 학설을 배반한 행위를 우리는 단지 자연법칙의 과정으로 설명할 수 있다. 한 사상을 표현하고 수행하는 데 자신의 모든 힘을 쏟은 자는 그 사상을 표현하고 수행한 후에 완전히 쇠약해져서 죽음의 품속으로 들어가거나 과거 자신과 반대편에 섰던 자의 품속으로 쓰러진다.

  이러한 설명에 따른다면, 우리는 아마도 우리를 그토록 침울하게 했던 대낮의 눈부시게 빛나던 현상들을 이해할 수 있을 것이다. 이러한 설명을 통해 우리는 왜 자신의 생각을 위해 모든 것을 희생하며, 싸우고, 견뎌냈던 사람들이 결국 승리를 쟁취한 후에 자신의 생각을 버리고 적대자의 진영으로 건너가는지를 이해할 수 있을 것이다. 이러한 설명에 따라서 나는 한 가지를 더 주목하고 싶다. 요제프 셸링 씨뿐만 아니라 피히테와 칸트 역시 어느 정도는 변절의 혐의를 벗어날 수 없다는 점이다. 피히테는 자신의 철학을 배반하는 행위가 너무나 큰 반향을 일으키기 전에 일찌감치 사망했다. 그리고 칸트는 『실천이성비판』을 씀으로써 바로 『순수이성비판』을 배반했다. 주창자는 죽거나 변절자가 된다.

나는 왜 이 마지막 문장이 그토록 나의 마음을 무겁게 하는지 모르겠다. 그래서 나는 이 순간 오늘날 셸링 씨에게 부과되는 여타의 쓰디쓴 진실들을 여기서 말할 수가 없다. 차라리 과거의 셸링을 칭찬하자. 과거의 셸링은 독일 사상사에서 잊을 수 없는 전성기였다. 왜냐하면 과거의 셸링은 칸트, 피히테와 마찬가지로 우리의 위대한 철학적 혁명기를 대표하기 때문이다. 나는 그것을 이 책에서 프랑스의 정치적 혁명의 국면과 비교했다. 사실 칸트에게서 폭력적인 관습의 파괴를, 피히테에게서 나폴레옹의 제국을 볼 수 있다면, 우리는 셸링 씨에게서 복고적 반작용을 볼 수 있다. 하지만 그것은 일차적으로 좀 더 나은 의미에서의 복고이다. 셸링 씨는 자연에 다시금 정당한 권리를 부여했다. 그는 정신과 자연의 화해를 추구했고, 양자를 영원한 세계영혼 속에서 통일하려고 하였다. 그는 고대 그리스 철학자들에게서 볼 수 있는 위대한 자연철학을 복귀시켰다. 자연철학은 먼저 소크라테스에 의해 인간의 심성 속으로 들어왔고, 나중에는 이념 속으로 흘러들어왔다. 셸링 씨가 복귀시킨 저 위대한 자연철학은 독일인들의 옛 범신론적 종교 속에서 은밀하게 싹터 올라 파라켈수스의 시대에 가장 아름다운 꽃을 피웠지만 도입된 데카르트의 철학에 의해 억압되었다. 아! 결국 셸링 씨는 나쁜 의미에서 프랑스의 왕정복고와 비교될 수 있는 사태를 복귀시켰던 것이다. 공공의 이성은 그를 더 이상 인내하지 못했다. 그는 치욕스럽게 사유의 권좌에서 쫓겨 내려왔다. 그의 집사였던 헤겔이 그의 머리에서 왕관을 벗기고 머리카락을 잘랐다. 경악한 셸링은 그 이후로 뮌헨에서 불쌍한 수도사의 삶을 살았다. 뮌헨은 이미 그 이름에서 성직자의 성격을 보여주며, 라틴어로는 수도사들의 뮌헨Monacho monachorum이라고 불린다. 뮌헨에서 나는 셸링 씨가 커다랗고 창백한 눈과 낙담한 듯 거의 죽어가는 얼굴로 유령처럼 배회하는 모습을 보았다.[98] 그것은 찬란함이 몰락한 참담한 모습이었다. 헤겔이 베를린에서 권좌를 차지했고, 불행히도 그는 약간의 성유를 바르게 되었다. 그리고 그 후 독일 철학을 지배했다.

우리의 철학적 혁명은 끝을 맺었다. 헤겔은 그 거대한 원을 완성했다. 그 이후 우리는 자연철학의 발전을 볼 수 있을 뿐이다. 이미 말했듯이 자연철학은 모든 학문 속으로 침투하여 각 학문에서 특별하고 위대한 업적을 생산해냈다. 마찬가지로 내가 암시했듯이, 동시에 많은 달갑지 않은 일들이 불가피하게 드러났다. 이러한 현상들은 너무나 다양해서 그것을 열거하는 데에도 책 한 권의 분량이 필요할 정도다. 바로 이 점이 우리 철학사의 실로 흥미롭고 다채로운 부분이다. 하지만 나는 이 점에 대해 전혀 아무것도 모르는 것이 프랑스 독자들에게는 더 나을 것이라고 확신한다. 왜냐하면 이를 서술하는 것은 프랑스 독자들의 머리를 더 혼란스럽게 할 수 있기 때문이다. 자연철학의 몇몇 문장들을 그 맥락과 상관없이 따로 떼어낸다면, 그것은 당신들을 화나게 할 수 있을 뿐이다. 내가 아는 한, 당신

---

[98] 하이네는 1827년 11월부터 1828년 8월까지 뮌헨에 체류했다. 거기서 하이네는 셸링의 강의를 들은 것으로 추정된다. 셸링은 수년간 에를랑겐Erlangen에 머무른 후 1827년 뮌헨에서 다시 강의를 재개했다.

들이 4년 전에 독일 자연철학과 친숙해졌다면, 당신들은 결코 7월 혁명을 일으키지 못했을 것이다. 혁명을 위해서는 사고와 힘의 집중이, 고귀한 일면성이, 오만한 경솔함이 필요했다. 그것을 당신들의 옛 학교가 준비해놓았다. 기껏해야 정통성과 가톨릭의 성육신[99] 교리를 정당화할 수 있었던 어리석은 철학들은 당신들의 영감을 둔화시키고, 당신들의 용기를 마비시켰을 것이다. 따라서 나는 당시에 당신들에게 독일 철학을 가르치려 했던 당신들의 위대한 절충주의자[100]가 독일 철학을 전혀 이해하지 못했다는 점이 세계사적으로 중요하다고 생각한다. 그의 신앙에 대한 무지는 프랑스에, 그리고 전 인류에 도움이 되었다.

불행히도 자연철학은 몇몇 학문의 영역에서, 특히 자연과학 분야에서 찬란한 결실을 생산해냈지만, 그 밖의 다른 영역에서는 쓰디쓴 잡초만을 생산했다. 독일의 가장 천재적인 사상가이자 시민인 오켄Lorenz Oken[101]이 새로운 이념의 세계를 발견하고, 독일의 청년들이 인간의 근본적 권리와 자유, 평등을 위해 열광하는 동안, 같은 시기에 아담 뮐러Adam Müller[102]는 민족을 살찌우기 위해 자연철학의

---

99 '육신으로'라는 뜻. 하느님의 아들인 예수의 탄생으로 하느님이 인성을 취하게 된 것을 말한다.

100 프랑스 철학자 빅토르 쿠쟁Victor Cousin(1792~1867)을 가리킨다. 그는 독일 철학을 프랑스에 소개하려 노력했다.

101 로렌츠 오켄(1779~1851). 자연철학자이자 의사. 예나, 취리히, 뮌헨에서 교수로 재직했다. 그는 자유로운 성향의 잡지 글 때문에 예나 대학을 떠났다. 자연연구가로서 그는 셸링적인 방향의 발전론을 대표했다.

원리를 가르쳤다. 또한 같은 시기에 괴레스Johann Joseph Görres[103] 씨는 중세 시대의 반동적인 사상을 설교했다. 그는 국가는 하나의 나무와 같아서 그 유기적 구조로 줄기와 가지와 잎을 지니며, 이 모든 것은 중세 시대의 위계질서 속에서 아름답게 연결되어 있음을 볼 수 있다고 설교했다. 같은 시기에 슈테펜스Henrik Steffens[104] 씨는 농부는 향유가 아니라 노동의 천명을 받고 태어났고, 귀족은 노동이 아닌 향유의 권리를 가지고 태어났다는 점에서 농부계층과 귀족계층은 구분된다는 철학적 법칙을 주장했다. 심지어 몇 달 전에는 베스트팔렌의 바보 한스라고 불리는 보잘것없는 융커가―학스트하우젠Werner von Haxthausen[105]이란 성을 가진 것으로 추정되는―책 한 권을 펴냈다. 그 책에서 그는 철학이 세계 유기체에서 증명한 평행론을 철저하게 고려해 정치적 계급을 더욱 엄격하게 구분할 것을 프로이센 왕정에 요구했다. 그 이유로 그는 자연에 네 가지 원소―불, 물, 공기, 흙―가 존재하는 것처럼, 사회에는 이와 유사한

102 1779~1829. 국가와 사회 분야 이론가. 1805년 가톨릭 교인이 되었으며, 결국에는 오스트리아의 공복이 되었다(1827년부터 빈의 궁정고문관을 지냈다).
103 요한 요제프 괴레스(1776~1848). 출판업자. 1827년부터 뮌헨 대학의 역사학 교수를 지냈다. 처음에는 프랑스 혁명의 신봉자였고, 그 후 나폴레옹을 반대하고 복고 정치를 비판했다. 결국 그는 정치적 가톨릭주의의 대표자가 되었다.
104 헨리크 슈테펜스(1773~1845). 철학자이자 자연연구가. 피히테와 셸링의 제자로 할레, 브레슬라우, 베를린 대학에서 교수를 지냈다. 하이네가 여기에 서술한 그의 입장은 그의 책 『Caricaturen des Heiligsten』(1819)에 나온다.
105 베르너 폰 학스트하우젠(1780~1842). 하이네는 학스트하우젠의 책 『Über die Grundlagen der Verfassung』(1833)을 참조하고 있다.

네 가지 요소—귀족, 성직자, 시민, 농부—가 있다고 주장했다.

이러한 어리석음이 철학에서 싹터 참혹한 꽃을 피우는 것을 볼 때, 사람들이 독일 청년들은 형이상학의 추상에 빠져 당면한 시대의 현안을 잊고 실천적 삶에 대해 무능하다고 말할 때, 애국자들과 자유를 옹호하는 사람들은 철학에 대해 정당한 불만을 느낄 수밖에 없었다. 그리고 몇몇 사람들은 더 나아가 한가롭고 무익한 허풍이라고 철학을 가혹하게 비판했다.

이러한 불평들을 진지하게 논박할 정도로 우린 어리석지 않다.[106] 독일 철학은 전 인류의 문제와 관련된 중요한 사건이며, 우리가 비로소 우리의 철학을 만들고, 그에 의거하여 우리의 혁명을 수행한 일이 칭찬받을 일인지, 비난받을 일인지에 대해서는 먼 훗날 후손들이 판단할 것이다. 우리와 같은 방법론적인 민족은 개혁으로 시작해서 이를 바탕으로 철학을 세우고, 오직 이를 완성한 후에야 정치적 혁명으로 이행할 수 있다고 나는 생각한다. 이러한 순서가 가장 합리적이라고 생각된다. 철학이 성찰을 위해 이용했던 지식인들을 혁명은 후에 혁명의 목적에 따라 임의적으로 처단할 수 있었다. 하지만 혁명이 먼저 일어난다면 철학은 혁명에 의해 처단된 지식인들을 결코 더 이상 사용할 수 없을 것이다. 하지만 걱정하지 마라, 너희

---

[106] 이 문장부터 책의 마지막까지 하이네는 독일 혁명에 대한 전망을 서술한다. 이 부분은 1835년 책이 인쇄될 때 검열에 의해 희생되었지만, 1835년 1월에 잡지 『추방된 자 Der Geächtete』에 「다가올 독일의 혁명 Die zukünftige Revolution in Deutschland」이란 제목으로 독립 인쇄되었다. 또한 이 부분은 잡지로 먼저 나온 프랑스판에도 실려 있다.

독일의 공화주의자들이여! 칸트의 비판, 피히테의 초월적 관념론과 자연철학이 너희들보다 앞서 일어났다고 해서 독일의 혁명이 맥없이 스러지지는 않을 것이다. 이러한 철학에 의해 혁명적 힘이 발전했다. 그리고 혁명적 힘은 그것이 폭발하여 세계를 경악과 경탄으로 뒤덮을 수 있는 그날만을 기다려왔다. 칸트주의자들이 혁명의 전조가 될 것이다. 그들은 현상세계에서 신앙에 관한 일체의 것을 알려 하지 않고, 가차 없이 검과 밧줄로 우리의 유럽적 삶의 토대를 뒤흔들어 옛 관습의 마지막 뿌리까지 뽑으려 하였다. 무장한 피히테주의자들이 무대에 등장할 것이다. 열정적 의지를 지닌 이들은 두려움과 사리사욕에 길들여지지 않을 것이다. 왜냐하면 이들은 정신의 삶을 살고, 육체적 고통에 의해서도 육체적 향유에 의해서도 제압되지 않았던 초기 기독교인들처럼 물질에 저항할 것이다. 어쩌면 이들 초월적 관념론자들은 사회적 변혁의 국면에서 초기 기독교인들보다 더 완강할 것이다. 왜냐하면 초기 기독교인들이 천상의 행복에 도달하기 위해 현세의 고통을 인내한 반면, 초월적 관념론자들은 고통 자체를 공허한 가상으로 간주하고, 그들 자신의 사상의 요새 속에서 다다를 수 없는 곳에 존재하기 때문이다. 하지만 이 모든 이들보다 더 무서운 것은 자연철학자들일 것이다. 이들은 행동하면서 독일 혁명에 개입하고, 파괴의 작업과 스스로를 동일시할 것이다. 전통적인 외경심에 그들의 마음이 전혀 움직이지 않기 때문에 칸트주의자들의 손이 강하고 확실하게 공격을 가했다면, 현실에는 그들에게 어떠한 위험도 존재하지 않기 때문에 피히테주의자들이 용감하게 모든 위험에 저항했다면, 자연철학자들은 자연의 원초적 힘과 결합하여 등장하기 때문에 무서운 존재가 될 것이다. 그들은 고대 게르만족 범신론의 마법적 힘을 불러내어, 그 속에서 투쟁의 힘을 일깨울 수 있을 것이다. 이러한 투쟁의 힘을 우리는 고대 독일인들에게서 발견하였으며, 그것은 파괴하고 승리하기 위한 투쟁이 아니라 단지 투쟁을 위한 투쟁이었다. 기독교는 저 잔인한 게르만족의 투쟁욕을 어느 정도 완화시켰지만—이것은 기독교의 가장 아름다운 공적이다—완전히 없앨 수는 없었다. 그래서 과거 한때 힘을 억제시키는 부적인 십자가가 부서졌을 때, 고대 용사들의 야생성이, 그 엄청난 난폭함이 다시금 끓어올랐다. 이에 대해서는 북구의 시인들이 노래하고 이야기한 바 있다. 저 부적은 썩었고, 완전히 바스러지는 날이 올 것이다. 그러면 돌로 만들어진 고대의 신들이 폐허가 된 돌더미 속에서 일어나 눈에 덮인 천 년의 먼지를 털어낼 것이다. 그리고 토르 신이 마침내 거대한 망치를 들고 일어나 고딕 대성당을 파괴할 것이다. 돌이 부서지고 창문이 깨지는 요란한 소음이 들리면 당신들 프랑스인들은 이웃의 아이들과 함께 몸을 피하라. 우리 독일에서 벌어지는 일에 끼어들어서는 안 된다. 당신들에게 좋지 않은 일이 벌어질 수 있으니, 불에 부채질도 하지 말고 끄려고 하지도 마라. 어쩌면 화염에 손가락이 탈 수도 있다. 나의 충고를, 당신들에게 칸트주의자와 피히테주의자 그리고 자연철학자들을 조심하라고 경고하는 한 몽상가의 충고를 비웃지 마라. 정신의 영역에서 일어났던 혁명을 현상의 영역에서 기대하는 환상가들에 대해 비웃지 마라. 번개가 천둥보다 먼저 일어나듯 사고는 행동을 앞선다. 독일의 천둥소리는 물론 독일적이다. 그것은 매우 민첩하지 않고 천천히 다가온다. 하지만 천둥은 울릴 것이다. 그리고 당신들이 언젠가 그 천둥소리를 듣게 될 때, 세계사에서 결코 울린 적이 없는 그런 천둥소리를 듣게 될 때, 독일의 천둥은 마침내 그 목표에 이르렀다는 것을 알게 될 것이다. 이 천둥소리가 울릴 때 독수리들은 공중에서 죽어 떨어지고, 아프리카의 머나먼 황야에 사는 사자들은 꼬리를 오므린 채 사자왕의 동굴 속으로 기어들어갈 것이다. 독일에서 한 작품이 상연되면, 프랑스 혁명은 무해한 전원田園처럼 보일 것이다. 물론 지금은 매우 고요하다. 그러므로 어떤 사람들이 다소 활기 있게 움직인다고 해도 이들이 장차 실제 배우로 등장할 것이라고 생각해서는 안 된다. 생과 사를 걸고 싸우는 검투사의 무리가 도착하는 시간이 되기 전까지는 텅 빈 원형경기장을 돌아다니며 서로 짖고 물어뜯는 작은 개들만 있을 뿐이다.

  그 시간은 올 것이다. 원형경기장의 관람석처럼 여러 민족들이 독일을 둘러싸고 거대한 경기를 구경하기 위해 떼를 지어 있다. 당신들 프랑스인에게 충고한다. 경기가 벌어지면 완전히 숨죽이고 있으라! 결코 환호를 해서는 안 된다. 우리는 당신들을 쉽게 오해해서, 우리의 방식대로 무례하게 조용히 하라고 거칠게 지시할 수도 있을 것이다. 왜냐하면 과거에는 우리가 비굴하고 불만족스러운 상태에서 때때로 당신들을 침략했다면, 이제 자유에 열광하는 들뜬 상태에서는 훨씬 더 쉽게 그런 일을 저지를 수 있기 때문이다. 그런 상대에

서는 어떤 일이든 벌어질 수 있다는 것을 당신들 스스로 잘 알 것이
다. 그리고 당신들은 더 이상 그러한 상태에 있지 않다. 조심하라!
나는 당신들과 좋은 관계에 있기를 원하기 때문에 쓰디쓴 진리를
말하는 것이다. 당신들은 모든 크로아티아인과 코사크인들이 포함
된 신성동맹[107]보다 해방된 독일을 더 두려워해야 한다. 왜냐하면 우
선 믿기 어렵겠지만 당신들은 너무나도 사랑스러운 사람들이라서
독일인들이 당신들을 좋아하지 않기 때문이다. 그리고 당신들이 독
일에 거주한다면 독일인들 중 좀 더 교양 있고 아름다운, 절반의 독
일인들의 마음에 드는 데도 힘겨운 노력을 해야 하기 때문이다. 그
리고 이 절반의 독일인들이 당신들을 좋아한다고 해도 무기를 들지
않고 당신들을 좋아하지 않는 나머지 절반의 독일인들이 존재한다.
당신들을 정말로 나쁘게 본다는 사실을 나는 이해하지 못했다. 예전
에 괴팅겐의 맥주집에서 한 젊은 독일인은 나폴리에서 프랑스인들
에 의해 목이 잘린 콘라딘Conradin von Staufen[108] 때문에 프랑스 사람
들을 저주해야 한다고 말했다. 당신들은 분명 그 사실을 잊었지만,
우리는 결코 잊지 않았다. 언젠가 우리가 당신들과 싸우려 할 때, 우
리가 반박할 수 없는 이유를 가지고 싸움을 하려 한다는 것을 당신

107 러시아 황제인 알렉산드르 1세Alexander I(1777~1825)는 1815년 9월에 '신성동맹'을 결성했다. 신성동맹은 유럽 군주국들의 연대적 결성체로 복고적 의미에서 종교와 평화 그리고 정의를 강령으로 내세웠다. 러시아와 함께 프로이센과 오스트리아가 창립 국가에 속했다.

108 콘라딘 폰 슈타우펜(1252~1268). 슈바벤의 공작이며 슈타우펜 가문의 마지막 혈통. 1266년 샤를 1세 당주Charles Ier d'Anjo에 의해 점령된 이탈리아 시칠리아 왕국에 자신의 요구를 관철시키려고 하다가 탈리아코초 전투에서 최종적으로 패배해 나폴리에서 참수되었다.

들은 보게 될 것이다. 어쨌든 그래서 나는 당신들이 주의해야 한다고 충고하는 것이다. 독일에서는 아마도 무슨 일이 벌어질 것이다. 키리츠Kyritz의 황태자[109]나 비르트Johann Georg August Wirth[110] 박사가 권력을 차지할 수도 있을 것이다. 당신들은 항상 준비를 하고 있어야 한다. 손에 총을 들고 조용히 보초를 서라. 그렇게 하는 것이 당신들에게 이로울 것이다. 예전에 당신들의 장관이 프랑스를 탈무장 시킬 계획이 있다는 말을 들었을 때 나는 깜짝 놀랐다.

지금 당신들은 낭만주의 시대를 살고 있지만, 태생적으로 당신들은 고전주의자이므로 저 올림포스를 잘 알 것이다. 거기서 넥타르와 암브로시아를 마시며 향락을 즐기는 신들과 여신들 사이에서 당신들은 한 여신을 볼 수 있다. 그 여신은 그 향락의 와중에도 갑옷을 입고 머리에는 투구를, 손에는 칼을 들고 있다.

그녀가 바로 지혜의 여신[111]이다.

---

[109] 프리드리히 빌헬름 4세Friedrich Wilhelm IV를 가리킨다. 그는 1840년 프로이센의 왕에 등극했다.

[110] 요한 게오르크 아우구스트 비르트(1798~1848). 지도적인 자유주의적 성향의 출판가이자 정치가.

[111] 팔라스 아테나Pallas Athena. 그리스 신화에 나오는 전쟁의 여신이자 지혜와 예술의 여신이다. 지혜의 상징인 올빼미 옆에 전쟁 무기를 든 모습으로 형상화되었다.

최초의 시작
다양한 역사이해

Zur Geschichte der Religion und Philosophie in Deutschland

최초의 시작

루터 이후의 독일에 대하여

서론[1]

어느 날 저녁, 내가 라우파흐Ernst Raupach 씨의 새로운 비극의 첫 무대를 보러 베를린의 극장에 살며시 들어간 날짜는 1827년 1월 29일이었다.[2] 이와 함께 말하고 싶은 사항은 완전히 무명이던 라우

---

[1] 이 글은 1834년 프랑스 잡지 『르뷔 데 되 몽드』에 「루터 이후의 독일에 대하여」란 제목으로 실린 시리즈 글의 서문이다. 역

[2] 이날 베를린에서 성공한 극작가인 라우파흐(1784~1852) 씨의 작품을 보았다고 말하는 하이네는 실은 이 시점에 함부르크에 있었다. 1827년 1월 29일에 함부르크에서는 라우파흐의 작품 『죽은 자를 쉬게 하라Laßt die Todten ruhen』가 상연되고 있었다. 이 텍스트는 하이네의 『셰익스피어의 소녀와 부인들Shakespeares Mädchen und Frauen』이란 작품에 삽입되었는데, 그 작품이 개관에는 1827년 8월 27일이라고 적혀 있다. 하시만 이 날짜는 베를린이란 장소와는

파흐 씨가 이제 독일의 가장 무서운 희곡 작가로 조명되고 있고, 베를린의 무대는 매일 새로운 걸작들이 상연되고 있다는 점이다. 그는 북쪽의 앙슬로Jacque Ancelot[3]라고 할 수 있지만, 라우파흐 씨는 앙슬로처럼 훌륭한 비평가들의 조명을 받지 못했다. 훌륭한 작가들의 작품도 독일의 무대에 오르게 되면, 더 이상 질 높은 비평을 기대할 수가 없다. 사람들은 극장에 들어서서 좌석에 앉아 몸을 쭉 펴고 옆에 앉은 여인들의 눈길을 살피거나 무대 위로 등장하는 배우들의 다리를 쳐다본다. 그리고 우스꽝스러운 배우들이 크게 소리를 지르지 않을 때에는 슬며시 눈을 감는다. 실제로 내가 1827년 1월 29일에 그랬던 것처럼.

내가 눈을 떴을 때, 사위는 캄캄했다. 희미하게 비치는 램프의 불빛을 보고 나는 텅 빈 객석에 혼자 남아 있다는 것을 깨달았다. 나는 남은 밤 시간을 거기서 보내기로 마음을 먹고 다시 편안하게 잠을 자려 했지만, 더 이상 몇 시간 전과 같이 편안하게 눈을 붙일 수가 없었다. 아까는 라우파흐 씨의 시구에 담긴 양귀비꽃 향기가 콧속으로 들어왔지만, 지금은 생쥐들의 찍찍거리는 소리가 극도로 내 신경

양립할 수 없다. 왜냐하면 1827년 8월에 하이네는 영국 여행에서 돌아와 8월에서 9월로 넘어가는 시점에 오스트프리슐란트Ostfriesland의 섬에 체류하고 있었기 때문이다. 물론 하이네가 베를린에 체류하고 있던 시기에 실제로 라우파흐의 작품들을 극장에서 보았다는 것은 충분히 그럴 수 있는 사실이다. 하이네가 이 텍스트에 적은 장소와 날짜가 단순한 실수가 아니라면, 우리는 하이네가 의도적으로 베를린이란 장소를 선택했다고 생각할 수 있다. 특히나 라우파흐 씨가 유명세를 타기 시작한 곳도 베를린이기 때문이다.

3   자크 앙슬로(1794~1854). 프랑스의 극작가.

을 건드렸다. 오케스트라 자리로부터 멀지 않은 곳에 거대한 생쥐 떼가 바스락대고 있었다. 나는 라우파흐 씨의 시구뿐만 아니라 모든 동물들의 언어도 알아들을 수 있기 때문에 무심결에 바스락대는 쥐들의 대화를 엿들을 수 있었다. 그들은 인간의 가장 커다란 관심사인 문제, 즉 모든 현상의 궁극적 근거, 사물 자체의 본질, 의지의 자유와 운명, 그리고 위대한 라우파흐 씨의 비극에 대해 이야기하고 있었다.

"젊은이들이여", 한 늙은 수컷 쥐가 천천히 말하기 시작했다. "너희들은 이제 한 작품만을 보았거나 혹은 몇 작품만을 보았을 테지. 하지만 난 노인이 될 때까지 아주 많은 작품을 보았고, 매우 주의 깊게 관찰했어. 그리고 내가 발견한 것은 그 모든 작품들이 같은 주제에 대해 약간씩 다르게 표현할 뿐 본질적으로 비슷하다는 거야. 이따금씩은 시작과 전개와 끝이 완전히 동일한 작품들도 있었어. 의상과 말투만 바뀔 뿐 항상 동일한 인물과 동일한 번민이 등장하지. 행동의 동인은 언제나 같아. 사랑, 미움, 명예심, 질투심이지. 영웅은 고대 로마의 토가나 고대 독일의 갑옷을 입거나 터번이나 펠트 모자를 쓰고, 고대 그리스나 로마인처럼 간결하고 우아하게 행동하면서 서투른 고저장단을 넣으며 대사를 읊지. 인류의 역사는 사람들이 흔히들 다양한 시기, 시대, 국면으로 나누고는 있지만 언제나 동일해. 말하자면, 동일한 인물과 사건들이 단지 가면을 쓰고 반복해서 등장하는 거야. 항상 새롭게 다시 시작하는 유기체의 순환이랄까. 그래서 이러한 점을 간파하게 되면 더 이상 악에 대해 화가 나지도 않고, 선에 대해서 그렇게 크게 기뻐하지도 않게 되고, 인류의 발전과 행복을 위해 자신을 희생하는 저 영웅들의 순진함에 대해서는 그저 웃음밖에 나오지 않아."

어린 뾰족뒤쥐의 것으로 보이는 작은 목소리가 찍찍거리며 매우 성급하게 발언을 했다. "나도 관찰을 했어요. 단 하나의 관점으로만 보진 않았어요. 나는 힘들게 1층을 벗어나 무대 뒤에서 작품을 관찰했는데, 매우 이상한 점들을 발견했어요. 당신이 방금 예찬한 영웅은 전혀 영웅이 아닙니다. 무대 뒤에서 한 어린 녀석이 그를 술 취한 악동이라고 부르고는 다양한 각도로 발길질을 했는데 그는 말없이 얻어맞고만 있었어요. 그리고 순결을 위해 자신을 희생한 고결한 공주는 공주도 아니고 고결하지도 않아요. 나는 그녀가 도자기로 된 조그만 통에서 빨간색 화장품을 꺼내 양볼에 바르는 걸 봤어요. 그건 나중에 부끄러운 낯빛을 내기 위해서였죠. 마침내 그녀는 하품을 하면서 친위대 장교의 품속으로 달려들었어요. 장교는 자기 방에 가면 펀치 한 잔에 맛있는 청어샐러드가 준비되어 있을 거라고 그녀에게 확언을 했죠. 당신들이 천둥과 번개라고 생각한 것은 사실 압연기⁴를 굴리고 송진 가루를 태운 것입니다. 하지만 정말 욕심 없이 아량이 넓은 것처럼 보였던 그 살집이 있는 훌륭한 시민은 돈 욕심 때문에 몇 탈러의 보너스를 요구하면서 그가 총감독이라고 부르는 빼빼 마른 사람과 싸웠습니다. 그래요, 이 모든 것을 나는 내 눈으로

---

4 금속이나 강철을 막대기나 판 모양으로 만드는 데 사용하는 기계.편

보았고 귀로 직접 들었습니다. 여기 우리 눈앞에서 상연된 모든 위대함과 고귀함은 거짓이고 사깁니다. 사리사욕이 모든 행동 뒤에 숨겨진 동인입니다. 이성적인 존재라면 결코 그런 가상에 속지 않습니다."

이에 대해 흐느끼며 울먹이는 듯한 소리가 들렸다. 그것은 내가 익히 알고 있는 듯한 소리였지만, 그럼에도 나는 그 소리가 암컷 쥐의 소리인지, 수컷 쥐의 소리인지는 알 수 없었다. 그녀는 시대의 경박함에 대해 푸념을 늘어놓기 시작했고, 신앙심이 없고 회의주의가 지배하는 시대를 한탄했으며, 대체로 그녀의 사랑을 자주 강조했다. "나는 당신들을 사랑해요. 내가 당신들에게 진실을 말하지 않는다면 나를 고양이에게 데려가세요. 진실은 어느 엄숙한 시간에 은총으로 나에게 계시되었어요. 나 역시도 이 무대에서 펼쳐진 다채로운 사건들의 궁극적 이유를 알아내려고 살금살금 이리저리 기어다녔지요. 물론 허기를 달래기 위해 빵 부스러기라도 발견하려는 목적도 있었고요. 왜냐하면 나는 당신들을 사랑하니까요. 그러다가 갑자기 상당히 커다란 구멍을 발견했어요. 오히려 상자라고 하는 게 맞을 거예요. 그 속에는 마르고 늙은 작은 남자가 앉아서 손에 종이 뭉치를 쥔 채, 단조롭고 나지막한 목소리로 모든 대사를 조용히 읊고 있었어요. 그 대사들은 무대 위에서는 매우 크고 격정적으로 관객들에게 전달되었습니다. 어떤 알 수 없는 전율에 털이 돋고, 제가 비천한 존재임에도 성체를 보는 은총을 받았어요. 나는 신비스러운 근원적 존재, 순수한 정신의 바로 옆에 있는 축복을 누렸어요. 자신의 의지로 세계를 주재하고, 말로써 세계를 창조하고, 말로써 세계를 들었다 놓았다 하는 그러한 존재를 보았지요. 조금 전 내가 경탄해 마지 않던 무대 위의 영웅들은 근원적 존재의 말을 믿고 따라 할 때에만 확신을 가지고 대사를 말했어요. 반대로 자만심으로 근원적 존재와 떨어져서 그의 목소리가 들리지 않을 때에는 불안하게 말을 더듬거렸어요. 나는 모든 것이 그에게 의존하는 피조물이라는 것을 보았습니다. 그는 가장 신성한 상자 속의 가장 신성한 존재였습니다. 그 상자의 모든 부분에 신비로운 불빛이 흘러들자 바이올린과 플룻이 연주되었어요. 그 주위는 빛과 음악뿐이었어요. 그는 조화로운 불빛과 빛나는 조화로움 속을 헤엄치고 있었어요. 그와 그의 상자 그리고 그의 말은 세 개이지만, 그는 말이고 동시에 상자였으므로, 그와 상자와 그의 말은 하나였어요. 영원토록…… 아멘!"

이것으로 충분하다. 나는 이 극장의 환영을 더 이상 묘사하지 않으련다. 나는 축약된 척도로 세계라는 커다란 무대가 신의 코미디로 관찰되는 세 가지 주요 관점을 제시하고자 했다. 축약된 척도는 여기서 비평을 대신한다. 우리는 이 세 가지 관점에서 획득할 수 있고 표현할 수 있는 견해가 결코 거짓이라고 내던져버릴 수 없다는 것을 안다. 운명론적, 회의주의적, 영적인 이 세 가지 견해의 각각은 상대적으로 진실이라는 것을, 그리고 그 어느 것도 확정적인 진리가 되지 못한다는 것도 알고 있다. 그렇지 않다. 인류는 그 모든 사유와 감정을 가지고 목적 없이 불모의 원을 돌지는 않는다. 발전과 진보는 존재하고, 그것을 위해 행위하는 자는 바보가 아니다. 또한 세계의 모든 것이 가상이고 거짓은 아니다. 물질적 관심만이 지배하지는 않는다. 물질은 정신을 따른다. 정신이 요구한다면, 사기꾼도 사악한 자도 진리와 정의를 위해 자신을 희생할 것이다. 또한 신은 순수한 정신으로서 하늘이라고 불리는 동떨어진 상자 속에서 세계와 분리되어 있지 않다. 그렇다. 신은 존재하는 모든 것이다.

다양한 역사 이해(1833)

역사책을 보면 다양한 해석이 존재한다. 특히 두 가지 완전히 대립되는 관점이 부각된다—하나의 관점은 모든 현세의 일들을 희망 없는 반복일 뿐이라고 본다. 민족들의 삶에서나 개인의 삶에서나, 또는 개인이나 유기적 자연에서 이 관점은 성장하고, 꽃피우고, 시들고, 죽는 것, 즉 봄, 여름, 가을, 겨울을 본다. "하늘 아래 새로운 것은 없다"라는 말이 이들의 표어이다. 그리고 이 표어조차도 새롭지 않다. 왜냐하면 이미 이천 년 전 동양의 왕이 탄식하며 이것을 말했기 때문이다. 이 관점은 우리의 문명에 대해 결국 다시 야만에 굴복할 것이라고 하면서 어깨를 으쓱할 뿐이다. 그리고 우리의 자유를 위한 투쟁에 대해서는 새로운 전제정치를 불러올 뿐이라고 하면서 고개를 젓는다. 그리고 이 관점은 좀 더 나은 세상과 행복한 세상을 만들 수 있다는 정치적 열정에서 비롯된 모든 노력들에 대해서는 결국에는 아무런 결실도 맺지 못하고 열정은 식을 것이라고 하면서 냉소한다. 한 개인이 살면서 경험하는 희망, 궁핍, 불행, 고통, 기쁨, 실수, 환멸 등등의 작은 역사에서, 즉 인생사 속에서 이 관점은 또한 인류의 역사를 본다. 독일에서는 역사학파의 석학들[1]과 볼프강 괴테의 예술시대[2]의 시인들이 이 관점에 완전히 부합한다. 그리고 예

[1] 한편으로는 역사법학의 대표자들, 특히 카를 폰 사비니Carl von Savigny(1779~1861)—하이네는 베를린에서 사비니의 강의를 들을 수 있었다—그리고 카를 프리드리히 아이히호른Karl Friedrich Eichhorn(1781~1854)을 들 수 있다. 다른 한편으로는 전문 역사가인 레오폴드 폰 랑케Leopold von Ranke(1795~1886)를 거론할 수 있는데, 하이네는 이어지는 문장에서 랑케를 간접적으로 지적하고 있다. 특히 "간계와 술수Ranken und Ränken", "바닥을 기는 덩굴손들의niedriger Ranken", "기어오르는 노예einer rankenden Knecht"와 같은 언어 유희를 보라. 이탈리아 여행 화첩인 『루카 시』를 간략하게 소개하는 글에서 하이네는 역사법학파의 관점에 대해 다음과 같이 조롱한다. "이탈리아인들에게 살인은 대부분의 경우 관습법과 같다. 그러므로 우리의 역사학파는 자신들의 원칙에 충실하다면 이성과 종교에 모순되는 여타의 몇몇 관습법과 마찬가지로 살인을 전적으로 옹호해야 하고, 최고의 타당한 권리로서 인정해야 할 것이다."(DHA 7, 1, S. 467)

[2] '예술시대'란 개념은 『프랑스의 화가들Französischen Malern』(1828)과 『낭만파』에서 공히 등장한다. 이미 하이네는 볼프강 멘첼Wolfgang Menzel(1798~1873)(독일의 시인이자 비평가[]])의 독일 문학을 비평하면서 과거의 문학은 '예술이념'으로 대표되며, 그 권위는 이제 퇴색했다고 보았다. "괴테 시대의 원리, 즉 예술이념은 사라졌고, 새로운 원리에 입각한 새로운 시대가 도래했다. 참으로 쉽지 않은 일이다. 멘첼의 책이 시사하는 것처럼, 새로운 시대는 괴테에 대한 반란으로 시작했다. 아마도 괴테 자신도 느낄 것이다. 그가 말과 예증으로 정초한 아름다운 객관적 세계가 예술이념이 점차 지배력을 잃게 됨에 따라 필연적으로 몰락해간다는 것을, 그리고 새로운 시대의 새로운 이념을 지닌 새롭고 신선한 사람들이 전면에 등장하여, […] 문명화된 괴테 정신을 짚더미로 던져버리고, 그 자리에 자연 그대로의 주관성의 왕국을 건설한다는 것을."(DHA 10, S. 247) 그리고 카를 아우구스트 바른하겐 폰 엔제Karl August Varnhagen von Ense(1785~1858)에게 보낸 1830년 2월 4일 자 편지에는 다음과 같은 내용이 있다. "쉴러와 괴테의 2행 풍자시 싸움은 단지 일종의 감자전쟁일 뿐이었다. 당시는 예술시대였고, 삶의 가상이 중요했을 뿐, 예술은 삶 자체를 과제로 삼지 않았다—이제 중요한 것은 삶 자체에 대

술시대의 시인들은 조국의 모든 정치적 사건들에 대해 감상적인 무관심을 극도로 세련되게 미화하곤 했다. 국민들에게 만족감을 주는 것으로 잘 알려진 북독일의 한 정부[3]는 이 관점을 특히나 소중하게 여길 줄 안다. 이 정부는 폐허의 슬픔 속에서도 이탈리아 사람들은 마음을 편안히 가라앉히고 운명을 받아들이는 심성을 형성시켰다는 식으로 국민들을 계도한다.[4] 이것은 나중에 기독교적 비굴함을 지닌 목사들을 중재자로 놓고[5] 언론을 통해서는 냉혹하게 공격을 하면서[6] 3일 동안 들끓은 민중의 자유를 향한 열광[7]을 가라앉히기 위한 의도이다. 자유로운 정신의 힘으로 싹터 오를 수 없는 자는 땅바닥을 기어다닐 것이다. 미래는 저 북독일의 정부에게 간계와 술수의 한계를 가르쳐줄 것이다. 앞서 언급한 운명적이고 숙명론적인 관점의 반대편에 좀 더 밝은 관점이 있다. 이 관점은 섭리의 이념과 가

한 최고의 관심이며, 혁명이 문학 안으로 들어왔다. […]"(HSA 21, S. 385)

3   프로이센 정부를 뜻함.

4   하이네는 여기서 레오폴드 폰 랑케의 연구 여행(1827~1831)을 암시하고 있다. 그 여행은 프로이센 정부의 후원으로 이루어졌고, 랑케를 특히 이탈리아로 이끌었다.

5   랑케는 신학자이자 철학자인 프리드리히 다니엘 에른스트 슐라이어마허Friedrich Daniel Ernst Schleiermacher(1768~1834)와 친했다.

6   하이네는 여기서 특히 1832년 랑케가 발행한 『역사-정치 잡지Historisch-politische Zeitschrift』를 겨냥하고 있다.

7   프랑스에서 샤를 10세(1757~1836)의 반동적 정치는 반대세력인 부르주아지와의 관계를 더욱 첨예화했다. 폴리냑Polignac(1780~1847) 내각하에서 국내 정치 상황이 긴박해지자 위기를 극복하려고 왕의 광범위한 칙령(의회 해산, 출판 검열, 선거권의 개정)이 발동되자(1830년 7월 25일) 곧 7월 혁명이 발발하게 되었다. 거리의 투쟁은 3일간(1830년 7월 27~29일) 지속되었고, 샤를 10세는 물러날 수밖에 없었다.

갑다. 이 관점에 따르면 세상의 모든 일들은 아름다운 완전성을 향해 성숙해가고, 영웅과 영웅의 시대는 단지 인류가 좀 더 높은 신적인 상태로 향하는 과정의 한 단계일 뿐으로, 인류의 윤리적·정치적 투쟁은 마침내 성스러운 평화와 지순한 형제애와 영원한 행복을 낳을 것이다. 말하자면, 황금시대는 우리 뒤에 있는 것이 아니라 우리 앞에 놓여 있다. 우리는 분노의 검에 의해 낙원에서 추방되었다고 생각하지 말고 타오르는 마음, 즉 사랑을 통해 이를 극복해야 한다. 다시 말해서, 인식의 열매는 죽음이 아니라 영원한 삶을 부여할 것이다. 문명은 오랫동안 이러한 관점의 신봉자들의 표어였다. 독일에서는 특히 인문학파[8]가 이 관점을 추종했고, 소위 철학적 학파가 얼마나 이 관점을 지향했는지[9]는 여러모로 잘 알려져 있다. 이 관점은 정치적 문제를 탐구하는 데에 특히 적합하다. 이 관점의 절정은 오로지 이성에 근거하여, 최종 심급으로서의 인류를 고귀하게 하고 행복하게 하는 이상적 국가 형태를 선설하는 일이다—내가 여기서 이러한 관점의 열광적인 투쟁들을 일일이 거론할 필요는 없을 것이다. 이 관점이 솟아오르는 것은 어쨌든 바닥을 기는 덩굴손들의 작은 구부러짐보다는 기쁜 일이다. 우리가 언젠가 이 관점을 쟁취한다

---

[8] 『낭만파』에서 하이네는 '인문성', '보편적 인간애', '세계주의'가 "우리의 위대한 정신인 레싱, 헤르더, 실러, 괴테, 장 파울"에 의해 보증되었다고 본다. 또한 『폴란드에 대하여Über Polen』란 작품에서도 이미 하이네는 같은 맥락에서 레싱, 헤르더, 실러의 이름을 거론했다.

[9] 결국 『독일의 종교와 철학의 역사에 대하여』에서 하이네는 철학사의 해방적 힘을 증명하고자 시도했다. 『낭만파』에서도 하이네는 "철학에 의해 뒷받침되는 '정치적 연대성'"에 대해 언급한다.(DHA 8, 1, S. 160)

면, 그것은 가장 귀중한 명예의 칼로써 이루어질 것이다. 반면에 우리는 기어오르는 노예를 친숙한 폭정을 통해 제거할 것이다—내가 앞서 언급한 두 개의 관점은 우리의 생생한 삶의 감각과 일치하지는 않을 것이다. 한편으로 우리는 헛되이 열광하고 무익하고 무상한 것에 최고의 가치를 부여하려고 한다. 다른 한편으로 우리는 또한 현재가 그 가치를 지니고 있고, 현재가 단지 수단이 아닌, 미래가 그 목적이기를 바란다. 그러나 사실 우리는 단지 목적을 위한 수단보다 더 중요한, 존재하는 것을 느끼고 있다. 목적과 수단은 인간이 자연과 역사를 탐구해 들어갈 때 우리가 부여하는 인습적인 개념일 뿐일 것이다.[10] 창조자는 목적과 수단에 대해서는 전혀 알지 못한다. 왜냐하면 모든 피조물은 그 자체로 목적을 지니고 있고, 모든 사건은 그 자체로 조건 지워져 있으며, 모든 것, 즉 세계 자체는 그 자신의 의지로 존재하며 발생하는 것이기 때문이다—삶은 목적도 수단도 아니다. 삶은 권리이다. 삶은 굳어져가는 죽음에 맞서, 과거에 맞서 이 권리를 주장한다. 이 권리를 실행하는 것이 혁명이다. 역사가와 시인의 우울한 무관심주의가 이러한 일을 행하는 데 우리의 에너지를 마비시키지는 못할 것이다. 그리고 미래의 구원자를 향한 몽상이 우리를 미혹해서는 안 된다. 현재에 대한 관심과 처음으로 쟁

---

[10] 『낭만파』에서도 똑같은 사유를 발견할 수 있다. 괴테주의자들의 입장을 요약하면서 하이네는 도덕은 예술의 목적이 아니라고 말한다. "왜냐하면 예술에는 세계 자체와 마찬가지로 목적이 없기 때문이다. 세계는 단지 인간이 '목적과 수단'이라는 개념을 가지고 탐구하는 것일 뿐이다. 예술은 세계와 마찬가지로 그 자신의 목적으로 존재한다."(DHA 8, 1, S. 151)

취한 인간의 권리를 실현하는 일에 모든 것을 걸어야 한다—"빵은 인민의 권리"라고 생쥐스트는 말했다. 이것은 모든 혁명에서 언급되는 가장 위대한 말이다.

옮긴이 후기
한국어판 편집자 해제
독일어판 편집자 해제
하인리히 하이네 연보

Zur Geschichte der Religion und Philosophie in Deutschland

옮긴이 후기

학문의 대가들은 자기 민족의 뿌리를 찾고 그것을 바탕으로 민족정신을 전체적으로 조망하려는 경향이 있다. 민족이 위기에 처했을 때 그러한 경향은 더욱 두드러지는 것 같다. 물론 처한 역사적 환경과 그 내용은 다르지만 일제 강점기 신채호, 박은식 등의 민족사 연구가 떠오르는 것은 어쩌면 자연스러운 일일 수도 있다. 『독일의 종교와 철학에 대하여』라는 제목의 비교적 짧은 분량의 이 책도 19세기 초 수십 개의 군소 국가들로 분열된 독일의 상황, 나폴레옹의 침략과 지배로 끓어오른 민족주의와 자유에 대한 열망과 프랑스 7월 혁명의 영향 속에 지배 체제의 억압을 피해 수많은 독일 지식인들이 파리로 망명할 수밖에 없었던 상황에서 자유와 통일을 열망하는 한 독일 지식인의 민족정신에 대한 모색이라고 할 수 있다.

하이네는 이 책에서 이신론과 범신론, 정신주의와 감각주의 또는 관념론과 유물론이라는 대립하는 개념쌍을 사용하여 전자를 배격하고 후자를 옹호하는 분명한 입장을 보인다. 1장에서 우리나라의 도깨비나 귀신 이야기와 같은 고대 게르만족의 정령에 관한 이야기를 끌어들이는 것도 독일 민족의 뿌리가 범신론에 있다는 것을 말하기 위해서이다. 소위 중세의 암흑기를 가져온 기독교적 정신주의 대신 감각과 물질의 복권을 주장하고, 독일 철학의 빛나는 전성기를 가져온 피히테와 셸링의 초월적 관념론을 비판하면서 자연철학을 옹호하고 철학의 (현실적) 혁명적 힘을 강조한다. 이러한 개념쌍들은 『낭만파』의 낭만주의와 고전주의의 논의와 맥을 같이하며, 나는 이러한 논의가 우리 문학사에서 진행된 과거 1980년대의 모더니즘과 리얼리즘 논쟁과 거의 궤를 같이하는 것으로 읽었다. 간단히 말해서, 하이네는 이러한 개념쌍의 대립을 통해 철학이나 문학, 종교가 추상이 아닌 현실에서 작동해야 하며, 이때 현실은 자유와 민주주의라는 진보적 가치의 확대를 그 목표로 삼아야 한다고 주장한다. 하이네는 책의 말미에 피히테와 셸링의 초월적 관념론 비판을 마무리하면서 다음과 같이 말한다. 이 독일혁명에 대한 염원이 하이네가 이 책을 쓴 진정한 목적일 것이다.

하지만 걱정하지 마라, 너희 독일의 공화주의자들이여! 칸트의 비판, 피히테의 초월적 관념론과 자연철학이 너희들보다 앞서 일어났다고 해서 독일의 혁명이 맥없이 스러지지는 않을 것이다. 이러한 철학에 의해 혁명적 힘이 발전했다. 그리고 혁명적 힘은 그것이 폭발하여 세계를 경악과 경탄으로 뒤덮을 수 있는 그날만을 기다려왔다.

사실 학부와 대학원에서 독문학을 공부했지만 하이네에 대해서는 몇 편의 시를 통해 느낀 실천적 지식인의 이미지만이 전부였다. 빈약한 사전 지식에도 불구하고 선뜻 번역을 맡게 된 것은 저자가 '하이네'이기 때문이었다. 대가에 대한 막연한 기대감이 역자를 번역으로 이끌었고, 책 출간을 앞 둔 지금 그 기대는 실망이 아닌 확신으로 바뀌었다. 19세기 초 독일의 지성들처럼 하이네 역시 동서고금을 아우르는 방대한 지식의 소유자였고, 한국어판 편집자 해제에서 지적했듯이 하이네가 서술하는 근대철학사는 '교과서적'이라 할 만큼 여느 철학사와 견주어도 손색이 없다. 거기에 하이네가 입히는 비유와 위트는 건조한 종교, 철학사를 흥미로운 에세이로 바꾸어놓았다. 하이네의 비유와 위트는 그 비약의 높이 때문에 잠시 책읽기를 멈추게 하지만 종교, 철학사를 결코 그릇된 방향으로 이탈시키지 않고, 오히려 풍요로움과 명료함을 더하고, 이 책이 '하이네'의 종교, 철학사임을 증명한다.

이 책의 한국어판 편집자는 부족한 역자의 역량을 한껏 채워서 한 권의 번역서로 탄생시켰다. 특히 이 책에 실린 한국어판 편집자 해제는 독일뿐만 아니라 유럽의 정신사를 포함하는 쉽지 않은 하이네의 이 책을 간결하게 정리한 글로서 이 책에 대한 해답과 같은 글이다. 번역문을 꼼꼼히 읽으면서 영어본과 대조하며 교정해준 도서출판 회화나무 편집진에게도 감사의 말을 전하지 않을 수 없다.

한국어판 편집자 해제

1

19세기 프랑스의 평론가이자 소설가인 스탈 부인이 1810년 발표한 『독일론』은 프랑스에서 낭만주의라는 문예 사조가 유행하는 데 커다란 영향을 미쳤다. 『독일의 종교와 철학의 역사에 대하여』는 프랑스인과 독일인의 차이를 이분법적으로 구별하여 전자가 외면적·사회적·유물론적·세속적·과학적·이성적인 반면, 후자는 내면적·개인적·관념론적·초월적·신비적·감성적이라는, 대체로 고개가 끄덕여지는 『독일론』의 시각을 교정할 목적으로 하이네가 쓴 세 권의 책(『낭만파』, 『독일의 종교와 철학의 역사에 대하여』, 『정령』) 가운데 두 번째 저술이다. 이 글들에서 하이네는 『독일론』의 이분법적 구별을 거부하고 양국의 역사와 문화가 방식은 다르지만 서로 상응하는 관련을 가지고 있음을 보여주려고 시도했다.

스탈 부인은 1803년 나폴레옹에게 추방당한 후 독일을 여행한 경험을 바탕으로 『독일론』을 썼다. 대혁명 발발 이후 반혁명 혐의로 프랑스에서 세 번이나 추방을 당했던 그녀에게는 독일 낭만주의 문학이 하나의 대안으로 비쳤을 수도 있었겠지만, 하이네는 이 사조에 숨은 위험성, 근대화에 대한 독일인의 열망이 민족주의라는 왜곡된 방식으로 표현되고 있다는 것을 감지하고 비판했다. 이 비판으로 인해 그의 프랑스 체류는 망명이 되어버렸다.

『낭만파』에서 그는 괴테에 대한 평가를 통해 낭만주의 문학의 한계를 보여주었다. "행동은 말의 자식이다. 그런데 괴테의 아름다운 말은 자식을 낳지 못한다. 그것이 예술만을 통해서 생겨난 모든 것의 저주다. 피그말리온은 아름다운 여인의 조각상을 만들었다. 심지어 그것을 거장 자신도 조각상에 반해 거기에 입을 맞추었다. 그러자 여인은 생명을 얻었다. 그러나 우리가 아는 한 그 여인은 결코 자식을 낳지는 못했다."(『낭만파』, 한길사, 69쪽) 독일의 근대화와 민주주의, 인류 발전에 대한 공헌이 낭만주의로 포장된 민족주의에 의해 달성될 수 없다는 암시인 것이다.

유대인 출신임에도 하이네는 독일을 진정으로 사랑한 애국자였다. 동시에 그는 사해동포주의를 신봉하는 민주주의자이기도 했다. 그는 프랑스 혁명이 낳은 성과가 독일에서도 이루어지기를 기대했지만 독일의 정치적 상황이 기대와 다른 방향으로 흐르자 현실을 비판하지 않을 수 없었다. 『낭만파』를 통해 독일 낭만주의 문학의 한계를 비판한 하이네는 이 왜곡된 의식이 어떤 방식으로 형성되었는지를 독일 지성사의 흐름을 통해 설명할 필요를 느꼈다. 『독일의 종교와 철학의 역사에 대하여』는 그 노력의 결과물이다.

그는 독일의 종교개혁과 철학(독일 관념론)의 전개 과정을 프랑스 대혁명의 추이에 상응하는 것으로 묘사한다. 프랑스 대혁명이 1789년에야 발발한 반면, 마르틴 루터가 95개조의 반박문을 공표한 것은 1517년이었다. 심지어 칸트가 『순수이성비판』을 발표한 것도 1781년으로 프랑스 대혁명보다 전이었다. 260년도 더 전에 발생한 사건을 훨씬 뒤에 벌어진 사건에 비유했던 것은 프랑스와 독일이라는 전혀 다른 성격의 두 나라가 정신사 그리고 인간 정신의 발전 과정이라는 측면에서 보면 서로 유사한 모습을 가지고 있다는 점, 비록 독일의 정치 상황이 민주주의와는 거리가 있을지언정 결국은 프랑스 혁명이 이루어낸 위대한 성취를 독일 또한 이뤄낼 것이라는 확신을 보여주기 위해서였다. 그는 독일의 혁명을 낙관했다. 시간이 걸릴지는 몰라도 자유·평등·박애와 같은 민주주의의 이념이야말로 인류가 도달해야 할 미래라고 확신했기 때문이다.

이 글에서 하이네가 범신론이라는 독특한 방식으로 문제에 접근하는 까닭은 그가 현대를 특징짓는 이러한 이념의 발전 과정이 물질문명에 의해 뒷받침되어 있다고 생각했기 때문이다. 그가 낭만주의로 포장된 독일의 왜곡된 민족주의를 정신주의라고 힐난했던 것은, 전통이라는 미명하에 물질적 토대의 발전을 외면함으로써 민주주의와 같이 그 발전에 상응하는 정신적 진보를 쳐다보지 못하는 세태에 대한 유감을 표현하기 위함이었다. 실제로 독일의 통일은 낭만적 민족주의에 의해 이루어진 것이 아니라 관세동맹이라는 경제적 토대 위에서 달성될 수 있었다. 방법론적인 면에서, 그리고 이념과 경제의 통일을 강조한다는 점에서 그는 마르크스와 닮았다는 인상을 준다. 마르크스처럼 하이네 역시 냉철한 지성의 소유자였다. 철학사에 대한 그의 해설은 어지간한 철학사 교과서를 능가한다. 하지만 문체에서 짐작할 수 있는 것처럼 그는 문학적 정신이 더 지배적인 사람이었다. 철학적 지성의 역사를 그만큼 문학적인 문구에 담을 수 있는 사람을 만나기가 과연 쉬울까? 하이네는 '예술이야말로 아방가르드'라는 생시몽의 말이 가장 잘 어울리는 사람 가운데 하나라고 할 수 있다.

2

하이네가 문제를 풀어가는 방식은 익숙하지 않다. 그가 사용하는 용어법이 우리의 통념과 차이가 있기 때문이다. 하이네의 글이 조금 어렵거나 낯선 느낌을 주는 이유가 어느 정도는 여기에서 유래하기 때문에 이 글에서 그가 사용한 몇몇 중요한 개념들을 잠시 정리해 보고자 한다. 하이네가 일상적으로 사용되는 용어법을 벗어나 새롭게 의미를 부여한 이유는 일상적 용어에 포함된 모순으로부터 벗어나기 위해서이다. 이렇게 함으로써 그는 동일한 사건에 새로운 의의를 부여할 수 있었다. 사실 통상적으로 사용되는 언어를 다시 정의하거나 새로운 의미를 부여하는 것은 지성사에서 종종 있는 일이다.

정신주의와 감각주의

정신주의와 감각주의라는 용어에 대한 첫 번째 느낌은 정신의 숭배(또는 물질의 배제) 그리고 물질의 숭배(또는 정신의 배제), 한마디로 말해 관념론과 유물론일 것이다. 실제로도 하이네가 이 글을 쓸 당시 프랑스인들이나 독일인들은 이 범주를 그런 의미로 받아들였다. 그러나 하이네는 물질에 대한 (부정이 아니라) 절대적 지배, 정신의 월권을 정당화하는 이론을 정신주의라고 정의하고, 정신의 권리와 우월성을 부정하지는 않지만 정신의 월권에 맞서 물질과 감각의 명예 회복을 추구하는 이론을 감각주의라고 정의한다. 주의할 점은 정신주의나 감각주의가 물질의 배제 그리고 정신의 배제를 지칭하는 말이 아니라는 사실이다. 정신주의는 물질을 배격하는 것이 아니라 물질에 대한 지배를 정당화하는 사상이고, 감각주의는 정신을 배격(내지 지배)하려는 것이 아니라 물질의 정당한 권리를 회복하려는 사상이다. 하이네에게 정신주의와 감각주의는 관념론과 유물론을 대체하는 용어가 아니다.

하이네는 감각주의를 말할 뿐 물질주의에 대해서는 말하지 않는다. 하이네 식의 어법에서라면 물질주의는 정신에 대한 물질의 우위(또는 지배)를 주장하는 이론일 테지만, 그것은 부호가 반대인 정신주의에 지나지 않는다. 하이네는 세계의 물성에 대한 애정을 그런 방식으로 표현하지 않는다. 자연과 인간 세계의 중요성을 그는 신적인 것으로 설명할 뿐이다. 만약 (하이네 자신은 쓰지 않는) 물질주의라는 말을 감각주의와 관련하여 하이네에게서 발견하고자 한다면 아마도 타락한 감각주의 정도가 될 것이다.

관념론과 유물론, 합리주의와 경험주의, 유신론과 무신론

정신주의와 감각주의라는 용어를 보통의 경우와 달리 정의한 것과 마찬가지로 하이네는 관념론과 유물론을 정신에 대한 숭배와 물질에 대한 숭배를 요구하는 이론으로 보는 보통의 시각을 대체하기 위해 이 용어들을 사유의 방식과 연관 지어 정의했다. 그는 관념론을 선천적 인식에 대한 이론적 체계로, 유물론을 후천적 인식에 대한 이론적 체계로 이해한다.

로크가 유물론자라는 그의 해설은 일반적인 상식과 일치하지 않는다. 대개의 경우 철학사는 로크를 경험주의자로 분류할 뿐이고, 경험론자의 범위에는 버클리와 같은 주관적 관념론자도 포함되기 때문이다. 사실 로크 자신도 유물론자는 아니었다. 그런데도 하이네가 로크를 유물론자라고 부른 것은 경험주의의 사유방식이 경험, 즉 후천적 인식이기 때문이다. 대체로 영국의 저술가들은 경험주의자였고 이 점에서 하이네는 영국인을 태생적인 유물론자라고 지칭했다(이유는 달랐지만 헤겔 역시 유물론을 경험주의의 극단적 귀결이라고 평가한 바 있다).

유물론과 경험주의를 사실상 동일한 것으로 보는 하이네의 관점에서 합리주의는 관념론과 동일한 것일 수밖에 없다. 실제로 합리주의는 증명을 필요로 하지 않는 전제인 공리를, 따라서 선천적 인식을 승인하고 있다. 그의 해설에서 관념론과 유물론이라는 말은 사유 방식에 대한 정의로 사용되지 않는 한, 대개는 일반적인 철학사에 등장하는 합리주의와 경험주의에 해당된다.

이러한 관점에 따르면 정신의 지배(예컨대 신적 지배)를 지지하는 이론은 선천적 인식(이를테면 공리나 계시)에 의해 뒷받침되고, 반대로 감각의 복권을 주장하는 이론은 후천적 인식(예컨대 경험적 인식)을 요구하게 된다. 관념론과 합리주의는 정신주의의 방법이고, 유물론과 경험주의는 감각주의의 방법이다. 물론 물질주의가 타락한 감각주의에 해당되는 한, 물질주의 역시 후천적 인식에 의해 뒷받침될 것이다.

일반적인 의미에서 사용되는 유물론과 관념론은 그의 용어법에서는 무신론과 유신론에 해당된다.

이신론과 범신론. 계몽주의의 이중적 성격

계몽주의는 프랑스 혁명의 지배적인 사상적 경향이라고 평가받는다. 프랑스에서 세 번이나 추방당했던 스탈 부인은 프랑스 계몽주의를 유물론이라고 평가했는데, 공상적 사회주의 또는 기계적 유물론의 고향이 프랑스였고, 또 계몽주의자들 가운데 상당수가 유물론자였다는 점에서 그녀의 평가는 상식에 부합한다고 할 수 있다. 하지만 하이네의 평가는 다르다. 계몽주의자들이 유물론자라는 것은 부분적으로만 사실이고 실제로는 다르다. 대부분의 계몽주의자들은 이신론자였다. 대혁명의 와중인 1794년 6월 로베스피에르는 '최고 존재의 축제'를 열었다. 그들은 경험주의가 전승해준 기계적 세계관을 가지고 있었다는 점에서만 유물론자로 분류될 수 있다. 하이네는 이신론은 신을 거부하는 이론이 아니라 신을 변호하는 이론이며 정신주의에 적합한 방식이라고 생각했다. 명백한 이신론자들인 독일의 계몽주의자들은 유물론자라는 혐의를 받은 적이 거의 없었다. 그들은 언제나 정신주의자였고 관념론자였다.

이신론이 유물론의 신학적 표현이 아니라면 범신론 또한 다른 평가를 받을 수밖에 없다. 지성사 최고의 범신론자인 스피노자에게는 무신론자라는 혐의가 따라다녔다. 그러나 스피노자는 신의 비존재를 주장한 것이 아니라 신과 자연의 동일성을 주장했다. 이 때문에 헤겔은 그를 무신론자라고 부르느니 차라리 무세계론자라고 부르는 것이 더 타당하다고 말한 바 있다. 물론 헤겔은 스피노자의 결함이 범신론에 있다고 지적했다. 스피노자는 신을 부정한 것이 아니라 신과 자연의 동일성, '신 즉 자연'을 주장했고, 이것은 하이네가 말하는 감각주의의 태도이다.

이신론도 범신론도 신을 부정하지는 않는다. 그러나 "범신론의 신은 세계 내에 존재하고, 반면 이신론의 신은 완전히 세계 바깥에, 같은 말이지만 세계 위에 존재한다. 이신론의 신은 세계를 자신과 완전히 분리된 것으로서 보고 세계 위에 군림한다". 범신론에서 신은 곧 자연이고 자연은 신성의 물질적 표현이므로 자연과 물질에 대한 모독은 곧 신성 모독이다. 하이네는 이러한 관점에서 정신주의와 이신론을 비판한다.

개념들의 연관

하이네의 글에서 정신주의-관념론(합리주의)-이신론이 하나의 동일한 경향으로 보이고, 감각주의-유물론(경험주의)-범신론은 그에 대립하는 경향으로 보인다. 하지만 이 대립은 한쪽이 정신을 지지하고 다른 쪽은 물질을 지지하기 때문에 발생한 것이 아니다. 세계는 양자 모두로 이루어져 있고, 이 구별되는 두 요소가 통일되어 있으므로, 두 경향 모두 정신과 물질의 통일을 전제할 수밖에 없다. 후자의 계열은 이를 드러내놓고 지지하는 반면, 전자의 계열은 이를 부정적인 방식으로만 승인한다는 게 차이지만, 그것이 엉뚱한 결과를 낳는다.

정신주의는 물질의 긍정성을 부정하면서도 그것의 현실성, 물질에 대한 욕망을 포기하지 못한다. 선천적 의식을 주장하는 관념론은 정작 경험적 인식을 거부하지 않는다. 이신론의 신은 (법칙으로서) 세계를 지배하는 데 목적이 있지 세계를 없애버리려고 하지는 않는다. 여기에 비밀이 있다.

기독교의 위대한 점은 정신이 육화(물질화)되었다는 것을 진리로 선포한 데 있었다. 예수의 정신(신성)만큼이나 육신(인성)도 중요하다는 것이다. 하지만 정신주의는 인간에 대해 말하면서 오직 정신(영혼)만이 중요하다고 못박으려 한다. 그렇다고 육신이 사라지는 것도 아니고 정신의 고양을 위해서는 육체적 욕망의 충족도 반드시 필요하다. 정신주의도 이것을 모르지 않는다. 다만 아닌 척할 뿐이다. 거대한 성당 건축이 그 증거다. 정신주의의 고양에는 물질적 세계의 발전, 감각주의의 고양이 숨겨져 있다.

선천적 의식을 주장하는 이론, 하이네가 말하는 관념론도 마찬가지다. 선천적 의식이란 선험적으로 주어진 것에 대한 인식인데, 철학은 이를 공리라고 부른다. 증명할 필요가 없이 맞는 말이라는 뜻이다. 하지만 증명할 필요가 없는 이유에는 경험적 확인, 즉 후천적 의식도 포함된다. 결국 선천적 의식에 대한 이론은 후천적 의식에 대한 이론을 혐오할 뿐 부정할 수는 없다.

합리주의도 똑같다. 합리주의가 반드시 관념론으로 귀결된다는 보장은 없다. 합리주의자로서 선천적 의식을 수용한 데카르트와 라이프니츠는 당연히 관념론자로 분류된다. 하지만 그들의 주장에서 진정으로 눈여겨보아야 할 것은 사유와 존재의 동일성에 대한 암시였고, 이를 극적으로 완성시킨 이는 스피노자였다. 합리주의자인 그에게는 범신론자라는 이름이 붙는다. 데카르트와 라이프니츠에게 가능적인 것이 스피노자에게서는 현실적인 것으로 전화되었다.

합리주의는 신을 증명하거나 적어도 변호하려 한다. 신의 존재를 승인하려는 것이다. 이러한 이론을 이신론이라고 부른다. 프랑스에서 이신론은 신의 자리에 최고 존재를 놓았을 뿐, 세계에 대한 정신의 지배를 부정하지는 않았다. 다만 이신론이 세계에 대한 신의 직접적 지배를 말하지 않았기 때문에 종교로부터 공격을 받았을 뿐이다. 종교는 이신론에 세계의 자립적 존재가 내포되어 있다는 것을 눈치챘다. 이신론이라고 물질적 세계를 거부하지는 못했다는 말이다. 스스로를 합리주의적이라고 믿었던 계몽주의는 이신론을 통해 자기의 정신주의를 드러내고 말았다. 하이네의 시각에서 프랑스 혁명이 계몽주의의 산물이라는 일상의 통념은 편견에 지나지 않는다. 하이네는 프랑스 혁명을 프랑스 민족의 마음속에 내재되어 있는 범신론과 감각주의의 결과로 파악하지 겉으로 드러난 이신론적 계몽주의의 결과라고 생각하지 않는다.

물론 모순은 반대의 계열에서도 생긴다. 기독교 이전의 고대 세계에서 종교는 범신론적이었다. 하지만 프랑스인들이 범신론을 긍정적으로 이해하는 감각주의자였다면 독일인들은 그것을 부정적으로 바라보는 정신주의자였다. 프랑스에서 계몽주의가 (기계적) 유물론을, 따라서 감각주의를 내포했다면 독일의 계몽주의는 순수하게 정신주의적이었다. 영국의 경험론은 후천적 인식을 자기의 발판으로 삼았지만, 그들의 유물론이 위선적인 정신주의를 배제하지는 못했다. 공리주의라는 이름의 실용주의는 절충의 산물이다. 프랑스의 감각주의적 유물론자들은 이신론에 휩싸여 정신주의로 경도되었다. 물론 이런 모순에도 불구하고 감각주의-유물론-경험주의-범신론은 자기의 본성을 상실하지는 않았다.

하이네는 정신주의-관념론-합리주의-이신론이 아무리 정신의 지배를 고집하더라도, 그 결과는 자기가 거부하고자 하는 것을 부정할 수 없다는 점, 물질적 욕망으로 표현되는 인간의 존재를 부정할 수는 없다는 사실을 보여주고자 했다. 정신을 거부해서는 안 되지만 욕망을 부정해서도 안 된다는 것이다. 오래전에 기독교와 정신주의는 감각의 타락을 정화함으로써 유럽의 역사 발전에 공헌했다. 하지만 근대 이후 기독교의 정신주의적 강화는 역사 발전의 걸림돌이 되었다. 물질문명의 발전이 요구되는 시기에 인간의 감각과 욕망을 억누르려 했기 때문이다. 정당하게도 하이네는 이제부터 역사가 인간의 욕망을 충족시켜줄 물질적 문명의 발전과 함께 이루어질 것이라고 보았다. 이신론적 계몽주의가 프랑스의 지성을 장악했지만 정작 혁명을 이끌어낸 것은 감각주의였던 것처럼, 독일의 종교와 철학이 아무리 정신에 집착하여 물질과 감각의 발전을 거부하려고 하더라도, 그들의 고양 안에는 물질과 감각의 고양이 또한 내포되어 있다는 것이다.

하이네가 정말로 말하고 싶었던 것은 신과 자연의 동일성, 쉽게 말하자면 정신과 물질의 동일성, 정신과 물질의 진정한 통일이다. 철학에서 이러한 문제의식은 사유와 대상의 일치, 진리라고 불린다. 플라톤과 아리스토텔레스 이래로 철학의 오랜 과제였던 이 문제에는 사유의 방식에 대한 문제도 포함된다. 근대에 이르러 이 문제를 다시 끄집어낸 이가 데카르트다. 그는 이 공식을 사유와 존재라는 관념을 통해 제시했고, 당연히 그의 문제 제기에는 방법론 문제가 포함되어 있었다. 하지만 데카르트는 단순한 병렬을 통해 사유와 존재의 동일성에 대한 가능성을 제시했을 뿐이고, 양자의 동일성은 직접 나타나지 않는다. 로크는 양자를 대립의 관점에서만 보았다. 그는 선천적인 것을 대신해서 후천적인 것을 앞세움으로써 사유와 존재를 대립시켰다. 하이네는 프랑스인들이 로크의 방식을 따른다고 해석했다. 라이프니츠는 로크와 반대였다. 그는 존재를 사유에 종속시키는 방식으로 전체를 설명하려고 했다. 독일인들은 라이프니츠의 방법을 따랐다. 양자의 동일성을 직접적으로 표명한 이는 스피노자였다. 하이네는 로크와 라이프니츠에게서 불완전하게 표현된 데카르트의 문제의식이 스피노자에게서 완성되었다고 생각했고, 이 관점에서 독일의 철학사를 서술했다. 독일 철학의 성장이 사실상 데카르트와 스피노자의 영향하에서 이루어졌다는 것이다.

이 글에서 하이네는 유신론자일 수밖에 없다. 그는 정신과 신성을 부정하는 것이 아니라 세계의 신성을 신뢰한다. 신과 자연, 신과 물질적 세계는 동일한 것이기 때문이다. 그가 말하는 세계란 바로 인간이다. 그러므로 "신이 가장 장엄하게 자신을 드러내는 곳은 인간이다". 상식에게 이런 관점은 유물론 또는 무신론으로 읽힌다. 하지만 그에게 유물론과 무신론은 다른 말이고, 이것이 그가 유물론을 다시 정의한 이유다. 무신론은 세계와 인간의 존엄성, 신성함에 대해 아무런 설명도 해주지 않는다. 하이네는 인간을 존귀한 존재, 신성한 존재라고 믿는다. 또한 그에게 인간은 인류와 동의어였다. 그는 사해동포주의자였고 하나의 민족이 이룬 성과를 다른 민족도 해낼 수 있다고 믿었다. 다만 그는 독일에서도 혁명은 감각주의에 의해 발생할 것이지만, 그렇게 되기 위해서는 철학이 좀 더 고양되어야 한다고 생각했다.

이제 하이네의 시선을 따라가볼 차례다.

3

기독교가 공인된 이래 유럽의 역사는 기독교로 대표된다. 기독교는 유럽의 정신사와 역사를 지배했고, 유럽인들, 특히 독일인들은 그 지배를 당연시했다. 하이네도 기독교의 의의를 부정하지 않았고, 어떤 면에서는 적극적으로 지지했다. 다만 그는 사람들이 기독교에 대해 아는 것이 무엇인가를 묻는다. 기독교의 이념은 무엇인가? 무엇이 기독교를 다른 종교와 다르게 만들었는가? 왜 유럽인들은 자기들의 고대 종교를 버리고 기독교에 빠져들었는가? 단순하게 말하자면 기독교의 교의는 구원이다. 원죄의 굴레를 벗지 못한 인간은 악의 유혹에서 벗어나지 못한다. 기독교는 악으로부터 인간의 구원을 약속했다. 또 기독교(특히 종교개혁 이전의 기독교)의 특징으로 경건한 수도자의 삶, 청빈과 금욕이 연상되는 것도 사실이다. 하이네는 이런 통념을 부정한다.

 기독교의 승리는 역사의 결과였을 뿐, 출발점은 아니었다. 기독교 교리의 중심축이라고 할 수 있는 선악의 대립, 악이란 선의 결핍이라는 입장은 기독교 이전의 종교였던 마니교에서 이미 표방되었다.

가장 중요할지는 몰라도 구원이 기독교를 특징짓는 고유한 교리는 아닌 것이다. 금욕·명상·청빈을 통해 드러나는 경건함은 기독교가 이단이라고 배척한 영지주의의 원리에도 포함되어 있었다. 경건함 역시 기독교에 고유한 특징은 아닌 셈이다.

하이네가 본 기독교의 가장 큰 특징은 예수다. 예수는 신일 뿐만 아니라 인간이었다. 예수라는 인간, 그의 육신 자체가 신성의 표현이었다. 적어도 그리스도 안에서 인성과 신성은 구분되지 않는다. 그리고 그는 빵과 포도주를 자기의 살과 피라고 선언함으로써 그의 신성을 물질적 세계로까지 확대시켰다. 325년 니케아 공의회는 단성론을 채택함으로써 아리우스파를 파문했고, 431년 에페소스에서 개최된 공의회는 네스토리우스를 단죄함으로써 신성과 인성의 동일성을 다시 한 번 확인했다. 그러나 시간이 흐를수록 신성과 인성의 동일성은 희미하게 어른거리는 그림자로만 남아버렸고, 구원, 곧 선악의 대립만을 강조하는 교회는 경건한 신앙을 앞세워 금욕과 청빈, 한마디로 말해 물질적 빈곤을 강요했다. 기독교의 지배가 강화될수록 구원과 금욕의 교리도 강화되었다. 기독교는 점점 더 정신주의적으로 변모해갔다. 그렇다고 기독교가 물질적 풍요를 포기한 것은 아니었다. 금욕과 청빈을 받아들인 인민들과 달리 교회 자신은 더 부유해졌다. 하이네는 구원을 위해 현세의 물질적 풍요를 희생해야 한다는 정신주의적 통념에 반기를 들었다. 그는 내세의 천국이 아니라 지상의 행복을 열망했다.

신성과 인성의 동일성은 본래 범신론의 세계관이다. 유럽에서 고대 세계의 종교는 범신론적이었다. 자연은 신성했고, 모든 현상에는 신이 관통했다. 올림포스의 신들은 넥타를 마셨고 욕망을 거부하지 않았다. 이 종교는 감각을 멸시하지 않았다. 감각주의는 범신론의 특징이었다. 다만 남유럽과 북유럽에서 범신론이 존재하는 방식은 두 지역의 기후 그리고 두 민족의 특성만큼이나 차이가 있었다. 프랑스의 고대 종교는 명랑하고 밝았다. 반대로 프랑스 이북의 민족종교는 음산하고 음침했다. 관능적이지만 순수한 프랑스의 요정과 달리 독일의 요정들은 음란하고 음침했으며, 잔인하기까지 한 경우도 자주 있었다. 그렇다고 독일인의 요정과 도깨비가 항상 나쁜 것만은 아니었다. 그들은 인간과 친해지기 위해 인간을 괴롭혔고, 인간이 자신들을 배신했기 때문에 잔인해졌다. 프랑스의 설화와 문학에서 범신론적 고대 종교는 악의 이미지로 남아 있지 않았지만, 독일의 민족종교는 기독교가 강요한 악의 이미지와 매우 닮아 있었다. 이 때문에 독일인들은 기독교가 요구한 선악의 대립을 더 잘 받아들일 수 있었고 기독교적 세계관이 자리잡기도 그만큼 수월했다. 이런 차이가 프랑스인들을 감각적 민족으로, 독일인들을 정신적 민족으로 인식되도록 만들었다. 그러나 프랑스인들이 관능적인 재담을 통해 고대 종교를 기억했던 것만큼이나 독일인들 역시 자신들의 음울한 민족설화를 버리지 못했다. 요정의 저주와 마법에 대한 이야기가 가장 발달한 곳이 바로 독일이었다. 전래의 요정과 마법을 결코 잊지 못하면서도 독일인들은 자신들을 순수한 기독교도라고 믿었다. 그들의 범신론은 기독교적 정신주의의 외피에 싸여 있었다. 루터라고 다르지 않았다. 그는 "가톨릭의 기적을 더 이상 믿지 않았지만, 악마의 존재는 믿었다".

루터는 독일 정신주의의 적장자였다. 그는 가톨릭의 타락을 공격함으로써 기독교의 경건한 정신주의를 회복시키려고 했다. 가톨릭이 타락한 것은 명백히 사실이었고, 루터의 요구는 정당했다. 그렇다면 만약 가톨릭이 루터의 요구를 수락하고 경건한 정신으로 되돌아갔다면 종교개혁은 일어나지 않았을까? 하이네는 그렇게 생각하지 않았다. 타락은 가톨릭교회가 운영되는 시스템의 필연적 귀결이었기 때문이다. 성 베드로 대성당의 건축이 그 증거다. 가톨릭은 성 베드로 대성당이 자발적인 기부에 의해 건립되기를 바랐겠지만, 현실은 녹록치 않았다. 물질적 세계를 지배한 것은 교회가 아니라 세속의 권력과 욕망이었고, 면죄부 판매 없이는 대성당도 없었다. 자발적 기부는 구원을 판매한 대가든 교회에 지금을 제공한 것은 세속이었으므로 대성당의 건립은 세속에 대한 가톨릭의 우위, 물질적 감각주의에 대한 경건한 정신주의의 승리라고 위장될 수 있었다. 하지만 정신주의의 이 빛나는 승리는 감각주의야말로 현실 세계의 실질적 지배자라는 용인의 결과였으며, 타협의 산물이었다. 루터는 문제를 잘못 이해했다. 그는 단순히 타락을 공격한 것이 아니라 교회 자체를 공격했고, 종교개혁은 루터의 정당한 요구에 대한 가톨릭의 어리석은 거부에서 비롯된 우연적 사건이 아니라 필연적인 사건이었다. 루터는 심지에 불을 붙인 것이지 종교개혁을 발명한 것이 아니다.

당연히 프랑스인들도 종교개혁에 나섰다. 하지만 유럽 북부의 종교개혁과 남부의 종교개혁은 본질적으로 성격이 달랐다. 독일이 정신주의의 입장에서 가톨릭에 도전한 반면, 프랑스와 그 이남에서 종교개혁은 감각주의에 의해 이루어졌다. 교회의 타락을 공격했던 이탈리아의 수도자들은 정치적 지도자이기도 했다. 사정은 프랑스에서도 비슷했다. 독일인이 순결한 진지함을 무기로 신학적 논쟁에 몰두했다면, 프랑스인은 외설적인 농담을 무기로 현실을 풍자하는 작품들을 생산했다.

프랑스라고 이론에 무관심했던 것은 아니다. 하지만 프랑스의 문학이 "인간의 근원적 약점을 풍자"했던 데 반해, 계몽주의는 "항상 시대적이고 비본질적인 것만을 공격"했다는 점에서 시대착오적이라고 하이네는 생각했다. 혁명 정부가 교회 재산을 몰수한 데서 알 수 있듯이, 계몽주의는 종교라는 형태의 정신주의를 공격하는 데 그치지 않고, 정신 그 자체를 파괴하려고 들었다. 기독교의 수용이 지나치게 건강한 독일인에게 정신적 요소의 중요성을 각인시킨 계기가 되어준 데서 알 수 있듯이 정신주의는 감각주의의 타락에 대한 해독제가 될 수도 있다. 물론 이런 작은 만족을 얻기 위해 물질적 세계 전체를 파괴하는 우를 범해서도 안 되겠지만, 어쨌든 프랑스 계몽주의는 여기에 대해 아무런 사려도 하지 않았다.

정신주의의 지배가 아무리 확대되더라도 감각주의는 소멸되지 않는다. 독일의 정신주의가 가톨릭을 공격했을 때 감각주의 또한 자기의 억눌린 분노를 표출했다. 루터 자신이 지상의 욕망을 포기하지 않았다는 것을 결혼을 통해 보여주었고, 농민들은 새로운 종교에서 자기들의 정신적 무기를 발견하고는 곧바로 물질적 권리를 회복하기 위해 반란을 일으켰다. 물론 루터의 정신주의는 농민들의 감각주의적 반란을 진압하기 위해 영주와 결탁했지만, 이 경건한 정신주의는 자기 내부에 새로운 적을 키우고 있었다. 철학과 문학이다. 독일의 가톨릭이 종교적 민주주의에 의해 대체되었을 때, 루터는 성서와 이성에 근거할 때만 자신에 대한 비판을 허용한다고 선언했다. 인간의 이성은 성서를 해석할 권리를 획득했고, 정신의 자유, 사유의 자유가 시작되었다. 나폴레옹의 침공 이전에 프로이센에서는 역사상 어떤 시대보다도 더 자유로운 사유가 보장되었다. 하지만 상황이 변했다. 새로운 종교는 물질적 욕망의 완전한 포기를 요구하지는 않았다. 그래서 민중들의 지지를 받았다. 하지만 이 종교는 가톨릭보다 더 정신주의적이었고, 나아가 이신론적·관념론적이었다. 성직자가 인간이 된 순간 신의 기적도 중지되었다. 신교의 복음주의적 정신주의는 그렇게 시작되었다. 루터가 농민 반란을 거부한 것처럼 신교의 정신주의도 사유의 자유를 배반했다. 신교가 지배하는 독일은 누구보다 검열에 열중했다. 그러나 검열이 단순히 사유의 자유를 거부하기 위해 자행된 것만은 아니다. 본질적으로 검열은 정신주의의 토대 위에 성립한 세속적 권력의 정당화를 위해 필요한 수단이기도 했다.

문제는 루터가 사유의 자유뿐만 아니라 자유의 수단도 제공했다는 사실이다. 그는 라틴어로 이루어진 싱시를 독일어로 번역했다. 독일인은 이제 자기 말로 된 성서를 자기들의 언어로 해석할 수 있게 되었고, 독일어로 자기들의 생각을 표현할 수 있게 되었다. 그리고 번역된 성서가 인민들 사이에 번져나감으로써 독일 전체가 언어적으로 통일되었다. 이 통일은 철학과 문학에서 그 결실을 보게 된다.

독일에서 철학의 혁명은 종교적 혁명의 결과였다는 점에서 프로테스탄티즘의 필연적 귀결이라고 할 수 있다. 하지만 근대 철학은 독일인이 아니라 프랑스인에게서 시작되었고, 따라서 독일의 철학 혁명을 논하기 전에 칸트에게 영향을 미친 철학자들을 먼저 살펴보아야만 한다.

데카르트는 철학의 창시자라고 불릴 만하다. 그러나 현실주의가 지배하고 있는 프랑스는 철학에 적합한 땅이 아니었고, 데카르트는 네덜란드로 가서 신앙과 경험으로부터 완전히 벗어난 순수한 사유를 통해 자기의 철학적 이론을 완성시켰다. "나는 생각한다. 그러므로 나는 존재한다"는 그의 말은 철학이 자기의식을 정초했음을 의미한다. 자기의식을 정초한 철학은 더 이상 신학에게 사유를 허락해 달라고 구걸할 필요가 없어졌고, 철학과 종교는 나란히 존립할 수 있게 되었다. 하이네는 철학과 종교의 병립을 철학이 종교와 대립한다는 의미로 쓰지 않았다. 철학과 대립각을 세운 것은 언제나 종교 철학, 즉 스콜라 철학이었다. 그들은 철학과 교회 사이에 이견이 생길 때마다 철학을 비난했지만 그들 자신이 이미 은밀한 배교자나 마찬가지였다. 둔스 스코투스나 오캄과 같은 유명론자들은 표면적으로는 교리, 즉 가톨릭의 정신주의를 지지했지만, 은밀하게 교회와 대립되는 철학적 입장을 수립하곤 했다. 방법론의 관점에서 그들은 내밀한 경험주의의 지지자였고, 따라서 은폐된 감각주의자들이었던 것이다. 합리주의자였던 데카르트가 정초된 자기의식을 표방했을 때, 그들은 데카르트의 정신주의를 공격했다.

데카르트가 프랑스에서 성공할 수 없었던 것은 어찌 보면 당연했다. 프랑스는 감각주의의 고향이기 때문이다. 사실 프랑스인들은 어떻게 하여 데카르트의 관념론으로부터 물질이 유추될 수 있는지를 이해하지 못한다. 하이네의 시선에서 데카르트의 철학은 정신주의와 감각주의의 두 측면을 모두 가지고 있었다. 데카르트가 신앙을 합리적으로 설명할 수 있다고 주장함으로써 교회와의 화합을 호소한 것은 이신론과 정신주의에 해당한다. 그러나 그가 중세와의 단절을 선언하고 철학이 신학과 나란히 설 수 있게 한 것은 분명 감각주의적이다. 데카르트 철학의 합리주의, 즉 정신주의적 측면을 추종했던 프랑스 얀센주의자들은 당연히 기독교적 정신주의에 함몰되었는데, 프랑스에서 정신주의는 혁명의 적이었으므로 프랑스 인민들이 이들을 멀리하고 감각주의를 자신들의 동지로 삼은 것은 자연스러운 일이었다.

프랑스에서 감각주의자들은 대부분 유물론자이기도 했기 때문에 감각주의와 유물론이 동일한 것이라는 착각이 발생했다. 그러나 프랑스의 감각주의자들은 사실 계몽주의자들이었고 합리주의자들이었으며 이신론자였다. 이론적 표현에 있어 그들의 감각주의는 정신주의로 전도되어 있었고 그들의 방식으로 말하면 관념론자라고 부르는 것이 차라리 나았다. 그러나 감각주의는 본질적으로 범신론의 표현이었고 프랑스인들의 마음속에서 그것은 사라지지 않았다. 그들은 혁명을 위해 유물론이 필요하다고 생각했다. 유물론이 후천적 인식의 체계라는 하이네의 관점에서 보면 프랑스인들이 경험주의에 착목한 것은 자연스럽다. 자기들이 합리주의자라는 자부심에도 불구하고 계몽주의자들은 곧 로크의 기계적 세계관을 도입했고, 거기에 매몰되었다. 태생적으로 경험론(유물론)자인 영국인들이 기독교적 정신주의에 함몰된 것은 부분적으로는 그들이 전통이라는 이름으로 미화시킨 위선 때문이었고, 부분적으로는 절망적일 정도의 물질적 궁핍 때문이었다. 정신은 그들의 육체에 아무런 도움도 주지 못했고, 그들의 경험주의는 공리주의라는 미명하에 실용주의로 완성되었다. 사실 로크는 경험주의자였을 뿐 범신론자는 아니었고, 계몽주의자들과 마찬가지로 이신론자였다. 이신론은 정신주의의 근원이다. 그러나 프랑스인들의 본성인 감각주의는 이신론이 아니라 범신론의 산물이다. 감각주의의 산물이 아름답고 장엄한 것은 그 때문이다.

태생적으로 유물론을 싫어했으며 스스로를 관념론의 강력한 지지자라고 여겼던 독일인이 데카르트의 제자가 된 것은 당연했다. 그 가운데 라이프니츠는 특별한 인물이었다. 그는 선천적 관념에 매료

되었고 로크와 대립하면서 독일의 철학적 정신을 일깨웠다. 그는 근대 철학의 주요 쟁점을 모두 내포하고 있는 문제의식을 모나드론을 통해 제기했다. 그는 기독교와 철학의 화해, 신앙과 이성의 조화를 시도했다. 프랑스 계몽주의자들이 라이프니츠를 경멸한 것은 이 때문이다. 그러나 그가 제기한 것은 정확히 말하자면 종교와 철학, 신앙과 이성, 정신과 존재의 화해 내지 동일성의 회복이었고, 기독교가 중세 천년에 걸쳐 논쟁한 철학적 입장, 플라톤과 아리스토텔레스 사이의 화해의 문제였다. 하이네의 관점에서 전자는 선천적 의식에 대한 이론적 체계라는 의미에서 관념론을, 후자는 후천적 의식에 대한 체계라는 의미에서 유물론을 상징한다. 사실 교회는 두 입장 모두를 수용했지만, 성직자들은 전자에 집착했고, 수도사들은 후자에 몰두했다. 이것이 이른바 보편논쟁, 가톨릭 신비주의자와 교조주의자들의 투쟁이었다. 똑같은 투쟁이 프로테스탄트 내에서도 반복되었다. 경건주의자들과 정통주의자들의 알력이 그것이다. 프로테스탄트 경건주의자들은 환상(상상력)이 결여된 신비주의자들이고, 프로테스탄트 정통주의자들은 정신이 결여된 교조주의자들이다. 라이프니츠는 이들의 투쟁 한가운데서 양자의 화해와 동일성을 요구했다.

데카르트와 라이프니츠에게서 표방되었을 뿐인 문제의식은 스피노자에게서 완성된다. 비록 그가 수학적 방법이라는 잘못된 증명 방식에 의존하긴 했지만, 그의 사유는 훨씬 더 위대했다. 스피노자는 환영받지 못했다. 이신론자일 수밖에 없었던 유대인들은 범신론자인 그를 파문했다. 스피노자는 로크나 라이프니츠와는 달랐다. 그는 인식의 궁극적 근거가 선천적인 것인지(라이프니츠), 아니면 후천적인 것인지(로크)를 묻는 대신 사유와 연장의 동일성, 단일한 실체를 주장했다. '신 즉 자연'이다.

하이네는 스피노자가 무신론자라는 비난을 무지와 악의의 산물이라고 힐난한다. 하이네의 시선에서 스피노자보다 신을 고귀하게 표현한 인물은 없다. 그가 신을 부정했다고 말하는 것 보다는 차라리 그가 인간을 부정했다는 것이 더 올바른 평가일 수도 있다. 헤겔도 그와 비슷한 평가를 내렸다. 스피노자도 데카르트처럼 사유와 연장에 대해 말했다. 하지만 그에게 중요한 것은 양자의 통일, 동일성이었고, 이 절대적 실체 안에서 사유와 연장은 두 가지 속성에 불과했다. '사유는 보이지 않는 연장이고 연장은 보이는 사유'다. 하이네는 바로 이 지점에서 독일 철학의 핵심이 드러나고 있다고 설명한다. 자기가 스피노자와는 다르다는 항변에도 불구하고 하이네는 셸링의 주장이 결국은 스피노자와 동일하다고 보았다. 칸트가 개척한 길을 피히테가 뒤따랐고, 피히테의 발자국을 추적하던 셸링은 자연철학이라는 숲을 헤매다 스피노자라는 커다란 조각상을 발견하게 되었을 뿐이라는 것이다.

스피노자의 사유방식을 하이네는 범신론이라고 부른다. 그리고 이 명칭에는 이신론과 마찬가지로 신과 세계의 통일, 동일성이 전제된다. 하지만 세계 밖에 존재하는 신이 세계 위에 군림하는 이신론과 달리 범신론의 신은 세계 안에 있고, 더욱이 신과 세계는 직접적으로 동일하다. 그러므로 물질적 세계는 신성하다. 물질에 대한 모욕은 신성에 대한 모욕인 것이다.

신에 의한 세계 지배를 전제하는 이신론에서는 오직 정신만이 중요하다. 신을 두려워한 유대인은 육체를 보잘 것 없는 것이라고 생각했고, 외경심을 가지고 정신을 숭배했다. 그러므로 그들은 순결하고 검소하며 진지하고 추상적인 대신 완고하지만 순교에 적합한 정신의 민족이 되었다. 하지만 그들의 진정한 성과는 예수 그리스도다. 육화된 정신 예수 그리스도. "육체적으로 순결한 처녀가 정신의 잉태만으로 예수를 세상에 태어나게 한 아름다운 전설은 심오한 의미를 갖는다."

유대인들에게 육체가 단순히 보잘 것 없는 것에 불과했다면 기독교인들에게 육체는 한 발 더 나아가 저주스러운 것이었다. 기독교는 세계에 대한 절대적 지배권을 정신에게 주었다. 그러므로 기독교는 가장 충실한 정신의 종교이다. 그러나 기독교가 천명한 "그 이념은 단지 이론으로 천명되었을 뿐, 결코 실천될 수 없었다". 기독교는 실패했다. 그것이 유럽이 겪고 있는 불행의 원천이다. 기독교는 세속의 권력과 부를 혐오한다고 공언했지만, 세상을 지배하는 것은 결국 권력과 부였고, 정신의 대표자인 가톨릭 성직자들은 이를 정확히 이해했다. 교회와 세속의 동맹은 필연이었던 것이다. 하지만 이 동맹으로 말미암아 이 정신주의적 종교는 너 빠른 속도로 몰락하지 않을 수 없었다.

 인류가 진심으로 원한 것은 더 이상 성체가 아니라 맛있는 빵과 살코기였다. 그러므로 세계의 물질화(자본주의화)는 필연이었다. 정신은 과거 물질에게 가한 모욕을 사죄하고 물질의 명예 회복을 도와야 했다. 정신과 감각의 화해가 필요했던 것이다. 정신주의는 이를 거부했다. 정신주의자들은 범신론이 선과 악의 개념을 모호하게 한다고 비난한다. 하이네는 사실이 이와 다르다고 강조한다. 악이란 정신주의자들의 망상이 만든 개념이며, 정신주의가 이룩한 세계의 실제적 결과라는 것이다. 정신주의는 물질 그 자체를 악이라고 비방한다. 아니다. 정신의 권력 찬탈에 저항하는 물질이 절망적인 증오에 불타 복수를 시도하거나, 정신이 찍은 낙인에 자기 경멸에 빠진 물질이 매춘에 나설 때 물질은 악이 된다.

 신과 세계는 동일하다. 그러므로 물질에 대한 모욕은 신성모독이다. 세계는 신과 동일하다는 범신론·감각주의에서 신이 자신을 가장 장엄하게 드러내는 곳은 인간이다. 세계의 현상 속에서 드러나는 신의 이념은 인간의 이성에 포함되어 있다. 인간에게서 신성은 자기의식으로 표현되고, 자기의식은 인간의 이성을 통해 자기의 신성을 드러낸다. 물론 개인은 신성의 일부에 지나지 않지만, 인류는 다르다. 인류는 신의 육화이다.

 유물론(경험적 인식)에 바탕을 둔 계몽주의자들이 정치 혁명을 이끌었던 프랑스에서 범신론자들은 조력자에 불과했지만 그들은 보다 근원적인 면에서 혁명을 확신하고 있었다. 통상적인 의미에서 말하는 유물론은 정신을 경멸한다. 그러나 범신론이 물질적 행복을 촉구하는 것은 정신을 경멸하기 때문이 아니다. "그것은 인간의 신성이 인간의 육체적 현상으로 드러나며, 물질적 궁핍은 신의 형상인 육신을 파괴하거나 경멸하고, 그럼으로써 정신도 파괴하기 때문이다." 생쥐스트는 "빵은 인민의 권리"라고 말했다. 맞는 말이다. 하지만 이 문장을 절대화하면 인민은 개돼지가 된다. 그래서 하이네는 이 문장을 "빵은 인간의 신성한 권리"라고 읽는다. 그가 요구하는 것은 단순한 인간의 권리가 아니라 인간의 신성한 권리이다. 이신론자인 로베스피에르가 추구한 민주주의는 자유·평등·박애와 같은 고귀한 이념이 지배했지만, 그가 꿈꾸었던 것은 인민의 물질적 풍요보다는 소박하고 절제하는 삶이었다. 프랑스 혁명의 지도자들은 소小생산양식의 지지자들이었다. 하이네는 달랐다. 금욕과 절제보다는 물질적 풍요와 향유가 중요하다고 생각했다. 초창기의 생시몽주의가 그랬다. 진지한 이신론적 유물론은 이를 비난했다. 하지만 하이네는 이렇게 대꾸한다. "네가 고결하다고 해서 이 세상에 맛있는 케이크도, 달콤한 포도주도 없어야 한다고 생각하니?"

프랑스에서와 달리 생시몽주의에 대한 독일인의 평가는 나쁘지 않았다. 비록 은폐되어 있지만 독일이야말로 범신론이 가장 번성한 땅이었기 때문이다. 독일의 위대한 사상가들과 예술가들이 모두 범신론을 추종했다는 사실은 공공연한 비밀이었다. 독일에서 이신론은 일찌감치 몰락했고 이성적 사고가 결여된 이들만이 이신론을 신봉했다. 독일에서 야코비와 같은 이들이 스피노자에 대해 격렬히 반대한 것은 내심 범신론의 공공연한 유행을 예견했기 때문이다. 종종 철학자 대접을 받곤 하는 야코비는 철학이라는 외투에 숨어 이성을 비방한다. 이 신비주의자는 철학과 이성적 인식이 덧없는 망상이며 오직 믿음만이 중요하다고 강변했지만, 그는 이성이 세계를 밝게 비추는 태양과도 같다는 사실을 조금도 이해하지 못했다. 서로 견해가 다르기는 했어도 이신론자들은 하나같이 스피노자를 반대했다. 계몽주의자들은 스피노자를 무신론자로 분류했고, 유대인과 볼테르는 그를 조롱했으며, 야코비는 그에게 모욕을 가했다는 차이가 있을 뿐이다.

유럽에서 철학은 스피노자에서 멈췄고, 철학의 발전은 독일인의 임무로 되었다. 앞에서 소개한 대로 독일의 철학은 라이프니츠로부터 시작되었는데, 그는 라틴어와 불어로 글을 썼고, 이를 체계화하고 독일어로 번역한 사람은 크리스티안 볼프였다. 그러나 볼프의 진정한 업적은 라이프니츠의 이념을 체계화한 것도, 그의 철학을 독일어로 소개했다는 것도 아니다. 그가 훌륭한 것은 독일인이 독일어로 철학을 할 수 있도록 고무했다는 점이다. 볼프가 라이프니츠를 번역하기 전까지 독일인들은, 루터 이전의 신학이 그랬던 것처럼, 오직 라틴어만이 철학의 언어일 것이라는 강박에 빠져 있었다.

물론 그렇지 않은 이들도 있었다. 요하네스 타울러는 14세기에 벌써 라틴어를 버리고 인민의 비천한 언어인 독일어로 설교했다. 라틴어는 본래 냉담하기 이를 데 없는 로마인의 언어였고, 따라서 군 사령관과 교황의 명령을 위한 언어, 지배자의 언어일 수는 있었지만, 신성한 사유를 위한 언어일 수는 없었다. 그것은 프랑스의 이신론적 유물론의 언어가 됨으로써 그 역할을 다했다. 본래 플라톤적 신비주의자에 속했던 타울러는 말년에 이르러 신앙과 같은 형이상학적 문제에 독일어가 더 적합하다는 것을 눈치챘다. 다만 그의 시대에는 독일어의 진정한 의의가 밝혀질 수 없었다. 독일어가 철학에 유용하다는 것은 최근에서야 비로소 알려지기 시작했다. 신학적이기는 했어도 파라켈수스와 야코프 뵈메 역시 독일어로 철학적인 글을 썼다.

볼프가 라이프니츠 철학을 체계화했다는 철학사의 평가는 공허한 가상이다. 볼프는 라이프니츠 사상의 핵심이라고 할 모나드론을 희생시켰다. 모나드를 이해하기에 그는 너무나도 부족했다. 그는 모나드라는 위대한 재료를 가지고 이성의 성스러운 신전을 만드는 대신 "이신론의 빈약한 이동식 신전"을 만들었다. 라이프니츠의 철학을 설명하면서 그는 데카르트의 수학적 방법(합리주의적 방법, 이신론적 방법)을 도입함으로써 뒤 세대의 도식주의를 자초했다. 이 지루하고 맥빠진 철학이 독일을 지배했다. 독일 프로테스탄트의 일부도 이에 동조했다.

프로테스탄트의 두 경향이었던 경건주의와 정통주의 사이의 신학적 논쟁은 중세 가톨릭의 논쟁 못지않게 치열했다. 경건주의를 정초한 요하네스 슈페너는 가톨릭의 요하네스 스코투스 에리우게나에 비견될 인물이다. 그는 편협한 자구 해석에 얽매인 논쟁 대신 기독교의 이념 자체를, 즉 정신을 설교함으로써 칭송을 받았다. 슈페너의 제자 프랑케는 라이프치히에서 기독교의 이념을 독일어로 강의함으로써 찬사를 얻었지만 질시로 말미암아 할레로 자리를 옮겼는데, 그의 명성은 그곳에서도 사라지지 않았고 할레는 곧 경건주의자들의 집결지가 되었다. 프로테스탄트의 가톨릭이라고 할 수 있는 정통주의가 경건주의의 대두에 위기를 느낀 것은 당연했다. 특히 할레의 정통주의가 느낀 위기감은 매우 컸다. 경건주의에 대항하기 위해 그들은 볼프의 방식을 교리에 도입하려고 시도했다. 그들은 예수를 육화된 신성이라고 설명하는 대신 그의 도덕적 인격을 강조했다. 기적에 대한 그들의 물리적 설명은 단지 기적을 폐기하지 않기 위한 방편이었다. 심지어 몇몇 인물들은 당시의 미신적 사회에서는 기적이 필요한 수단이었다고까지 주장했다. 예수라는 이성적인 한 남자가 기적을 광고로 이용했다는 것이다. 독일에서는 기독교에서 역사적인 요소를 분리한 신학자들을 합리주의자라고 부른다. 합리주의의 등장으로 이제 기독교는 순수한 이신론이 되었다. 루터가 종교개혁을 일으킴으로써 가톨릭의 신학적 논쟁을 종식시켰던 것처럼 상상력을 결여한 신비주의자들인 경건주의자들과 정신이 결여된 교조주의자들인 정통주의자들 사이의 격렬한 신학적 논쟁은 순수한 이신론인 기독교 합리주의의 등장에 의해 종식되었다. 라이프니츠도 이루지 못한 경건주의자와 정통주의자의 화해를 합리주의 신학에 대한 분노가 이루어냈던 것이다. 이 새로운 프로테스탄트 신학은 계몽군주였던 프리드리히 1세의 강력한 지원을 받았고, 베를린의 서적 판매상 니콜라이 역시 독일 계몽주의의 열렬한 지지자답게 합리주의 신학을 옹호했다.

역시 계몽군주로 불리지만 프리드리히 2세는 그의 부친과 달리 독일어와 독일 문학을 경멸했고 프랑스 문학을 사랑했다. 프리드리히 2세와 달리 니콜라이는 독일의 민족문학을 열렬히 지지했다. 계몽주의자인 그는 프랑스 철학자들과 똑같은 일을 독일에서 수행하려고 했다. 독일 민족의 발전을 열망한 나머지 그는 독일의 정신에서 과거, 역사를 지우려고 시도했다. 그것은 철학이 가야 할 급진적 변화의 밑거름이기는 했다. 하지만 이 시도는 성공을 보지 못했다. 구체제는 의외로 굳건했다. 독일을 계몽시키겠다는 그의 생각이 잘못된 것은 아니었다. 하지만 그의 시도는 늘 실패로 귀결되었다. 그는 독일의 옛 민요가 인기를 끄는 것에 불만을 가졌다. 옛 민요들이 시대와 어울리지 않는 기억, 과거에 대한 향수를 자극할 수 있는 내용들을 담고 있었기 때문이다. 옳다. 과거의 향수를 들춘다고 미래가 만들어지지는 않는다. 그렇다고 역사 전체를 없앨 수는 없는 일이다. 니콜라이는 그렇게 패배했다.

니콜라이의 친구였던 몇몇 사상가들은 엄격한 학문적 형식에 구애되지 않고 글을 썼다. 그들은 도덕적 의식을 자기들 사유의 궁극적 원천으로 삼았다는 점에서 영국 도덕주의자들과 닮았고, 인격적 성향에서는 프랑스 박애주의자들을 닮았다. 그들은 자신에게 엄격하고 타인에게 관대한, 고결하고 덕이 있는 사람들이었는데, 가장 대표적인 사람은 모제스 멘델스존이다. 독일의 유대인을 개혁하려고 했던 사람인 멘델스존은 유대인의 가톨릭이라고 할 수 있는『탈무드』를 루터와 동일한 방식으로 무너트렸다.『탈무드』는 몰락할 수밖에 없었다. 가톨릭과 마찬가지로 의미를 상실했기 때문이다. 과거에『탈무드』는 분명 의의가 있었다. 유대인은『탈무드』를 통해 스스로를 유대인으로 정립했다. 그러나 기독교의 가톨릭이 물질적 유혹을 벗어날 수 없었던 것처럼『탈무드』또한 물질세계의 힘을 벗어날 수 없었다. 멘델스존은『탈무드』라는 신전을 파괴하는 대신 모세의 율법을 종교적 의무와 전통으로 보전하고자 했다. 하지만 그것은 전통에 대한 막연한 향수가 아니었다. 유대 계몽주의자인 그는 순수한 모세주의를 확립함으로써 유대교의 이신론을 위한 최후의 보루를 마련했다.

멘델스존의 벗 레싱은 루터와 함께 독일에서 가장 위대한 인물로 꼽힐 만한 문필가였고 지성인이었다. 그는 독일인의 내면 깊은 곳에서 올바른 민족정신을 이끌어내기 위해 종교, 학문, 예술 등 모든 분야에서 투쟁했고 승리했다. 그는 누구보다 진리를 사랑했고 거짓을 증오했으며 세속의 과시적인 비천함을 싫어했다. 그 때문에 고독했으면서도 그는 자신의 주장을 포기하지 않았다. 그의 천재성과 진리에 대한 사랑은 이신론의 표현이었다. 어떤 의미에서 레싱은 루터의 계승자라고 할 수 있다. 루터의 성서 번역은 기독교를 가톨릭의 전통에서 벗어나게 하는 크나큰 의의를 가지고 있었지만, 동시에 경직된 언어 숭배를 낳았다. 성서의 글자는 가톨릭과 마찬가지로 독일을 지배했다. 이 압제에서 독일인을 해방시킨 이가 레싱이었다. 레싱은 성서의 활자야말로 기독교의 마지막 덮개라고 말했다. 그가 옳았다. 성서의 활자가 가리고 있었던 것은 루터 이래 독일의 모든 지성이 섬기고 있었던 것, 이신론이었다.

레싱이 죽던 해에 칸트의 『순수이성비판』이 출간되었다. 그리고 이 책과 더불어 독일 철학의 정신적 혁명이 시작되었다. 하이네는 이 혁명이 프랑스의 물질적 혁명과 견줄 수 있다고 해석했다. 양국 모두에서 전통에 대한 존경은 파괴되었다. 프랑스에서 구체제가 물질적으로 몰락했다면 독일에서는 정신주의의 유산인 이신론이 몰락했다. 프랑스에서 인간의 권리가 승리했듯이 독일에서는 사유의 자유가 정당화되었다. 말씀이 세상을 창조한 것처럼 "사고는 행동이, 말은 육신이 되고 싶어 한다". 칸트는 『순수이성비판』을 통해 낡은 이신론을 참수하고 새로운 세계를 창조했다. 새로운 세계를 창조했다는 점에서 칸트를 로베스피에르와 비교할 수 있을지도 모른다. 아니다. 로베스피에르는 최고 이성을 숭배한 이신론자였다.

칸트가 (데카르트 이래의 전통이었던) 수학적 방법을 배척한 것은 매우 중요한 문제였다. 수학적 방법은 공리를 전제하지만 그는 철학에서 공리란 사상누각에 지나지 않는다고 생각했다. 수학적 방법의 의의를 처음 찾아낸 피타고라스는, 수가 이념을 가리킬 뿐 이념 자체는 아니라는 것을 이해했지만, 그의 제자들은 그 의미를 이해하지 못했다. 사유는 점이나 선에 의해 규정되는 것이 아니다.

칸트에게 인식의 원천이 선천적인 것인가 후천적인 것인가는 조금도 문제가 될 수 없었다. 그는 인간의 인식 능력 자체를 탐구했다. 칸트에 따르면 우리는 그 자체로 존재하는 사물에 대해서는 알 수 없고 오직 우리의 정신에 반영되는 한에서만 사물에 대해 알 수 있다. 그는 현상과 본체를 구분했다. 즉 우리는 현상으로서의 사물만을 알 수 있고 본체로서의 사물에 대해서는 알 수 없다. 그러나 그는 현상과 본체를 이분법적으로 사용한 것이 아니다. 다시 말해서 그는 우리에게 존재하지 않는 사물과 존재하는 사물을 구별하려는 것이 아니었다. 다만 칸트는 경계의 개념을 부여했을 뿐이다. 칸트에 따르면 신은 본체이고, 이제까지 사람들이 "신이라고 부른 이 초월적인 이상적 존재는 하나의 허구"에 지나지 않는다. 신을 증명하려는 모든 시도는 불가능한 이신론적 시도에 불과하다. 신의 본성에 대한 탐구를 무가치하다고 할 수는 없다. 하지만 그 탐구가 이신론적인 이상 얻을 것은 없다. 이신론자들은 자신들의 무능을 완전히 드러냈다. 그들의 이념과 세계관은 아무런 근거도 없는 것임이 밝혀졌다. 누군가 신의 존재를 다시 증명할 수 있을지도 모른다. 하지만 그것은 이신론이 아니라 범신론에게 도움이 될 따름이다. 분명한 것은 칸트 이후 "이신론은 사변적 이성의 영역에서 사라지게 되었다"는 사실이다. 확실히 칸트의 업적은 프랑스 혁명에 비견될 만한 것이었다. 반혁명이 없을 수 없고 독일의 일부 철학자들은 자기기만을 통해서라도 칸트를 부정하려 했다. 그들은 칸트가 신 존재에 대한 증명을 거부한 것은 이성을 통해서는 신을 인식할 수 없고, 따라서 계시에 의

존해야 한다는 것을 말하기 위해서라고 망상했다. 물론 그 시도는 실패했다. 『순수이성비판』이 이 정신적 운동을 이끌어낸 것은 아니다. 독일의 정신적 운동을 끌어낸 것은 칸트의 '비판 정신'이었다. 이후 독일에서 모든 학문과 문학은 칸트의 영향하에서 성장했다.

    칸트에 의해 독일은 마침내 철학의 길에 들어섰다. 독일 철학이 단발성 사건으로 끝나지 않기 위해서는 칸트의 뒤를 이을 인물들이 등장해야만 했다. 가장 먼저 두각을 나타낸 사람은 피히테였다. 그에게는 사유와 신념(의지 따라서 존재)이 일치한다. 이 통일로 인해 그의 사유와 신념은 동시대인들에게 막대한 영향을 미쳤다. 그에게 특별한 것은 내용보다는 형식과 방법이다. 그는 자신의 방법을 칸트에게서 빌려왔다. 다만 칸트가 비판, 즉 부정성을 제시했다면, 훗날 그는 체계, 곧 긍정적인 것을 제시했다. 초기 저작에서 그는 칸트의 방법을 따랐다. 하지만 그는 곧 체계의 구성에 몰두했고, 체계를 완성한 뒤에는 체계를 증명하는 데 몰두했다. 그의 체계는 주관성의 체계였다. 피히테의 '나=나'라는 추상적 공식은 사람들에게 조롱을 받았다. 사람들은 '나'를 한 개인이라고 받아들였다. 하지만 그가 말한 '나'란 "한 개인 속에 천명된 보편적 사유"를 의미한다. 그는 진리가 단순한 객체, 객관적 진리일 뿐 아니라, 주관적 관념, 곧 주체임을 말하고 싶어 했다. 이런 점에서 피히테는 나폴레옹과 닮은 측면이 있다. "집정부가 일종의 순수이성비판으로써 과거 전체를 파괴한 이후에 나폴레옹이 등징한 것처럼, 피히테 역시도 칸트의 후예들이 무자비한 파괴 작업을 수행한 이후에 나폴레옹처럼 등장했다. 나폴레옹과 피히테 두 사람은 사고와 행위가 일치하는 위대하고 냉혹한 자아를 대표한다." 하지만 그들의 의지와 자아에는 제한이 없었고 곧 소멸했다. 그의 초월적 관념론은 오류다. 하지만 그의 저작에는 당당한 독립성, 자유에 대한 사랑 그리고 존엄성이 살아 있다.

예나에서 그는 무신론자라는 비난을 받았는데, 이 사건에서 신의 본성에 대한 피히테의 견해가 본질적으로 드러나고 있다. 피히테는 학문적 이론이 감각적 존재만을 인식한다고 생각했다. 즉 존재란 오직 경험의 대상일 뿐이므로 신에게는 적용될 수 없는 술어이다. 이제 신은 존재할 수 없다. "피히테의 신은 오직 순수한 행동으로서, 사건의 질서로서, 질서를 낳는 질서로서, 세계의 법칙으로 자신을 드러낸다." 이것은 이신론의 세계관이기도 했고, 따라서 신을 옹호하는 발언이라고 해석될 수 있었다. 그러나 이신론자들은 피히테를 무신론자라고 오해했다. 작센 선제후 정부는 피히테가 말한 내용이 아니라 (정부의 입장을 고려하지 않은) 경솔한 언행을 문제삼아 가벼운 처벌을 내리려고 했지만 자신이 무신론자가 아니라는 확신을 가진 피히테는 예나를 떠났다.

그를 더욱 화나게 만든 것은 헤르더와 괴테, 특히 괴테였다. 그는 괴테가 자기를 옹호하기는커녕 자기의 비난자들과 똑같은 태도를 취했다고 분노했다. 그러나 피히테가 비난을 받은 데는 그 자신의 책임도 컸다. 그는 매우 열정적으로 말하지만 청중들이 알아듣는 방식으로는 말하지 않았다. 그가 말하고 싶었던 것은 이신론의 방식으로 신의 존재를 증명한다는 것은 불가능하다는 것, 그리고 학문이 불가능한 것을 증명하기 위해 애쓰는 것은 시간 낭비라는 것이었다. 이것이 문제였다. 이신론자들은 자신들의 세계가 끝났다는 그의 말에 불같이 성을 냈다. 칸트 이후 독일의 사상사에서 이신론의 소멸은 공공연한 비밀이었으되, 결코 그것을 크게 말해서는 안 됐다. 피히테는 이것을 조금도 눈치채지 못했다. 괴테는 피히테가 자기의 생각을 완곡한 표현으로 말하지 않은 것을 비난했을 뿐이다. 사유가 아니라 말을 비난한 것이다. 많은 동시대인들과 마찬가지로 피히테는 괴테를 오해했다. 이신론자들은 피히테에 대한 공포에 사로잡혀 그를 공격했지만, 자연과의 동화를 갈망한 범신론자인 괴테는 그의 말을 비판하는 것으로 족했다. 괴테는 스피노자를 공부했고, 그의 글에는 스피노자와 똑같은 정신이 깃들어 있었다. 범신론은 철학보다 예술에서 먼저 실천적으로 꽃을 피웠던 것이다.

그러나 관념론이 철학적 전성기를 맞았던 피히테의 시기에 범신론은 문학적 낭만주의에 의해 폭력적으로 전도되었다. 사실 낭만주의도 초창기에는 범신론적이었다. 과거에 대한 그들의 향수는 고대 게르만 범신론으로의 무의식적인 회귀였다. 낭만주의의 주된 소재는 중세였다. 하지만 그들이 가톨릭의 시대인 중세에 매료된 것은 그 시대에 관한 전설과 민담 등에 포함되어 있던 고대 신화와 민족성 때문이었다. 그러므로 낭만주의자들이 프로테스탄티즘 그리고 자유주의를 싫어했던 것은 당연하다. 프로테스탄트는 가톨릭과 함께 민족주의적 유물들마저 파괴하려고 했기 때문이다.

본질적으로 정신주의적인 피히테의 초월적 관념론은 존재를 신으로부터 배제시켰고 종국에는 아무것도 남지 않게 만들어버렸다. 이것은 유물론을 표방한 프랑스의 계몽주의와 마찬가지다. 그러나 프랑스 계몽주의는 피히테의 정신주의에 비하면 훨씬 경건하고 신앙적이다. 프랑스는 최고 이성이라는 이름의 신을 섬겼다. 그들에게 세계의 법칙은 곧 신이었다. 따라서 신은 존재한다. 피히테는 철학이 법칙의 존재만을 증명할 수 있을 뿐이고 신의 존재는 증명할 수 없다고 말했을 따름이지만, 사람들에게 그의 말은 신이 존재하지 않는다고 들렸다. 당시까지 독일에서는 무신론이라는 이유로 철학이 비난을 받는 일은 없었다. 더구나 프랑스에서와 달리 그의 입장은 국가에 아무런 해도 끼치지 못하는 것이었다. 그런데도 피히테는 무신론자라는 공격을 받았고, 그는 이것이 정치적 이유에서 비롯된 것임을 눈치챘다. 그는 사람들이 자신을 무신론자이기 때문에 공격한 것이 아니라 자유로운 사상가이기 때문에 공격한다고, 민주주의자이기 때문에 박해한다고, 자신의 철학이 인간의 자립성을 일깨우기 때문에 비난받았다고 주장했다.

피히테가 이런 논쟁에 휘말리던 시기에 독일의 지식인들은 어떤 시대보다도 사유의 자유를 인정받고 있었다. 그들은 프랑스 혁명에서 자신들의 미래를 보았다. 그러나 나폴레옹 전쟁은 독일 민족을 무기력하게 만들었다. 사유의 자유는 억압되었다. 어쩌면 그는 혁명을 예감했기 때문에 비난을 받았을지도 모른다. 그러나 사유의 최정점에서 피히테는 입장을 바꿨다. 보다 부드러워지고 겸손해진 것이다. 물론 완고한 인간인 피히테는 자기의 변화를 인정하지 않았고, 다만 수단이 개선되었을 뿐이라고 주장했다. 그러면서 그는 새롭게 부상하는 셸링의 자연철학이 자기 철학의 복사품이라고 비난했다.

피히테가 완전히 틀렸던 것만은 아니다. 피히테는 이념과 현실의 동일성을 주장했고, 셸링도 이를 인정하고 있기 때문이다. 하지만 피히테가 이념으로부터 현실을 구성한 반면, 셸링은 현실에서 이념을 이끌어내려 했다. 그러므로 두 사람은 반대 방향에서 서로를 보완한다. 그들에 따른다면 철학은 초월적 관념론과 자연철학으로 나뉠 수 있다. 셸링도 이를 인정했다. 그러나 셸링에게는 결코 체계가 존재하지 않았다. 그는 철학자이기보다 시인이기를 원했고, 사유가 시작되어야 할 곳에서 시를 쓰려고 했다. 증명이 필요한 곳에서 그는 자연철학이라는 이름의 상징으로 도피했다. 그것이 셸링만의 잘못은 아니다. 그것은 추상적 철학에 대한 평범한 시인들의 일반적인 반응이기도 했다. 그러나 셸링의 영향력은 컸고 그에게 감화를 받은 청년들이 그의 흉내를 냈다. "가장 생각이 짧은 인간들이 각자 다른 말로 예언을 하기 시작했다. 그리하여 철학의 위대한 성령강림절이 탄생하게 되었다." 이러한 희극을 자연철학의 오류로 보아서는 안 된다. "왜냐하면 자연철학의 이념은 근본적으로 스피노자의 이념인 범신론이기 때문이다." 그러나 셸링은 철학을 신비주의적 직관으로 대체했다.

헤겔은 독일이 낳은 가장 위대한 철학자였다. 그는 "칸트처럼 명민했고, 피히테처럼 힘이 있었"지만, 혁명적 정신이 깃든 두 사람과 달리 "평화로운 영혼의 소유자였다". 그는 앞의 두 사람에게 볼 수 없는 조화로운 사유를 가지고 있었다. 헤겔 역시 국가와 교회에 애매한 정당성을 부여함으로써 현실과 타협했다는 점에서 셸링과 비슷하다고 할 수 있을지도 모른다. 하지만 그가 국가에 정당성을 부여한 것은 새로운 국가가 진보의 원리를 따른다고 생각했기 때문이었고, 교회에 정당성을 부여한 것은 그들이 자유로운 연구의 원칙을 가지고 있다고 생각했기 때문이다. 더구나 그는 셸링과는 달리 솔직한 인간이었다. 독일의 철학은 헤겔에게서 끝났다.

칸트, 피히테 그리고 전기의 셸링은 독일 철학의 혁명적 전성기를 상징한다. "칸트에게서 폭력적인 관습의 파괴를, 피히테에게서 나폴레옹의 제국을 볼 수 있다면, 우리는 셸링 씨에게서 복고적 반작용을 볼 수 있다." 자연철학은 더 풍요로울 수 있었고 실제로 여러 학문에서 많은 업적을 생산했다. 하지만 그 이상으로 많은 부작용도 낳았다. 자연철학을 신봉한 신비주의가 낭만주의와 민족주의의 형태로 정신주의의 복원에 몰두했기 때문이다. 하이네는 만약 프랑스인들이 좀 더 일찍 신비주의에 사로잡힌 독일의 자연철학을 접했다면 반혁명을 분쇄한 7월 혁명은 결코 일어날 수 없었을 것이라고 말함으로써 이 유행을 조소했다.

철학의 쇠퇴와 함께 철학에 대한 엄청난 비난이 쏟아졌지만, 하이네는 독일에서 철학의 중요성이 여전히 크다고 생각했다. 왜냐하면 그는 독일인과 같은 "방법론적인 민족은 개혁으로 시작해서 이를 바탕으로 철학을 세우고, 오직 이를 완성한 후에야 정치적 혁명으로 이행할 수 있다"고 생각했기 때문이다. 그러나 철학은 미완의 상태에서도 벌써 독일에 혁명적인 힘을 일깨우고 있었다. 프랑스 혁명은 근대적 중앙집권국가를 넘어 현대 국가의 출발점이 되었고, 독일의 국민들 또한 새로운 국가를 열망하기는 마찬가지였다. 하이네는 이를 우려한다. 만약 철학이 완성되지 않은 채로 독일에서 혁명이 발생한다면, 이 혁명이 세계에 미치는 영향이 부정적일 것이라고 예상했기 때문이다.

하이네는 독일의 미완성된 철학에 의해 발생할 혁명의 순서를 이렇게 설명했다. 우선 칸트주의자들이 혁명의 전조로 등장할 것이다. 그들은 모든 관습을 뿌리째 뽑아버릴 것이다. 뒤이어 피히테주의자들이 무장한 채 등장할 것이다. 그들은 초기 기독교인들 이상으로 물질적인 세계를 공격할 것이다. 하이네의 예상에서 가장 무서운 것은 (셸링이 아니라) 사연철학자들이다. 그들은 독일인 특유의 원초적 힘으로 파괴적인 영향을 발휘할 것이다.

기독교가 게르만의 난폭한 힘을 제어했었다는 사실은 정신주의의 업적이었다. 하지만 하이네는 독일인들이 이미 이신론적 정신주의의 영향에서 완전히 벗어나 있을 뿐만 아니라, 철학의 미완성으로 말미암아 타락한 감각주의로 치달을 것이라고 예상했다. 독일에서 미완의 철학이 이미 정신주의의 상징인 십자가를 파괴했다는 사실을 상기해야 한다는 것이다. 하이네는 독일이 유포한 낭만주의의 환상에 빠져 있는 프랑스인들에게 경고를 보냈다. 낭만주의와 민족주의적 열정에 사로잡힌 독일의 현대화가 프랑스 혁명과 동일한 결과를 가져오지 않을 것이라고 예상했기 때문이다. 프랑스는 독일의 현대화를 경계해야 한다. 그는 철학의 미완성에 기인한 타락으로 말미암아 난폭해진 감각주의의 독일이 민주주의 대신 민족주의적 열망에 사로잡히는 것을 경계했다. 어쩌면 그들은 순수한 감각주의의 힘으로 민주주의를 달성한 "사랑스러운" 프랑스를 질시한 나머지 극단적인 폭력을 자행할지도 모른다는 것이다.

감각주의의 고향인 프랑스를 사랑한 하이네는, 프랑스인들이 지금은 비록 낭만주의에 젖어 있더라도 그들이 본래 고전주의자라는 사실을 기억해달라고 당부했다. 전 유럽의 고전적 정신이 고향으로 삼고 있는 올림포스를 상기하라는 것이다. 그는 넥타와 암브로시아를 마시며 향락을 즐기는 와중에도 완전 무장을 하고 경계를 늦추지 않는 지혜의 여신이 프랑스이기를 기원했다.

하이네는 이 글을 1834년에 처음 썼다. 40년이 채 되지 않은 1870년, 독일을 통일하여 현대 국가로 발돋움하려는 프로이센과 프랑스 사이에 전쟁이 벌어졌고, 이듬해 프랑스는 패전했다. 1918년 프로이센을 몰락시킨 독일 혁명은 곧 제3제국으로 이어졌고, 세계는 다시 참화에 빠졌다.

독일어판 편집자 해제

1

『독일의 종교와 철학의 역사에 대하여』는 문학사적 저술이면서 특히 이전의 독일 문학에 대한 비평적 저술인 『낭만파』의 이념사적 토대로 여겨진다. 독일에 대한 이해라는 측면에서 두 책은 모두 개설서의 기능을 하며, '정령'에 대한 연구로 보완된다. 『정령』은 이 철학적 저술보다 더 자세히 독일의 민속신앙을 탐구한 책이다. 하지만 이들 세 작품을 통합한 간행물은 프랑스판으로만 가능했다. 독일 시장에서는 이 세 작품이 따로따로 출간되었다. 하이네는 이 철학적 저술의 서문에서 독일의 이해를 위한 책들의 내적 논리를 고려해 하나의 세목으로 통일하여 책을 내는 것이 여러 가지 이유로 인해 불가능했음을 밝혔다. 그리고 하이네는 이 철학적 저술이 "내적 통일성과 외적 완결성을 갖추긴 했지만 […] 좀 더 커다란 전체의 단편일 수밖에 없다"는 점을 밝히는 것을 소홀히 하지 않았다.

『낭만파』의 서문에 나오는 것처럼, 이 철학적 저술은 "독일 문학으로의 안내"라는 목적으로 계획되었음에도 불구하고 『낭만파』라는 문학사 작업이 출간되고 나서야 비로소 출간되었다. 『낭만파』는 1833년 먼저 두 부분으로 나뉘어 출간되었다. 첫 번째는 『독일 순수문학의 역사에 관하여Zur Geschichte der neueren schönen Literatur in Deutschland』라는 제목으로, 최종판은 『낭만파』라는 새로운 제목을 달고 1835년 말에 출간되었다. 이에 반해서 『독일의 종교와 철학의 역사에 대하여』는 『살롱』의 제2권으로 인쇄되었고, 여기에 『새봄Neuen Frühlings』의 시들이 추가로 덧붙여졌다. 『독일의 종교와 철학의 역사에 대하여』는 1835년 초에 완성되었는데, 판본의 일부는 1834년으로 되어 있다. 그 이유는 아마도 기술적인 어려움으로 지연되면서 해가 바뀌어 책이 출간된 정황으로 보인다. 유념해야 할 점은 여기서는 오직 출판의 실제, 즉 완전하고 독창적인 독일에 관한 책을 내려는 하이네의 언명이 중요한 것이지, 책의 기원에 관한 것이 중요한 것은 아니라는 점이다. 왜냐하면 실제로 하이네는 이 철학적 저술을 끝마치기 전에 먼저 문학사의 상당 부분을 썼기 때문이다.

이 철학적 저술은 맨 처음 잡지 형식으로 발간되었다. 하이네는 1832년 『르뷔 데 되 몽드』의 편집자인 프랑수아 뷜로즈François Buloz와 알게 되었고, 두 사람은 1833년 중반—하이네가 명명했듯이—"내 조국의 지적 발전을 위한 시리즈"에 관하여 긴밀히 협의했다. 첫 번째 글은 1833년 가을에 시작해서 그다음 해 가을에서야 완성되었다. 하이네가 이 시리즈의 글을 쓰면서 보인 집중력은 비교 불가능할 정도로 컸다. 하지만 첫 번째 글이 1834년 3월에 인쇄된 후 독자들은 다음 글을 맛보기 위해 적어도 연말까지 기다려야만 했다. 두 번째 글은 11월에, 세 번째 글은 12월에 간행되었다.

독일어판을 내는 데에도 하이네가 함부르크 출판인인 캄페에게 원고를 넘겨주기로 한 약속이 지연되었다. 하이네는 캄페에게서 재차 강도 높게 약속을 지킬 것을 종용받은 후 마침내 1834년 10월 29일 자 편지에서 처음 두 개 장의 원고를 우편으로 보냈다고 알렸다. 12월로 연기된 세 번째 장과 서문은 11월에 전달되었다. 『살롱』 제2권의 출간은 물론 상대적으로 빠르게 진행되었다. 알텐부르크 인쇄소에도 서둘러줄 것을 재촉한 캄페는 1835년 2월에 잉크 냄새가 가시지 않은 인쇄물을 건네받게 되었다. 발행 부수는 2000부였다. 당시의 일반적인 규정에 따르면 전지 20장 분량의 인쇄물이 되어야 검열을 피할 수 있었다. 하지만 이 철학적 저술은 그 분량에 달하지 못했고, 따라서 봄의 시들을 덧붙여야 했다.

하지만 검열을 무사히 통과할 수 있다는 기대는 물거품이 되었다. 하이네의 출판인은 작센 알텐부르크 공국의 검열이 강화된 것을 생각하지 못했다. 물론 필요한 책의 분량을 충족하긴 했지만 검열관 요한 에른스트 후트 Johann Ernst Hut의 가위에 의해 텍스트의 열다섯 군데가 희생되었다. 저자가 복고적 질서에 대해 정치적으로 반기를 든 부분들은 다시 고치라고 요구되었고, 특히 책의 말미에 있는 혁명을 예언한 부분은 출판에 부적합하다는 판정을 받아 완전히 삭제되었다. 다른 한편으로 하이네 스스로 나중에 말한 것처럼, "종교적으로 신랄한 비판과 미심쩍은 모든 부분이 백일하에 드러났다". 하이네는 불구가 된 『살롱』 2권에 너무 불쾌해져서 캄페 출판사가 스스로 독단적으로 삭제를 한 것으로 의심했다. 저자와 발행인은 격렬하게 다투게 되었고, 편지와 해명이 서로 오갔다. 1839년 「작가의 궁핍Schriftsteller-Nöten」이란 제목으로 캄페에게 보낸 공개적 편지에서 하이네는 다시 한 번 분명하게 "자신의 인격은 검열 조처로 인해 가장 치욕스러운 오해에 내맡겨지게 되었다"는 점을 밝혔다. 화가 치민 하이네는 다음과 같이 말했다.

> 이 책이 담고 있던 애국적인 의미는 사라졌고, 사람들이 쓰디쓴 접시인 일종의 신학적 논쟁을 이 책의 핵심으로 생각할 정도로 이 책은 처참하게 파괴되고 망가졌다. 나의 노력은 오인과 비방에 직면하게 되었다.

책은 잘 팔리지 않았다. 1852년이 되어서야 2판을 찍을 수 있었다. 어쨌든 1848년 혁명 이후 과거의 출판 법규는 효력을 잃게 되어 책을 새롭게 출판할 수 있는 조건이 마련되었다. 그래서 하이네는 봄에 새로운 판을 위해 새롭게 서문을 썼다. 그리고 1835년 인쇄 당시 훼손된 부분을 복원하고자 하였다. 하지만 원고를 되돌려 받을 수 없는 상황이었기 때문에 검열관에 의해 삭제된 열다섯 군데 중 일곱 군데만을 수정했다. 나머지 부분들은 더 이상 복구될 수 없었다. 1852년 여름 『살롱』 제2권이 새롭게 인쇄되었다. 이번에는 하이네의 시가 첨부되지 않고 발간되었다. 1835년판도 1852년판도 최초의 원고 상태와는 다르기 때문에 두 판본 중 그 어느 것도 진정한 원고가 되지는 못했다. 후대에 나온 판본들도 제각각 원본이 다름으로 인해—수고가 다시 발견되었음에도 불구하고—책마다 부분적으로 새롭고 문제가 있는 혼합된 판본이 되었다.

2

"두 이웃해 있는 민족들에게 서로를 이해하는 것보다 중요한 일은 없다. 오해는 피비린내 나는 결과를 초래할 수도 있다. 이러한 통찰이 이미 10년 전 나온 스탈 부인의 책 『독일론』에 대비되는 같은 제목의 책을 쓰게 된 이유이다." 이러한 회고적 언급에서 알 수 있듯이 하이네는 작가로서 상호 문화 간의 과제를 잘 이해하고 있었다. 1831년부터 파리에서 살게 된 하이네는 독일 독자들에게 프랑스의 상황, 특히 수도 파리에서 일어나는 현실의 긴급한 사건들을 알리고자 했다. 다른 한편으로는 관심 있는 프랑스인들에게 독일의 문화를 전달하고자 했다. 모든 형태의 편협한 민족주의에 반대하면서 하이네는 현실 참여적인 세계시민주의자의 입장을 대변했다. 여기서 세계시민주의자란 민족들을 서로 친밀하게 하는 평화주의 사명에 헌신하는 자를 말한다. 출판인인 유겐 렌델Eugène Renduel의 이름을 따서 발행된 프랑스판 선집(1833~1835)에는 이러한 관심이 제목 선정에서부터 고려되었다. 『프랑스의 상황Französische Zustände』으로 번역된 제4권 『프랑스』에 이어 5권, 6권은 독일에 관한 글, 특히 『독일의 종교와 철학의 역사에 대하여』와 『낭만파』 그리고 『정령』의 첫 부분을 통칭해 『독일론』이란 제목으로 통합되었다. 관념론과 낭만주의 그리고 반나폴레옹적 입장에 있는 스탈 부인—스탈 부인의 책은 프랑스인의 관점을 이웃 나라인 독일에 지속적으로 영향을 미쳤다—에 의식적으로 반대하면서 '해방된 프로이센인'인 하이네는 특히 "독일 철학을 올바르게 이해"시키는 것을 자신의 과제로 삼았다.

그러므로 하이네의 저작 『독일의 종교와 철학의 역사에 대하여』는 여러 가지 관점에서 하나의 '번역' 저술의 모습을 띤다. 하이네가 중요하게 여긴 것은 종교개혁 이후 독일 정신사의 과정을 프랑스인들에게 전달하는 것, 즉 객관적 지식의 전달뿐만 아니라—하이네가 단지 독일의 정신사에 국한한 것은 일단 배제하고—개별 사상가들의 입장과 전체 철학사에 대한 자기 나름의 '정확한' 비평이다. 정확한 비평은 서술의 논거가 되는 척도가 있다는 것을 의미한다. 이것은 하이네가 이 철학적 저술을 막 시작할 때 말한 '사회적 중요성'이라는 척도이다. 이 척도를 바탕으로 하이네는 개별 철학자의 학설을 선택하고 평가하고자 했다. 물론 이러한 형식은 다시금 할당의 기준을 요구한다. 각각의 사상사들의 중요성을 부여함에 있어서 하이네는 해방의 과정을 위한 그들의 업적에 지향점을 둔다. 이 해방의 과정을 위해 해방이란 개념은 합당한 구성 요소를 지닐 뿐만 아니라, 또한 무엇보다도 행복주의의 구성 요소를 지닌다. 직선적인 진보관은 여기서 자의적으로 범신론적 존재관과 결합되어 있다. 그리고 이러한 구성의 소실점으로서 하이네는 사회적으로, 그리고 감각적으로 해방된 인류의 유토피아를 제시한다. 이러한 프로그램은 2장에 나오는 유명한 다음의 구절 속에 웅변조로 표현된다.

> 우리는 인간의 권리를 위해 싸우는 것이 아니라 인간의 신적 권리를 위해 싸운다. 이 점에서, 그리고 다른 몇 가지 사항에서 우리는 프랑스 혁명의 혁명가들과 구분된다. 우리는 상퀼로트도 소박한 시민도 인색한 우두머리도 되고 싶지 않다. 우리는 동등하게 장엄하며, 동등하게 신성하며, 동등하게 행복한 신들의 민주주의를 구축하고자 한다. 너희들은 단순한 복장, 절제하는 삶의 태도와 양념을 치지 않은 음식을 요구한다. 하지만 그와 반대로 우리는 신들의 술과 음식, 왕과 추기경이 입는 자주색 의복과 값비싼 향수, 환희와 환락과 화려함, 기쁜 표정으로 추는 요정의 춤과 음악과 코미디를 원한다.

이 거리낌 없는 감성으로 내뱉는 언어, 고대 바쿠스 축제의 자유와 같은 이 도발적인 발언은 독자들을 '물질의 복원'이라는 하이네의 요구로 안내한다. 그리고 현실과의 거리를 지체 없이 의식으로 불러들이는 그 풍부하고 간결한 표현 속에서 동시에 먼 미래의 이러한 역사적 목표를 가리킨다. 이러한 해방의 표상은 나중에 서사시

『독일, 겨울동화』에 다시 나타난다. 제1장(9~12연)의 가장 널리 알려진 부분을 여기서 다시 한 번 인용한다.

> 새로운 노래, 더 나은 노래를,
> 오, 벗들이여, 그대들에게 지어주겠노라!
> 우리는 여기 지상에서
> 하늘나라를 벌써 세우려고 한다.
>
> 우린 지상에서 행복을 희구하며,
> 더 이상 궁핍함을 원치 않는다.
> 부지런한 손이 번 것을
> 게으른 배가 탕진해서는 안 된다.
>
> 이 지상에는 인류에게 필요한
> 충분한 빵이 자라고 있어,
> 장미와 미르테도, 미와 쾌락도,
> 그리고 사탕콩도 적지 않아.
>
> 그래, 깍지가 터지자마자
> 모두를 위한 사탕콩이 나온다!
> 하늘은 천사들이나
> 참새들에게 맡겨버리자.

시에서 가능성으로 나타나고 노래된 것이 이 철학적 저술에서는 논증의 형태로 제시된다. 왜냐하면 "거대한 세계 분열, 즉 악"을 극복하려는 희망, 따라서 화해된 인류라는 시에 예감된 이상을 역사적 사건과 발전의 현실로 연결하려는 소망이 역사 자체를 그 운동 형태 속에서 진보적 역사로 해석하려는 방향으로 이끈다. 목적론적인 역사관은 인류가 평화로운 날을 누리기 위해 나아간다는 계몽주의적 낙관주의를 뒷받침한다. 그래서 하이네는 역사 속에 계속해서 등장하는 종교적·철학적 사상들을 진보의 선상으로 옮겨놓았다. 즉 하이네는 사유의 역사를—그 진행이 때로는 우연적이고, 그 구체적 실상은 종종 서로 이질적으로 나타남에도 불구하고—단일한 의미를 부여하는 분명한 말씀의 과정으로 변환시켰다. 그리고 이 말씀의 과정은 마침내 실제 역사의 태도도 규정한다. 이러한 의미에서 하이네는 "세계는 말씀의 징표이다"라고 3장의 시작 부분에서 단언했다. 그리고 그는 사유와 행위의 변증법을 제시했다. "사고는 행동이, 말은 육신이 되고 싶어 한다. 놀라운 일이다! 신이 성경을 필요로 한 것처럼, 인간은 자신의 사고를 표현해야만 한다. 그리하여 세계가 형성되었다." 이러한 관점을 바탕에 둔 하이네의 작품은 헤겔 좌파의 초기 기록물로 평가되기도 한다.

지금까지 서술한 여러 가지 '번역'의 측면에 또 한 가지를 덧붙여야만 한다. 하이네는 서로 다른 말을 쓰는 두 민족 사이의 매개자로서뿐만 아니라 어려운 철학 이론과 역사서의 해석자로서, 그리고 두 언어 지평 사이의 통역자로서, 말하자면 학문의 언어와 민중의 언어

사이의 통역자로서 평가되어야 한다. 하이네는 철학의 비의적祕儀的 언어를 민중의 언어로 옮김으로써 계몽의 주재자로서의 역할을 올바르게 수행하고자 했다. 더 나아가 하이네는 자신을 기꺼이 민중 속에 포함시키고, 자신과 독자 사이의 소통의 거리를 좁히고자 했다. 하이네가 '지식에 굶주린 민중들이 그가 나누어주는 정신의 빵 한 조각에 고마워한다'고 말할 때, 그는 독자들을 위해 사유의 "닫힌 곡식창고"를 열고, 바로 이러한 민중 교육의 과제를 떠맡아 진리의 행상인 역할을 단연코 자신의 과제로 삼았다. 혁명가 생쥐스트의 말, "빵은 인민의 권리이다"를 인용하면서 모든 인간의 풍요롭고 정당한 물질적 권리를 강조했다. 이와 유사한 '정신의 빵'이란 단어는—똑같은 혁명적 영향력을 지녔지만—지식과 교육에 대한 권리를 내포한다. 토마스 만Thomas Mann은 프랑스 독자의 시선으로 독일어로 글을 쓰는 하이네는 "독일 철학과 문학의 저자로서 프랑스 독자들에게 쉽게 다가갈 줄 알았다"고 말하면서 하이네의 언어적 취지와 업적을 기렸다. 이 철학적 저술에서도 적지 않은 분량으로 번역의 가치에 대해서 논하고 있다. 즉 그것은 통일된 독일어를 창조하기 위한 루터의 공적을 찬양하고, 이 종교 개혁가를 심지어 신의 말씀의 대변자로 선정한 부분이다. "『성경』의 거룩한 저자는 우리와 마찬가지로 누가 『성경』을 번역하는지의 문제가 매우 중요하다는 것을 잘 알고 있는 것처럼 보인다. 그래서 그는 스스로 번역자를 택해서 이미 무덤 속에 들어간 죽은 언어를 아직은 통용어로 정착되지 않은 언어로 번역하는 놀라운 힘을 그에게 부여했다." 이 인용문의 행간에는 하이네가 특히 『독일의 종교와 철학의 역사에 대하여』를 서술하면서 자신에게 부과한 언어적 기획이 어느 정도 숨겨져 있다. 왜냐하면 루터처럼 하이네도 사유에 언어를 부여하려고 했기 때문이다. 비록 검열 조처로 인해 상당히 위축되긴 했지만, 어쨌든 하이네에게는 지식의 대중화를 앞당기는 것이, 즉 전문 용어로 인해 접근하기 어려운 담론의 미로를 비추고, 숨겨진 혁명적 함의를 밝혀내는 것이 중요했다. 이 철학적 저술의 저자는 스스로 사유의 역사를 해석하는 일이 예정된 일이라고 느꼈다. 그렇다. 하이네에게 예언자의 모습을 띠게 하는 책의 말미에 나오는 저 독특한 예언을 생각한다면, 우리는—앞서 인용된 루터의 문장과 관련하여—하이네가 문장의 행간에서 스스로에게 '선택된'이라는 관형어를 의도적으로 부여하려 했다고 생각할 수 있다. 그러므로 자신의 말의 번역자를 스스로 선택하는 신의 권위는 어쨌든 전기적 사실의 측면에서도 작가 하이네의 권위를 반영한다. 왜냐하면 이 저시를 쓰던 때인 1833년 말, 하이네는 자신의 책의 역자인 아돌프 뢰브Adolphe Loëve-Veimars와 헤어지고, 그 대신에 『독일론』의 기획을 위해 행정 관료이자 출판업자인 피에르 알렉상드르 스페쉬를 선택했기 때문이다.

하이네가 자신의 '번역' 기획에 있어서 궁극적으로 '저널리스트'의 이상에 얼마나 부합했는지, 말하자면 혁명과 반혁명이 교차하는 3월 혁명 이전의 긴장된 국면에서, 완전히 파괴적이고 혼란스러운 역사적 격변의 국면에서, 참여적 입장에 서서 동시대인들이 방향을 잡는 데 도움을 줄 수 있는 그러한 작가의 이상에 얼마나 일치하는

지는 루트비히 뵈르네의 한마디가 증거한다. 자신의 잡지『저울, 시민적 삶, 학문, 예술을 위한 잡지Die Waage, eine Zeitschrift für Bürgerleben, Wissenschaft und Kunst』를 광고하면서 그는 이렇게 썼다 "한 저널리스트가 또한 학문과 역사의 마부라면, 그는 분명 존경할 만한 인물이다. 하지만 그는 그 이상이다. 그는 지금의 목마름을 해소시키기 위해 진리의 샘물을 퍼 올리는 데 꼭 필요한 그릇을 우리에게 건네주었다."

3

하이네는 종교와 철학의 역사에 관한 논의를 세 개의 장으로 나누었다. 1장에서는 영지주의적·이원론적 세계관과 그것의 육체에 대한 차별, 즉 '육신의 고행'에 관하여 논의하고, 특히 마르틴 루터의 종교개혁의 고유한 업적으로서 사유의 자유를 통한 영지주의적 세계관의 극복에 대해 서술하고 있다. 2장에서는 권좌 위에 오른 데카르트의 주체에서 시작해 이러한 이념사의 완성을 이룬 헤겔의 범논리적 체계로 끝맺으면서 근대 철학의 전개 과정을 논하고 있다. 하지만 '위대한 종교적 혁명'과 '철학적 혁명'을 다루면서 동시에 이 책은 예언적 결말로서 현실의 역사적·정치적 혁명을 함께 이야기한다. 따라서 이 책을 해석하는 데 있어서는 항상 3단계의 혁명 과정이 언급된다. 이 철학적 저술의 논리 전개를 전체적으로 조망해볼 때 이 3단계의 논리는 정당하긴 하지만 혁명의 3단계는 이 책을 세 개의 장으로 나눈 것과는 일치하지 않는다. 결론적인 혁명의 예고는 물론 가장 정점에 있다. 왜냐하면 그것은 이 책의 역사철학적 서술이 향하는 소실점으로 이해될 수밖에 없기 때문이다. 하지만 다른 한편으로 혁명의 예고와 관련해서는 책 전체에서 단지 몇 페이지의 지면만이 할당되었다. 그리고 더 중요한 점은 그 초인적이고 위협적인 문체와 환상적인 내용 때문에 혁명의 예고에 관한 서술은 본래적인 역사적, 더 정확하게는 이념사적 고찰을 벗어난 특별한 지위가 부여되어 있다는 점이다.

일반적으로 철학적 혁명은 두 국면으로 나누어지는데, 이는 하이네의 구분과 명백히 일치한다. 칸트의 '코페르쿠스적 전환'은 그 경계점을 이룬다. "사물을 조사해서 그 특징들을 모으고 분류했던 지금까지의 철학은 칸트의 등장과 함께 중지되었다." 근대 초기의 철학이 신학이라는 후견인으로부터 점차저으로 해방되었다면, 전통 형이상학이라는 건물은 칸트에 의해 무너졌다. "당신들은 종이 울리는 소리가 들리는가?"라고 2장의 끝에서 하이네는 묻는다. 그리고 간결하게 덧붙인다. "죽어가는 신에게 성례를 올리기 위해 무릎을 꿇으라." 그러므로 이 철학적 저술에 펼쳐진 사유와 행위의 변증법을 배경으로 우리는 다음과 같이 좀 더 정확하게 말할 수 있을 것이다. 하이네는 두 개의 혁명적 현상을 구분했다. 즉 정신적·지적 혁명과 물리적·정치적 혁명을 구분했다. 정신적·지적 혁명은 3단계의 틀 속에서 회고석으로 조명되었고, 물리적·정치적 혁명은 미래의 독일 혁명을 예언하는 가운데 덧붙여졌다.

   결론이 갖는 매력에도 불구하고—여전히 결론으로 돌아가겠지만—책의 중심은 역사 서술에 있다. 그 외의 분야에 대에서는 하이네 스스로 개요만을 서술했을 뿐이며, 뒷부분에 서술된 "거대한 경기"라는 말에 대해서는 아무런 언급이 없다. "나는 기독교가 어떤 종교인지를 설명해야 한다. 기독교가 로마-가톨릭교가 되고, 가톨릭에서 신교가 되고, 신교에서 독일 철학이 탄생하는 과정을 설명할 것이다."

4

앞서 말한 것처럼 이 철학적 저술의 역사철학적 서술은 목적론적 진보의 모델을 따르고 있다. 직간접적으로 책의 모든 내용은 이러한 방향에서 서술되어 있다. 한편으로 책의 1장에서 바로 하이네는 독자들에게 엄숙하고 단호하게 말한다. "그렇다. 단연코 우리 후손들은 우리보다 더 아름답고 더 행복할 것이다. 왜냐하면 나는 진보를 믿기 때문이다. 인류의 운명은 행복으로 귀결된다고 나는 믿는다." 다른 한편으로 이 책의 성향, 즉 기능적으로 조직화된 역사 해석 자체가 사유의 역사를 해방 과정의 구조물로 변화시키고 있다. 중요한 것은 이러한 진보적 관점을 현실화하는, 역사의 소용돌이 가운데 동인으로 내재하는 원리를 찾아내는 일이다. 그것은 인간이 노력을 통해 자유를 의식하게 된다는 사유이다. 여기서 하이네는 헤겔과 일치한다. 헤겔은 세계사에 대해 다음과 같이 말한다. 세계사는 "자유의 의식이라는 원리가 단계적으로 발전하는 모습을 드러낸다". 이러한 점은 하이네가 서술한 철학사에 그대로 적용될 수 있다. 왜냐하면 다시 헤겔의 말을 빌리자면, 이것이 바로 "세계사의 핵심"이기 때문이다. 그래서 하이네가 간략하게 철학적 혁명은 끝을 맺었고, 그것은 헤겔이 "그 거대한 원을 완성했기" 때문이라고 말했을 때, 이 말을 가령 하이네가 역사철학적 순환 모델을 받아들인 것으로 해석해서는 안 된다. 오히려 이 순환이라는 단어는 헤겔적 사유의 의미에서 발전 과정의 완성이자 '결과'로 해석되어야 한다. 계몽주의의 사유가 진보의 모델을 준비하고 있다 하더라도—예를 들어 하이네가 높게 평가한 레싱과 『인류의 교육』에 나타난 레싱의 3단계 모델을 생각해보라—하이네가 지향하고 있는 것은 무엇보다 헤겔의 역사 고찰이다. 하이네는 연구를 위해 베를린에 있는 동안 개인적으로 헤겔을 알게 되었고, 1822~1823년 학기에는 헤겔의 세계사의 철학 강의를 청강할 기회를 가졌다. 하이네는 루터와 종교개혁에 대한 헤겔의 평가를 받아들일 뿐만 아니라 언어 사용 방식에 있어서도 헤겔 철학과 밀접하게 연결되어 있다. 예를 들어 하이네가 신적인 자기의식과 민족의 사명에 관해 말할 때, 이것은 헤겔 사유를 발췌한 것처럼 읽힌다. 하이네의 철학 스승은 거의 비슷하게 다음과 같이 정의했다. "왜냐하면 세계사는 신적인, 절대적인 정신의 과정이 그 최고의 형태로 표현된 것이다. 신적인, 절대적인 과정은 정신이 자기 자신을 넘어 자기의식에, 즉 진리에 도달하는 단계적 과정을 뜻한다. 이러한 단계의 형태들이 세계사의 민족정신들이다."

이 철학적 저술의 전체적 구도가 적지 않게 헤겔에 기대고 있음에도 불구하고, 정작 헤겔에 대해서는 거의 언급되지 않는다는 점이 특이하다. 물론 헤겔에 대한 짧고 분명한 찬사의 평가가 있었다. "정신의 제국의 군주"는 하나의 체계를 내놓았고, "그 체계의 종합으로부터 전체 현상세계가 해명"될 수 있다고 하이네는 언급했다. 한참 후에 『고백록』에서 하이네는 자신이 『독일론』의 새로운 판을 내기 위해 헤겔에 대해 한 권(장)을 썼는데, 헤겔 좌파의 냄새가 물씬 풍기는 이 글이 자신에게는 주제넘은 월권처럼 여겨져서 결국 벽난로 속으로 던져버렸다고 밝혔다. 물론 실제로 헤겔에 관한 완전한 책이 쓰였다는 것이 사실로 간주되어서는 안 된다.

하지만 하이네는 헤겔의 역사철학을 단순히 베끼지 않았다. 하이네는 헤겔의 범논리적 개념변증법을 전적으로 받아들일 수도, 그러려고 하지도 않았다. 하이네가 사용한 것은 헤겔 역사철학의 고유한 운동 원리였고, 이 운동 원리가 화해된 인류라는 하이네의 이상을 역사 속으로 정립하고, 실현 가능한 길을 제시할 수 있었기 때문이다. 하지만 이러한 이상을 구체화하는 일은 범신론적 존재론을 도입함으로써 가능했다. 그러므로 하이네가 독자들에게 스피노자의 철학을 소개하고 곧바로 빠져들어간 것은 결코 놀랄 만한 일이 아니다. 하이네는 학창 시절에 이미 스피노자의 철학에 관심을 가졌고, 나중에는 그가 1822년 입회한 베를린의 '유대인 문화 학술 협회'에서 스피노자 철학과 씨름했다. 무엇보다도 스피노자의 철학이 무신론으로 불려야 하는가 하는 문제가 관건이었다. 그래서 최근 하이네에게서 발견되는 이곳저곳에 산재하는 스피노자에 대한 언급들은 이러한 맥락의 반영으로 볼 수 있다. 하지만 이 철학적 저술에서 스피노자는 하이네의 마음에 꼭 맞는, 하이네 자신의 범신론적 세계관의 가장 중요한 보증인으로 기능한다. 그래서 독자들은 스피노자에 대한 평가를 쉽게 확인할 수 있다. "스피노자를 읽을 때 우리는 가장 살아 있는 고요 속에서 위대한 자연을 바라볼 때 느끼는 감정에 사로잡힌다. 하늘처럼 높은 사유의 숲 속에 있는 원기 왕성한 나무 우듬지들은 파도처럼 흔들리고, 반면 흔들리지 않는 나무의 줄기는 영원한 대지에 뿌리박고 있다. 이것이 스피노자의 글에서 풍기는 말로 설명할 수 없는 어떤 숨결이다. 마치 미래의 공기가 바람에 실려 불어오는 듯하다."

여기서 하이네가 단어를 선택할 때 고요와 움직임의 두 계기를 유희로 가져가는 방식을 살펴보는 것은 매우 유익하다. 왜냐하면 하이네가 이러한 단어들을 통해 준비하고, 또 제시한 것은 그의 가슴속에 있는 범신론의 작용이다. 그것은 말하자면 여기서 드러나고 있는 헤겔 철학의 요소이기도 하다. "살아 있는 고요"라는 모순 어법은 간단히 말해서 혁명적 진행과 목표로 삼은 이상의 제한이라는 하이네의 역사 사유를 담고 있는 말이다. 사람들은 여기서 하이네가 단지 자연의 인과관계—물론 이것은 스피노자에게서도 볼 수 있다—에 대해서 말한 것이라고 이의를 제기할 수도 있다. 하지만 자연의 인과관계는 스피노자에게 있어서 자기 자신과 항상 동일한 신이라는 전능한 실체 안에 내포되어 있다—신은 실체이며 곧 자연이다. 그러므로 범신론은 진리를 위해 어떤 공간도 제공하지 않는다. 왜냐하면 신과 세계의 동일성은 시간의 제약 없는 질서와 완전성을 보장하기 때문이다. 이러한 정적이고 무세계론적 입장에 대해 하이네는 '미래의 공기'를 대립시킨다. 하이네는 경직된 상태로부터 신을 구제한다. "그러므로 신은 세계사의 참된 영웅이다. 세계사는 신의 끊임없는 사고이자 행동이고, 신의 말이자 행위의 결과이다. 인류 전체에 대하여 올바르게 말한다면, 인류는 신의 육화이다." 이러한 경구는 범신론의 고유한 입장이 아니라 역사철학적 입장을 반영한다. 하이네가 스피노자의 정지해 있는 존재를 헤겔을 끌어들여 운동하게 한다면, 다른 한편으로 하이네는 헤겔의 정신의 우위를 스피노자를 통해 다시금 수정하고 있다. 하이네는 헤겔의 '정신'이 지닌 자연에 대한 우위를 지양하고 양자의 평행성과 보완성을 다시금 생성한다.

범신론은 존재를 분리시키지 않고 사유하며, 존재의 통일성을 강조하는 가능성을 열어주는 이론적 전형이다. 정신과 물질, 육체와 영혼이 이원론적으로 분리된 여전히 지배적인 분리의 역사적 단계, 예수의 십자가에서 시작하여 기독교적 정신의 민족을 탄생시키고, 그리하여 동경을 필연적으로 만든 '인류가 큰 병에 걸린 시기'에 감각과 물질의 권리를 강조하며 이를 요청하는 것은 하이네에게 중요했다. 넥타르와 암브로시아에 대한 갈망을 은유적으로 표현한 문장은 이미 인용되었다. 그 문장들은 스피노자에게 직접적으로 의존하고 있는 것처럼 보인다. 『에티카』에 다음과 같은 구절이 있기 때문이다. "지혜로운 자에게는 적당히 맛있는 음식과 음료를 즐기고 원기를 북돋는 일이 어울린다. 또한 풍미가 있는 음식과 녹색 식물의 사랑스러움과 […]" 이와 유사한 감각적인 요청을 게오르크 뷔히너 Georg Buchner도 하였다. 아마도 하이네의 텍스트에 영감을 받은 것으로 보이는 뷔히너는 『당통의 죽음Dantons Tod』의 카미유를 통해 다음과 같이 외친다. "우리는 벌거벗은 신들을, 바쿠스 축제와 올림포스의 환희와 아름다운 노래를 부르는 입술을 원한다. 아, 연체동물과 같은 사악한 사랑을!" 하이네는 인간이 "모든 성체에 싫증"이 나서 "물질의 종교적 정화"와 기쁨의 종교를 위해 '고통의 종교'와 '노예를 위한 종교인 이신론'을 버리는 감각의 혁명을 알린다. 혁명에의 열정을 신성한 단어로 윤색하는 것은 하이네의 전형적인 수법이다. 이러한 방식으로 하이네는 출판 검열을 피하는 수사학적 표현으로 자신의 주장에 혁명적인 칼끝을 실었을 뿐만 아니라 그와 함께 해방운동의 가치를 강조했다. 다른 한편으로 혁명을 기다리는 일은 또한 종말론적 차원을 내포하고 있다. 종말론적 차원은 정치적으로 실행할 수 있는 힘이라는 틀에서 예기되는 혁명의 사건을 상실케 한다. 하이네는 1848년의 혁명의 모습에서도 체념한 채로 자신의 화해의 이상이 결국 이를 수 없는 먼 곳에 있다는 사실을 확인해야만 했다. 그렇지만 이 철학적 저술을 쓸 당시에는—전 유럽이 환호하던 7월 혁명이 발발한 지 불과 몇 년 후—'행복하고 아름다운 세대'의 자유로운 선택과 같은 낙관적 전망이 하이네에게는 어전히 가능한 것처럼 보였다. 물론 의심이라는 이의 제기 없이는 가능하지 않다는 점에 대해서는 더 논의될 것이다.

따라서 범신론적 동일성 명제를 지닌 존재에 신성이 부여되면, 이것은 명백히 정신의 일면적인 지배를 위해 감각적 삶을 억압하는 모든 시도에, 그리하여 모든 기독교적 피안의 위안에, 그리고 모든 금욕주의적 태도에 등을 돌리는 것이다. 행복은 현세의 삶에서 충족되는 것으로 현세에 내재하는 것이지 초월해 있는 것이 아니다. 하지만 기독교는—1장에 쓰인 하이네의 종교사적 설명에 따르면—물질을 죄악시하고 천국으로 들어갈 때 구원을 받는다고 말한다. 고대 신들과 북구 민족신앙의 형상들, 즉 정령들이 지니는 즐거운 감각에는 수도사의 어두운 망상이 사악하게 덧씌워졌다. 결국 자연은 수도사에게는 완전히 낯선 것이 되어버렸다. "그 진실한 기독교인들은 고지식하고 닫힌 마음으로, 꽃이 흐드러진 자연 속을 마치 철학적 유령처럼 걸었던 것이다." 이와 반대로 하이네는 공화주의자들에게서 근대 금욕주의의 한 방식을 찾아낸다. 하이네는 신들의 민주주의에 대해 말하면서 자신의 열정적인 웅변의 서막을 알린 후, 곧바로 아마도 자신의 문장을 읽으면서 발생할 공화주의자들의 불쾌감을 가라앉히기 위해 다소 오만한 말투로 다음과 같이 말한다.

그렇다고 화내지 마시라, 고결한 공화주의자들이여! 너희들의 감찰관 같은 비난에 대해 우리는 셰익스피어 작품의 한 바보가 한 말로 응대한다. '네가 고결하다고 해서 이 세상에 맛있는 케이크도, 달콤한 포도

주도 없어야 한다고 생각하니?'

  글을 쓸 때 종종 음식의 비유를 즐겨 사용했던 하이네는 이러한 비유적인 표현으로 경시되어왔던 삶의 풍요로움이라는 감각적 측면을 옹호한다. 여기서 하이네가 주장하는 것은 편협성에 대한 비판이다. 그리고 이 편협성에 대해 하이네는 완전한 인간이라는 이상을 대비시킨다.

  그중에서도 하이네는 루터, 괴테, 라이프니츠라는 인물을 이러한 완전한 이상적 인간의 증거로 들고, 또한 나폴레옹과 심지어―단지 철학적 형식에 국한되긴 하지만―헤겔에게서도 이러한 전체성과 존재의 조화로움을 증거로 제시한다. 하이네는 헤겔에 대해서는 비교적 온건하게 구성해나가는 영혼의 조화로움, "사유의 조화"를 인정한 반면, 나폴레옹에게는 '새로운 시대의 인간'으로서 '자연에 따르는' 행동과 그의 직관적인 정신을 기렸고, 괴테에게는 그에게 붙여진 "강한 이교도성"에 이의를 제기하면서 그의 범신론과 관련하여 솔직하게 괴테가 "문학의 스피노자"라고 단언했다. 그리고 루터에 대해서는 거리낌 없이 신의 변용으로 특징지었다. "그는 완벽한 인간, 정신과 물질이 통일된 절대적 인간이라고 말하고 싶다." 이에 반해 칸트의 "건조한" 정신적인 것에 의한 제한을 "건조한 페이퍼백 스타일"이라 칭하고, 칸트의 일면성인 테러리즘은 심지어 로베스피에르를 뛰어넘는다고 말한다. 하이네는 간결하게 적는다. "이마누엘 칸트의 생애를 기술하기는 쉽지 않다. 왜냐하면 그에게는 삶도 사건도 없기 때문이다."

이와 같은 평가를 하는 데 있어서 하이네는 정신주의와 감각주의라는 개념쌍으로 규정했던 유형학적 판단 기준을 사용한다. 하이네는 이 이분법을 관념론과 유물론이라는 이분법과 동등한 것으로 보려 하지 않고, "삶의 모든 표현을 가로지르는 두 개의 사회적 시스템"을 가리키고 싶어 한다. 정신주의는 "정신의 오만한 월권 행사"로서 "물질의 복권"을 위해 노력하는 감각주의에 맞선다. 그리고 사실상 하이네에게서 이러한 대립항은 삶의 모든 표현 속으로, 그리고 그의 텍스트의 의미론적 미세구조 속으로까지 관철되고 있다. 청교도적인 검약과 풍요로운 향유, 정신의 명상과 감각적 실제의 상호 대립은 책의 무수한 곳에서 발견되며, 종교, 철학, 정치, 시학, 미술, 음악, 문학, 그 어느 분야에서든 동일하게 작용한다. 나사렛파와 헬레니즘이라는 유사한 개념쌍을 가지고 하이네는 「뵈르네 추도문 Börne Denkschrift」에서 매우 도발적인 단순성으로, 즉 어떠한 가감도 없는 솔직함으로 인류를 두 부류로 나누었다. 이와 관련하여 하이네는 유대교와 기독교가 정신주의를 옹호한다는 점에서는 거의 같은 것으로 간주될 수 있기 때문에 모든 인간은 "유대인 아니면 그리스인"이라는 결론을 내리게 된다. 즉 모든 인간은 "금욕적이고 비형상적이고 정신 추구의 충동을 지닌 인간 아니면 활기차고 외향적이고 현실적인 인간", 두 부류에 속한다고 한다. 그리고 여기서 하이네는 그리스인 괴테와 유대인 뵈르네를 대비시키면서 자신의 철학적 저술에 암시된 공화주의자들에 대한 유보적 태도를 구체화한다. 공화주의자들은 "초기 기독교도들의 수난에 대한 열망"을 물려받아 "그리스 신들에게서만 발견할 수 있는" "향유의 행복"과 대척점에 있는 "엄격한 금욕주의"를 실천한다고 말한다.

공시적 차원에서 나타나는 것을 하이네는 역사의 단계라는 통시성 속에서 재인식하고자 한다. 하이네는 역사를 "정신과 육체 사이의 태고적부터 내려온 영원한 갈등"의 공간으로 해석한다. 『낭만파』에서 하이네는 이 대립되는 원리의 변증법적 진행 과정을 다음과 같이 요약한다.

> 정신주의적 기독교가 제국주의 로마의 물질주의의 잔혹한 지배에 대한 반작용인 것처럼, 다시 말해서 명랑한 그리스 예술과 학문에 대한 새로운 사랑이 어리석은 고행으로 변질된 기독교적 정신주의에 대한 반작용으로 간주될 수 있듯이, 다시 말해서 중세 낭만주의의 부활이 마찬가지로 고대 고전주의 예술의 건조한 모방에 대한 반작용으로 간주될 수 있듯이, 우리는 이제 저 가톨릭의 봉건적 사고방식의 재도입에 대한 반작용을 주시한다.

하지만 이 인용문은 정신과 자연 사이의 간극을 알기 쉽게 설명하는 유형학적 판단 기준에 머물러 있다. 하지만 이 판단 기준이 참된 역사 서술을 위한 실제적 도구로 사용되어서는 안 된다. 이 철학적 저서에서 정신주의와 감각주의의 이분법을 배경으로 일련의 종교개혁 사건들을 서술할 때 하이네가 난관에 부딪히는 지점이, 그리고 "쉽게 풀 수 없는 매우 복잡한 역사"라고 고백하지 않을 수 없는 지점이 바로 여기이다.

"물질의 복권"이라는 표어와 함께 하이네의 고유한 역사 구성, 존재 구성에 영향을 끼치는 또 다른 요인은 생시몽주의이다. 하이네가 때때로 이 운동에 아주 가까이 있었고, 앙팡탱에게 자신의 책 『독일론』을 증정하기도 했지만 하이네를 좁은 의미의 생시몽주의자라고 할 수는 없다. 어쨌든 1832년 3월에 하이네는 바른하겐 폰 엔제에게 편지를 보냈다. 그 속에서 하이네는 자신이 "프랑스 혁명사와 생시몽주의에 관해 많은 연구"를 했으며, 그렇지만 이 연구에 있어서 자신의 주된 관심사는 "오직 종교적 이념에 관한" 것이라는 점을 고백했다. 이 철학적 저서에는 또 다른 내용이 있다. 말하자면 하이네는 생시몽주의자들의 기술주의적이고 초기 사회주의적인 진보적 사유를 자신의 관점 속으로 통합하여 화해된 존재의 이상이 범신론에서 그 존재론적 토대를 발견할 뿐만 아니라 "교리"에서 그 정치경제학을 발견한다. 왜냐하면 하이네는 "각 민족의 물질적 행복"을 생시몽주의자들과 똑같이 학문과 산업으로부터 기대하기 때문이다. 하이네는 다음과 같이 덧붙인다. "바로 여기 현세에서 자유로운 정치제도와 산업제도의 은총으로—독실한 신앙인들이 최후의 심판의 날에야 천상에서 일어나리라 생각하는—저 행복한 세상을 만들고 싶다." 헤겔의 역사철학과 더불어 생시몽주의는 진보에 대한 믿음을 지지해주고, 하이네의 범신론을 역동적으로 만드는 데 도움을 주었다. 하이네는 『낭만파』에서 매우 분명하게 생시몽주의의 "신은 존재하는 모든 것이다"라는 범신론적 동일성 명제를 신의 행위로 이해한다. 즉 신의 "신성한 숨결이 역사의 책장을 통해 불어온다. 역사는 신의 고유한 책이다".

그럼으로써 하이네는 마침내 이중의 동일성에 이른다. 독일 민중신앙과 스피노자, 셸링, 괴테에게서 주제화된 정신과 자연의 동일시는 헤겔과 생시몽주의자들에게서 표현된 정신과 역사의 동일시와 마찬가지로 하이네에게는 포기될 수 없는 것으로 여겨졌다. 하이네의 자의성은 여기서 분명하게 드러난다. 그는 요구의 철학, 현실 참여적인 항의의 철학을 보여주었다. 그것은 '인류의 해방 전쟁' 속에서 작가의 자의식에 헌신하는 모습이다. 세밀하게 더 이상 나눌 수 없는 것을 가리켰던 전문 철학의 논리적 자연은 하이네에게서는 어떤 공간도 차지할 수 없을 것이다. 하이네는 오히려 자신이 "추상적 사고에 골몰"하는 것이 아니라 동일한 것—또는 더 많은 것들—을 다른 언어로 말할 수 있는 것이 작가의 특권이라고 생각한다. 처음에 나오는 바젤의 나이팅게일 이야기는 이러한 점을 매우 생생하게 보여주었다.

5

하이네는 다루고자 하는 '대상'을 '개별적인 경우'에 있어서도 매우 치밀하게 구성했다. 셸링과 헤겔, 괴테에 대한 하이네의 판단들이 정확하게 그것을 보여주는데, 다른 사람들을 대신해서 마르틴 루터를 하이네가 어떻게 서술하는지 다시 한 번 간단히 살펴보는 것으로 충분하다.

이 종교 개혁가는 사고의 자유를 결정적으로 가져온 창시자로서, 그리고 모든 인간의 모범으로서 찬미되고 있다. 그의 사고와 행위의 일치는 다음과 같이 표현된다. "그는 시대의 혀였을 뿐 아니라 시대의 검이었다." 완전한 애국적인 어조로 하이네는 독자들에게 다음과 같이 밝혔다. 루터는 "한 개인으로서 그는 놀랍게도 독일을 대표했다". 왕정복고 시대에 자주, 그리고 때때로 벌어진 종교개혁 사건의 판결에 관한 정치적 쟁점의 토론에서 이러한 루터에 대한 평가는 가톨릭의 낭만주의에 대한 비난으로 작용했다. 헤겔과 일치하는 루터와 종교개혁에 대한 평가로 프로테스탄티즘의 깃발은 곧추설 수 있었을 것이다. 프로테스탄티즘이란 단어는 좁은 의미에서 신앙의 소속을 의미하는 것이 아니라 하이네에게는 해방의 이념, 현실참여로 추동되는 역사적 진보의 무기를 의미하며, 역사적 진보는 특히 구체제의 극복을 약속하는 것이었다.

종교 개혁가 루터의 부정적 면모를 드러내는 것은 위에 서술한 옹호와 양립할 수 없을 것이다. 예를 들어 하이네가 인정할 수 없었던 두 왕국론과 세 계급론의 측면이 그렇다. 특히 정부를 신학적으로 합법화한 것과 폭력과 예속적 질서를 승인한 것은 이 철학적 저서에는 나와 있지 않다. 이 두 측면은 루터의 토마스 뮌처Thomas Münzer와의 논쟁과 마찬가지로 이 책의 논의 구조에 적합하지 않다.

농민전쟁과 관련하여 하이네는 명백하게 루터가 아닌 토마스 뮌처의 입장을 지지했다. 그리고 『프랑스의 상황』제6권의 부록에서도 하이네는 분명하게 루터의 태도를 비판하고, "루터가 틀렸고, 토마스 뮌처가 옳았다"고 시인했다. 루터의 관점을 비난하는 것은 예의 바른 태도가 아니라는 부가적 언급 외에 하이네는 자신의 역사서에서 이 문제에 대해 아무런 말을 하지 않는다. 반대로 루터의 행위를 명백히 추어올리는 것이 이 책에서는 올바른 것으로 여겨졌다. "루터에게 존경을!" 이 철학적 저서의 전체 구상은 루터의 제한된 모습을 서술하는 것이 아니다. 다만 하이네의 선택적 전달 전략은 이 종교 개혁가의 혁명적 모습만을 담아내려고 했다.

루터의 모습은 잘 계산된 배열 속에서 그려졌다. 그러한 배열 속에서 이 책의 해방 프로그램은 상징적으로 농축된다. 루터 개인에게 체현된 것, 즉 언어와 행위라는 상호 보완적 두 요소는 좀 더 커다란 틀에서 보면 독일 사상계와 프랑스의 혁명적 실천의 평행론 속에서 새롭게 포착되었다. 이 점은 루터의 찬송가 「내 주는 강한 성이요」가 종교개혁의 "마르세유 혁명의 찬가"로 불린 사실을 통해서도 이미 분명해진다. 칸트와 로베스피에르가, 피히테와 나폴레옹이 각각 보완적인 쌍을 이루었던 것처럼 루터와 당통의 관계 역시도 그러했다. 흥미로운 점은 카를 마르크스가 나중에 『헤겔 법철학 비판 서설』에서 하이네의 평행론을 부분적으로 의식적인 어휘 선택을 하면서 물려받았다는 점이다. 게다가 아직 이루어지지 않은 독일 혁명은 이러한 숙명적인 역사의 형태에서 마찬가지로 이미 예고되어 있는 것처럼 보인다고 마르크스는 덧붙였다. 왜냐하면 루터의 "인격에는 독일인의 모든 장점과 단점"이 반영되어 있지만, 그 완전함을 추구하는 본질로 인해 행동이 결여되지 않고, 거시사적으로는 철학적 발전이 종결되고, 그럼으로써 오직 필연적인 것만이 추구되었으므로, 혁명적 행위는 반드시 성공을 거둘 것이기 때문이다. 이 철학적 저서의 결론에서 묘사된 분노가 마성적인 것처럼, 하이네가 단언하듯이 인간 마르틴 루터 역시도 "억제할 수 없는 마성"을 지녔다.

6

단지 하이네의 『독일의 종교와 철학의 역사에 대하여』만을 아는 독자에게는 쉽게 잘못된 상이 떠오를 수 있다. 왜냐하면 여기 제시된 역사관의 논리정연함과 구조적인 완결성, 특히 이러한 점을 뒷받침하는 확실성 때문에 사람들은 하이네가 역사에 대해 굳건한 믿음을 지녔을 것이라고 추측할 수 있기 때문이다. 하지만 하이네는 결코 그렇지 않다. 오히려 이 철학적 저서와 하이네의 전 작품에서 나타나는 단일한 역사철학적 관점은 하나의 예외를 드러낸다. 이 예외 속에는 역사의 문제에 대해 이론적으로 정확한 해결책을 제시하려는 하이네의 긴장과, 또한 마찬가지로 선택한 해결책을 의심이라는 저항에 좌초되지 않도록 하기 위한 노력이 명시되어 있다.

역사의 현상에 대한 성찰, 즉 변혁의 시대에 계속해서 제기되는 시대가 어떻게, 그리고 어디로 흘러가는지에 대한 물음은 거의 모든 하이네의 작품 속에 들어 있다. 다만 그 해답은 매우 상이하게 나타난다. 계몽주의적·낙관주의적인 진보적 사고에 항상 강하게 공감하면서도 동시에 역사주의에 의한 진보적 사고의 후퇴에 직면해 있는 하이네는 한편으로 실제 정치적 사건에 고무되고, 다른 한편으로는 사건의 경과에 강하게 환멸감을 느낀 채, 확고한 역사철학적 전망을 얻기 위해 노력했다. 이 점은 순환적 역사 모델과 직선적 역사 모델을 자주 끌어들여 시험하는 것으로 나타난다. 심지어 예를 들어 그의 『뮌헨에서 제노바로의 여행Reise von München nach Genua』에는 두 입장이 직접적으로 병존한다. 그 책에서 한편으로는 "전 세계의 해방"이 예측되고, 다시 말해서 인류의 끊임없는 나아감을 단언하지만 다른 한편으로는 이러한 희망이 "위안 없는 영원한 반복"이라는 생각에 의해 좌초된다.

하이네가 파리로 망명하기 전에 발표했던 모든 '여행기'가 역사철학적 문제와 관련해 불확실성을 기록한 반면에, 1830년대 전반기에 하이네는 자신의 모호한 태도를 넘어서서 최종적으로 명확한 관점을 갖게 되었다. 이전에는 역사철학적 담론이 이야기 속에 들어가 있어서 그 각각의 의미가 텍스트의 내용과 구성을 정확하게 들여다본 후에야 해명될 수 있었다면, 1833년에 쓰였고 아돌프 스트로트만Adolf Strootman이 「다양한 역사 이해」라고 제목을 붙인 단편에서 하이네는 직접적으로 역사철학의 문제를 대한다. 「다양한 역사 이해」라는 텍스트는 일종의 자기 비평처럼 읽힌다. 역사를 바라보는 두 가지 입장이 먼저 번갈아가면서 소개되고, 문제가 되는 두 입장의 병존에 대해서는 아무런 해명을 하지 않은 채, 두 입장이 서로 대비되고 비평된다. 역사주의 학파와 그들의 순환적 역사 이해 그리고 역사 진행의 목적론적 관점을 지닌 인문주의 학파가 맞서 있다. 하이네는 두 입장의 어느 것에도 절대적인 동의를 보내지 않는다. 첫 번째 입장이 세상에 대한, 즉 사회적 상황에 대한 잘못된 판단을 하고 "운명적이고 숙명론적인" 태도를 취하기 때문에 비판된다면, 두 번째 입장은 일회적이고 개인적 삶을 미래의 목적에 묶어버림으로써 개인의 권리를 실현할 수 없게 한다는 점에서 비판된다. 전자가 노예적 태도를 요구한다면, 후자는 순교자적 태도를 요구한다. 하이네는 "삶은 목적도 수단도 아니다. 삶은 권리이다"라고 말했다. 이러한 권리를 관철시키는 것은 혁명이며, 혁명은 역사주의 학파의 무관심주의에 대비되어 옹호된다. 다른 한편으로 혁명적 열정은 삶, 즉 "현재에 대한 관심"에 주의를 기울일 필요가 있다고 말해진다. 이러한 언급은 물론 이 철학적 저서가 제시하는 '해결책'의 지평을 여는 것이지만, 본질적인 물음, 어떻게 두 계기가 이론적으로 함께 고려될 수 있는지 하는 문제는 여전히 답해지지 않고 있다. 삶과 진보, 자연과 역사는 서로 매개되지 않은 채 병존한다고 말할 수도 있다. 이 철학적 저서의 자의적인 종합명제, 즉 자연과 삶의 성스러움을 헤겔과 생시몽주의적인 역사적 진보운동과 범신론적으로 연결하면서 비로소 두 입장은 연결된다.

두 텍스트의 차이는 세세한 점에서도 분명하다. 「다양한 역사 이해」에서도 인용된 생쥐스트의 말, "빵은 인민의 권리"를 하이네는 이 책에서 "빵은 인간의 신성한 권리"로 보완한다. 하이네는 범신론적 표상이 자연의 신성을, 즉 인간을 인정하기 때문에 이렇게 말할 수 있었다. 그리고 빵은 다시금 삶의 향유에 대한 제유법提喻法으로서, 또한 "육체적 현상으로" 가치 있게 평가되었다. 또한 역사라는 책은 신의 행위와 동일하고, 신의 행위는 다시금 자기의식을 지닌 인간의 행위로 완성되므로, 말하자면 신은 실체이고 실체는 자연이고 자연은 역사라는 확장된 동일성 형식이 진행되므로, 하이네는 다른 한편으로 동시에 범신론은 무관심주의로 나아가지 않는다고 설명한다. 어쨌든 「다양한 역사 이해」에서 분명하게 "볼프강 괴테의 예술시대의 시인들"에 대해 가해지는 비난, 그리고 흥미롭게도 『낭만파』에서—비록 『낭만파』에서는 이미 이 철학적 저서에 적합한 범신론에 대한 이해가 옹호되고 있긴 하지만—'괴테주의자'들에게 반복해서 가해지는 비난이 있다. 괴테와 그와 뜻을 같이하는 작가들은 "예술 자체를 최고의 것으로 선언하고, 우선권이 부여되는 현실 세계의 요구로부터 등을 돌리는" 길로 잘못 빠져들었다는 것이다. 하이네는 계속해서 말한다. "유감스럽게도 그것은 진실이다. 우리는 범신론이 때때로 인간을 무관심주의자로 만들었다는 점을 시인해야만 한다."

이 철학적 저서에는 이러한 '고백'이 눈에 띄게 나타나지는 않는다. 문학사에 관련해서는 실러(역사적 관점)와 괴테(자연적 관점)의 문학비평적 논쟁이—하이네의 입장은 매개적이다—구체적으로 거론되었다면, 이와 반대로 철학사에서는 해방의 모델을 확립하는 것이 관건이었다. 하이네가 보건대, 괴테는 '범신론의 정점'에 서서―루터와 유사하게―혁명 과정 속에서 설정된 방향인 조화로움의 이상을 구체화했다. 혁명에 대한 비난은 하지 않았다. 반대로 정치적 혁명은 범신론자에게 적이 아니라 조력자라는 점이 확인되었다. 『낭만파』에서는 「다양한 역사 이해」에 나타난 반성이 발견될 수 있으므로―'목적과 수단'에 대한 언급도 『낭만파』에 다시 나타난다―우리는 하이네가 이 주제적 맥락에서 자신의 관점과 관련하여 정확하게 어떤 길을 걸었는지 알 수 있다.

얼핏 보기에 하이네는 그의 종교와 철학의 역사를 마치 단편 「다양한 역사 이해」가 보여주듯이 비슷한 역사철학적 모델들을 개괄적으로 제시함으로써 안내하려고 한 것처럼 보인다. 「최초의 시작」은 이에 대한 증거이다. 쥐들의 대화에서―각각 서로 다른 흥미로운 방식으로―역사극장을 비평하는 세 개의 관점이 제시된다. 첫 번째는 역사의 순환적 질서를 가리키는 관점이고, 두 번째는 회의주의적·불가지론적으로 주장하는 관점이고, 세 번째는 결정론의 사상을 신학적으로 받아들이는 관점이다. 「다양한 역사 이해」에 나타난 것처럼 하이네는 이 책에서도 각 입장의 정확한 계기들을 인정하지만, 「다양한 역사 이해」에서처럼 이 책에서도 각각의 입장에 대해 역사의 참된 모습을 담을 수 있는 자격은 부여하지 않았다. 바로 이어서 하이네는 자기 자신의 생각을 주제화하는 것으로 시작한다. 하이네는 왜 「최초의 시작」을 이 철학적 저서에 사용하지 않고 내던졌다가 후에 『셰익스피어의 소녀와 부인들』에 대한 묘사를 위해 사용했는 가? 서로 반대되는 관점을 「최초의 시작」에서처럼 펼쳐놓는다면, 이 철학적 저서의 역사철학적 논의는 확실히 수사학적 텍스트의 구성적 엄격성과 신뢰를 잃게 될지 모르고, 이 책의 기저에 깔린 당파성의 일부분을 상실할 수 있을 것이다. 쥐들의 대화에서 진보적 입장이 결여된 것은 우연이 아니다. 왜냐하면 종교와 철학의 역사는 그 자체가 철학으로서 역사에 답변을 주어야 하기 때문이다. 하지만 이 답변이 확실할수록 서술은 점점 더 독선적이 된다. 즉 텍스트는 경쟁 모델에 대한 논의를 허용하지 않고, 자기 자신을 역사철학의 기록으로서, 단호한 자신의 관점의 증거로서 보여줄 뿐이다.

하이네의 책 『독일의 종교와 철학의 역사에 대하여』는 그럼으로써 이례적인 통일성을 갖는다. 독자들은 이 해방을 위한 현실 참여적인 역사 이론에서, 이러한 주장의 확실성에서 자동적으로 저자의 확고한 입장이 표현되고 있다고 믿는 실수를 저질러서는 안 된다. 이 책은 내용 하나하나가 하이네가 낙관적으로 희망하고 건설하려는 것을 표현하지만, 굴절 없이 표현되는 것은 아니다. 역사에 마주해서 하이네는 결코 교조주의자가 아니었다. 하지만 「다양한 역사 이해」와 쥐들의 대화에 나오는 다른 역사 모델들에 대한 언급은 이 철학적 저서를 완성할 즈음에도 예전부터 그를 짓눌렀고 미래에도 그를 짓누를 회의로부터 하이네가 완전히 벗어나지 못했음을 보여준다. 특히 후기의 하이네는 1852년 2판 서문에서 이 책의 기획에 대해 비판적인 시선을 보낸다. 하이네는 자신의 무신론을 책망하며 후회조로 자신이 "신이라는 커다란 문제에 관련된 모든 서술이 그릇되고 사려 깊지 못했다는 것을" 고백한다. 하이네는 예전의 헤겔 좌파 동료들에게 『성경』을 공부할 것을 권유하고, 특히 칸트도 "거미줄 같은 베를린의 변증법"도 이신론을 실제로 파괴할 수 없었을 것이라고 말한다. 그리고 하인리히 라우베에게 보낸 편지에서 하이네는 헤겔이 나에게서 "매우 멀어졌고, 모세가 마음에 가득하다"고 고백했다. 1848년의 혁명에 대한 환멸과 고통스러운 중증의 질병, 이 두 가지가 이 책의 다음 인용문에서 하이네 자신이 프로메테우스적 분노로 거부했던 일이 죽음의 침상에 있는 시인에게 닥치게 된 결정적인 이유라고 할 수 있다.

> 죽음에 이르러 많은 무신론자들이 개종을 했다. 하지만 그것은 전혀 자랑할 만한 일이 아니다. 이러한 개종의 사례들은 기껏해야 병리학의 문제이거나 당신들의 문제에 대해서 유리한 증거가 되지 못할 뿐이다. 결국 이러한 개종은 무신론자들이 건강한 감각으로 신의 광활한 하늘 아래에서 돌아다니며 자신들의 이성을 완전히 지배하는 한, 당신들이 이들을 개종시키는 것은 불가능하다는 점만을 증명할 뿐이다.

후기의 하이네가 실제로 얼마나 '개종된 하이네'였는지 여기서 논의할 수는 없다. 하지만 확실한 것은 그가 역사에 대해 명확한 확신을 가지고 말할 수 있었던 신념이 과거보다 훨씬 회의적이 되었다는 점이다.

7

하이네의 출판인 율리우스 캄페는 이미 1834년 12월 인쇄업자에게 보낸 편지에서 —『살롱』2권은 아직 서적 판매상의 진열대 위에 놓이지 않은 상태였다— 새로운 책이 "엄청난 파장을 일으킬" 것이며, 하이네가 여태껏 썼던 책 중에 가장 위험한 책이며, 그에 반해 다른 모든 책들은 단지 "가짜"일 뿐이라고 하면서 내심 두려워했다. 그리고 "조용히 증명하는 언어"를 칭찬하고 언어의 "설득하는 힘"을 추어올릴 때, 캄페는 이 작품의 간결한 문체를 알아보았다. 가장 위험한 책이라고 할 때, 캄페는 무엇보다도 결론의 예언 부분이 완전히 검열에 걸릴 것이라고 생각했을 것이다. 하이네는 독일 혁명은 반드시 이루어질 것이라고 냉철하게 서술했다. "우리와 같은 방법론적인 민족은 개혁으로 시작해서 이를 바탕으로 철학을 세우고, 오직 이를 완성한 후에야 정치적 혁명으로 이행할 수 있다고 나는 생각한다." 여기서 혁명이란 폭력을 동반한 혁명을 의미한다. 그것은 "세계사에서 결코 울린 적이 없는 그런 천둥소리"이다. 그래서 하이네는 프랑스인들에게 독일의 "돌이 부서지고 창문이 깨지는" 소란에 끼어들지 말라고 경고한다. "독일에서 한 작품이 상연되면, 프랑스 혁명은 무해한 전원처럼 보일 것이다." 물론 여기서도 하이네의 애국주의가 표현되고 있다. 코타Cotta에게 이유를 밝힌 것처럼, "독일인들은 결코 이념을 포기하지 않았고, 결코 하나의 해석에 국한되지 않으며, 철저성의 나라에서는 모든 것이 이루어질 것이고, 그것은 마지막까지 지속될 것이기" 때문이다.

다른 한편으로 혁명의 예고는 그 마성적 분위기 속에서 매우 구체적이지 않다. 하이네는 누가 혁명의 주인공이 될 것인지, 혁명은 어떤 목표 설정을 가지고 작동하고 어떤 결과를 초래할지 말하지 않았다. 이러한 내용적 불명료함과 더불어 점차 위협적인 통제 불능의 극단주의도 혁명의 전망 속에서 실제로 보편적 해방의 기획을 실현하는 것이 가능한지 살펴보는 것을 어렵게 했다. 이 점에 하이네의 이상이 갖는 유토피아적 측면이 드러난다. 하이네는 어떻게 가까운 미래의 역사를 타당하게 구체화할 수 있었을까? 묘사의 지나친 명확성 속에는 언표의 막연함이 놓여 있다. 따라서 우리는 이 책의 결론 부분을 "하이네로부터 전달된 불가해한 텍스트"로 명명한다. 이 철학적 저서의 역사철학적 토대가 갖는 의미에서 혁명의 예언은 하나의 필연적인 부록으로서 남아 있다. 그럼으로써 하이네는 바테스Vates, 즉 시인이자 예언가가 된다. 하이네는 자신에 대한 슐레겔의 유명한 말을 바꿔 말하면서 부과했던 것을 되돌려 받는다. "프리드리히 슐레겔은 역사서술가를 뒤로 과거를 바라보는 예언자라고 불렀다―우리는 좀 더 정당하게 슐레겔을 미래를 바라보는 역사서술가라고 말할 수 있을 것이다."

하이네의 혁명에 대한 결론 부분이 지닌 어두움, 공포 그리고 경고가 어떤 해석의 공간을 열어놓았는지는 비교적 최근의 수용사 중단 하나의 예에서 분명하게 볼 수가 있다. 드레스덴 대학에서 학생들을 가르치는 낭만주의자 빅토르 클렘페러Victor Klemperer 씨는

1934년 8월 1일 자신의 일기장에 다음과 같이 기록했다. "며칠 전 블루멘펠트Walter Blumenfeld(클렘페러의 동료 교수)가 하이네의 『독일의 종교와 철학의 역사에 대하여』의 결론 부분을 주목하게 만들었다. 블루멘펠트 역시도 한 친구로부터 권유를 받았다고 한다. 결론 부분을 읽으면서 나는 공포에 사로잡혔다. 그런 예언을 하다니!" 여기서 제목을 정확하게 쓰지 않은 클렘페러 씨는 하이네의 예언에 충격을 받았다. 클렘페러 씨는 한편으로는 책의 마지막 부분만을 읽었기 때문에, 다른 한편으로는 그의 사고와 일상생활이 국가사회주의 체제에 의해 각인되었기 때문에—그는 유대인으로서 새로운 '유대인에 대한 억압적 조치'에 계속해서 직면하고 있었다—클렘페러 씨는 하이네의 미래상을 자기 자신의 경험적 현실을 배경으로 해석했다. 그는 결론 부분에서 완전히 다른 혁명이 예고된다고 생각했다. 그것은 파시스트의 권력 장악이었다. 자신의 불안정한 삶의 조건과 정치적 상황에서 받는 당혹감이 여기서—이해할 수 있는— 오해를 불러일으켰다. 하이네가 실제로 이 미래의 일을 볼 수 있다면, 분명 완전히 경악할 것이다. 그러므로 이 철학적 저술의 낙관주의 역사관은 아마도 위에 언급한 클렘페러 씨의 상상과 같은 파국적 결말에 직면한다면, 근거 없이 스스로 무너져 내릴 것이다.

하인리히 하이네 연보

1797   12월 13일 뒤셀도르프에서 삼손 하이네Samson Heine와 엘리자베스 판 겔더른 하이네Elizabeth van Geldern Heine의 장남으로 출생. 아버지 삼손은 넉넉지 못한 의류상이었다.

1807   가톨릭 사제들이 운영하는 뒤셀도르프 학교에 입학. 하이네는 1814년에 이 학교를 떠나 실업학교에 재입학했다.

1811   나폴레옹의 뒤셀도르프 입성을 목격.

1815   프랑크푸르트의 은행가 린드스코프Rindskopf 밑에서 견습생으로 취업.

1816   부유한 숙부인 살로몬 하이네Salomon Heine가 소유한 함부르크의 은행Heckscher and Co.에 도제로 입사. 하이네는 숙부의 딸인 사촌 아말리에Amalie Heine와 사랑에 빠졌고 실연을 한 뒤, 그의 여동생

테레제Therese Heine와 다시 사랑에 빠졌다. 살로몬은 오랫동안 하이네와 파란만장한 관계를 유지했다.

1817 필명으로 첫 번째 시 발표.

1818 숙부 살로몬 하이네가 함부르크에 의류 가게Harry Heine and Co.를 열어주었지만, 하이네의 관심 부족과 주먹구구식 경영으로 1819년에 파산. 살로몬 하이네는 이를 즉각 처분했다.

1819 뒤셀도르프로 귀향. 숙부 살로몬은 하이네가 본에서 법률 공부를 할 수 있도록 3년간의 재정적 지원을 약속했고, 이 약속은 2년 더 연장되었다. 하이네는 본에서 법률을 전공했지만 법학에는 관심이 없었다. 오히려 오거스트 빌헬름 슐레겔의 문학 강의를 들으며 영감을 받았고, 슐레겔은 하이네를 일종의 제자로 삼았다. 이 시기에 최초의 비극 『알만소르Almansor』를 집필하기 시작했다. 이 비극에는 그의 유명한 문구가 등장한다. "책을 불태운 것은 서막에 불과했다. 그들은 결국 인간도 불태울 것이다."

1820 괴팅겐 대학의 겨울 학기에 출석해 법률 공부를 계속했지만, 1821년 1월 결투를 이유로 6개월 동안 추방당함.

1821 4월에 베를린으로 가서 대학에 입학. 하이네는 곧바로 도시 최고의 살롱에 들어가 카를Karl, 라헬 바른하겐Rahel Varnhagen과 함께 살롱을 운영하는 데 많은 시간을 소비했다. 하이네는 헤겔의 강의를 수강하면서 그와 친분을 맺었고, 이 기간에 베를린에서 뛰어난 문학적 인물들과 교류했다. 비극 『알만소르』의 일부와 시집을 발표. 에두아르트 갠스Eduard Gans가 회장이던 '유대인 문학 학술 협회'에

가입. 폴란드 여행. 여행기인 『폴란드에 대하여』는 1823년에 발표되었다.

1822 『베를린에서 온 편지Briefe aus Berlin』 출간.

1823 베를린에서의 학업을 마치고 독일을 여행. 저작집 『서정적 간주곡을 포함한 비극들Tragödien nebst einem lyrischen Intermezzo』 출간. 함부르크에서 『알만소르』를 상연했지만 성공적이지는 못했다.

1824 하르츠 산맥을 도보로 여행하고 『하르츠 여행기』를 집필. 1826년 이 작품을 발표한 후 하이네의 명성은 높아지기 시작했다. 여행 중 바이마르에 있던 괴테를 방문.

1825 7월에 법률 공부를 마치고 법학박사 학위 취득. 변호사나 문학교수로 취업할 기회를 얻기 위해 개신교로 개종하고, 본명 해리 하이네Harry Heine에서 하인리히 하이네로 개명했다. 자신의 개종에 대해 그는 "유럽 문화로 들어가는 입장권"이라며 냉소적으로 표현했다.

1826 여행 풍경 시리즈 1부인 『여행 화첩 I』 출간. 이 작품을 통해 하이네는 산문가로서도 명성을 얻게 된다.

1827 『여행 화첩 II』와 『노래의 책』 출판. 『노래의 책』은 그의 가장 유명하고 성공적인 시집이 된다.

1828 이탈리아 여행. 12월에 그의 아버지 삼손 하이네 사망. 삼손이 병석에 있는 동안 숙부인 살로몬 하이네는 그의 부모님을 하이델베르크로 이주시켰다. 하이네는 아버지가 사망하고 난 뒤에야 하이델베르크로 돌아왔다.

1829 베를린으로 이주 후 근교의 포츠담에 정착.

1830 『여행 화첩 Ⅲ』 발표. 하이네는 휴가 중에 프랑스 7월 혁명의 소식을 들었다.

1831 유대인이라는 사실과 정치적 급진성으로 인해 독일에서 취업할 기회가 많지 않다는 사실에 낙담해 5월에 파리로 이주. 독일 신문과 잡지들의 파리 특파원 자격으로 프랑스의 정치·문화계 동향에 대해 기고를 하고, 당시 파리에 살고 있던 뛰어난 예술가들 및 지식인들(발자크, 베를리오즈, 쇼팽, 뒤마, 빅토르 위고, 리스트, 조르주 상드 등)과 교류했다.

1832 생시몽 추종자 모임에 참석. 함부르크의 신문 『알게마이네 자이퉁Allgemeine Zeitung』에 「프랑스의 상황」을 발표. 오스트리아의 메테르니히가 출판을 막기 위해 개입. 책은 프로이센에서 발표되었지만 당국에 의해 곧 금지되었다.

1833 파리의 저널 『뢰로프 리테레르』에 「독일 문학의 현재 모습. 스탈 부인 이후의 독일État actuel de la littérature en Allemagne. De l'Allemagne depuis Madam de Staël」 발표. 이 글은 숱한 찬사를 받은 『낭만파』의 최초 판본이다.

1834 첫 번째 부인 크레센스 유제니 미라Crescence Eugénie Mirat를 만남. 하이네는 그녀를 항상 마틸드Matilde라고 불렀다.

1835 『독일 종교와 철학의 역사에 대하여』 출간. 독일에서 『낭만파』 발표. 12월에 프로이센 연방의회는 검열을 받지 않은 하이네의 모든 저작에 대해 출판을 금지했다. 하이네를 포함해 '청년독일파'로 알려진 그룹의 모든 저자 역시 출판이 금지되었다.

1836 프랑스 정부가 공식적으로 하이네에게 정치적 이민자의 지위를 부여하고 그에게 연금을 지급. 황달에 걸리다.

1837 책을 읽기 어려울 정도로 눈병에 시달리다.

1838 프랑스의 정치·사회·문화계 동향에 대한 기고문을 『알게마이네 자이퉁』에 투고. 이 글은 후에 『루테치아』로 알려지게 된다. 자유주의 유대인 작가 루트비히 뵈르네에 대한 논쟁적인 저작 『뵈르네에 대한 회고 Ludwig Börne. Eine Denkschrift』 발표.

1841 리하르트 바그너와 교류. 그가 나중에 작곡한 『방황하는 네덜란드인』, 『탄호이저』, 「신들의 황혼」 같은 작품들은 하이네에게서 빌려 온 아이디어들에서 비롯되었다. 마틸드와 결혼. 『뵈르네에 대한 회고』를 둘러싼 논란 때문에 프랑크푸르트의 사업가 살로몬 슈트라우스 Salomon Strauß와 결투를 벌이고 엉덩이에 상처를 입다.

1843 장문의 풍자시 『아타 트롤』 발표(『아타 트롤』은 1847년에 책으로 출판되었다). 파리에서 카를 마르크스를 알게 되다.

1844 독일에 관한 풍자시 『독일, 겨울 동화』와 그의 중기 시에 해당하는 작품들을 수록한 『신시집』 출판. 12월에 숙부 살로몬 하이네 사망. 하이네는 숙부의 막대한 재산 중 아주 적은 부분만을 받게 된 것에 이의를 제기했고, 살로몬 하이네의 아들은 그의 저작에 가족들에 대한 언급을 하지 않는다는 조건으로 하이네에게 생활보조금을 주는 것에 동의했다.

1845 갑작스레 건강이 악화되다.

1846 프리드리히 엥겔스가 파리의 하이네를 방문.

- **1847** 『아타 트롤, 한여름 밤의 꿈Atta Troll-Ein Sommernachttraum』을 책으로 출간.
- **1848** 루브르 방문 중 쓰러짐. 움직일 수 없게 된 하이네는 자신의 침대에 누워만 있어야 했다. 그는 자신의 침대를 '침대 무덤'이라고 묘사했다.
- **1850** 자신의 전기를 집필.
- **1851** 자신에게 시적 명성을 안겨다 준 세 번째 작품이라고 평가한 『로만체로』 발표.
- **1953** 『추방당한 신들』 발표.
- **1854** 『혼합 문집Vermischte Schriften』 발표.
- **1855** 마지막 연인 엘리제 크리니츠Elise Krinitz와 교제. 하이네는 그녀를 무셰Mouche라고 불렀다. 그녀는 하이네에게 책을 읽어주며 도움을 주었다.
- **1856** 2월 17일 파리에서 사망. 몽마르트 묘지에 안장되다.

찾아보기

ㄱ

가르베, 크리스티안 Christian Garve 144
가리발디, 안토니오 Antonio Garibaldi 146
감각주의 53, 54, 55, 58, 63, 96, 97, 98
감리교도 57
게르만 36, 38, 48, 83, 86, 128, 207, 240
겐지헨, 요한 프리드리히 Johann Friedrich Gensichen 199
겔러르트, 크리스티안 F. Christian Füchtegott Gellert 139
결의법 27
경건주의(자) 106, 131, 132, 133, 136
경험주의 96
계몽주의 72, 103, 139, 180
고전주의(자) 83, 86, 206, 243
관념론(자) 95, 97, 101, 103, 111, 189, 191, 193, 206, 212, 220, 222, 224, 226, 239
괴레스, 요한 요제프 Johann Joseph Görres 237
괴테, 볼프강 Johann Wolfgang von Goethe 140, 141, 201, 204, 205, 206, 208, 209, 214
『젊은 베르테르의 슬픔』 140, 205, 208
『파우스트』 208
교조주의자 106, 131, 184
교황청 28, 36, 75
그리스 27, 69, 72, 83, 84, 85, 86, 105, 113, 141, 205, 226, 249
그리스 신화 37, 38, 84
그리스 철학(자) 52, 234

근대 문학 83, 86, 87
기계론적 127
기독교(인) 16, 25, 26, 27, 29, 30, 31, 32, 33, 34, 36, 37, 38, 48, 51, 52, 53, 56, 57, 65, 74, 83, 84, 86, 97, 98, 100, 103, 105, 109, 116, 117, 119, 126, 127, 128, 132, 133, 134, 136, 141, 145, 146, 155, 156, 184, 201, 205, 207, 220, 239, 240, 256

ㄴ

나바르의 여왕 55
나이팅게일 34, 35, 36, 58, 142
나폴레옹 192, 218, 234
낙관주의(자) 134
낭만주의(자) 36, 82, 83, 84, 86, 206, 207, 208, 243
네부카드네자르 Nebuchadnezzar 14
니콜라이, 크리스토프 프리드리히 Christoph Friedrich Nicolai 137, 139, 140~143, 154
『젊은 베르테르의 기쁨』 141

ㄷ

다마스쿠스 16, 17
다비드, 쥘 아민타스 Jules-Amyntas David 229
다우머, 게오르크 프리드리히 Georg Friedrich Daumer 14
단테 알리기에리 Dante Alighieri 177
당통, 조르주 Georges Danton 78

대학의 자유 71, 72
데카르트, 르네 René Descartes 92, 93, 94, 95, 97, 98, 101, 106, 107, 110, 127, 169, 181, 226
데팡 부인 Marquise du Deffand 112
덴마크 47
도덕(주의자) 67, 143
도덕적 33, 119, 136, 143, 210, 226
도베네크, 프리드리히 루트비히 페르디난트 Friedrich Ludwig Ferdinand Dobenek 41
돌바크, 폴 앙리 디트리히 폰 Paul Henri Dietrich d'Holbach 99
동일본질론 27, 28
동일성 15, 84, 112, 221, 227, 228
디아나 여신 37

ㄹ

라메트리, 쥘리앵 오프루아 드 Julien-Offray de la Mettrie 99
라우파흐, 에른스트 Ernst Raupach 247, 248, 249
라이덴, 얀 반 Jan van Leiden 58, 59
라이프니츠, 고트프리트 빌헬름 Gottfried Wilhelm Leibniz 91, 101, 102, 103, 106, 110, 125, 129, 134, 169, 226, 230
『신인간오성론』 101
라인홀트, 카를 레온하르트 Karl Leonhard Reinhold 168, 188, 202, 213, 216
라틴어 61, 69, 125, 126, 206, 235
라파엘 Raffaello 52

람페, 마르틴Martin Lampe 166, 182, 183
레미, 니콜라스Nicolaus Remigius 41, 48
　『악령학』 41
레싱, 고트홀트 에프라임Gotthold Ephraim Lessing 140, 141, 147, 148, 149, 150, 151, 152, 153, 154, 155, 156
레오 10세Leo X 50, 52, 53
로고스 27, 28, 30
로마 25, 27, 28, 29, 31, 36, 38, 51, 52, 60, 61, 65, 75, 86, 117, 126, 141, 146, 147, 151, 158, 249
『로만체로』 16
로베스피에르, 막시밀리앵 드Maximilien de Robespierre 163, 165, 167, 170
로스바흐 전투 137
로이힐린, 요하네스Johannes Reuchlin 75, 76
로젠뮐러, 요한 게오르크Johann Georg Rosenmüller 215
로크, 존John Locke 78, 98, 99, 100, 101, 106, 110, 226
　『인간오성론』 98
　『인간기계론』 99
로트실트, 제임스 드James de Rothschild 146
로트실트들 70
루게, 아르놀트Arnold Ruge 13
　『할레 연감』 13
루소, 장 자크Jean Jacques Rousseau 115, 163, 215
루터, 마르틴Martin Luther(주의) 48, 49, 50, 51, 52, 53, 54, 61, 62, 63, 64, 65, 68, 69, 74, 75, 76, 77, 78, 79, 82, 85, 91, 106, 130, 134, 138, 145, 148, 154, 155, 215
　『탁상담화』 49
『르뷔 데 되 몽드』 7

■

마니교 30
마라, 장 폴Jean-Paul Marat 117
마르세유 혁명의 찬가 79
마르크스, 카를Karl Marx 14
마이몬, 살로몬Salomon Maimon 109
마이스터게장 82
만시, 지오반니 도메니코Giovanni Domenico Mansi 26
　『세계교구회의』 26
메데이아Medea 135
멘델스존, 모제스Moses Mendelssohn 143, 144, 145, 147, 156
멜란히톤, 필리프Philipp Melanchthon 64
멜루지네 39
모르가나 40
모리츠, 카를 필리프Karl Philipp Moritz 143, 144
몰레, 루이스 마티유Louis-Mathieu Molé 10
몰리에르Molière 56, 57
　『타르튀프』 56
무관심주의 121, 258
무신론(자) 111, 200, 209, 212, 213, 216, 232

물질의 복권 97
밀러, 아담Adam Müller 236
미네, 프랑수아 오귀스트François-Auguste Mignet 185
민네장 82

ㅂ

바로니우스Baronius 26
바르트, 카를 프리드리히Karl Friedrich Bahrdt 137
바우어, 부르노Bruno Bauer 14
박애주의자 156, 158
발람Balaam 16
발랑슈, 피에르 시몽Pierre Simon Ballanche 232, 233
발트, 사무엘 고틀리프Samuel Gottlieb Wald 196
백과전서파 125
범신론(적) 38, 48, 98, 114, 119, 121, 123, 125, 128, 181, 204, 205, 206, 207, 208, 226, 231, 234, 240
베를린 13, 132, 137, 143, 235, 247
티투스Titus 18
베이컨, 프랜시스Francis Bacon 92
벤담주의자 100
변증법 13, 224
보나벤투라Bonaventura 35
보니파체Boniface 65
보로브스키, 루트비히 에른스트Ludwig Ernst Borowski 196, 198
보쉬에, 자크 베니뉴Jacque Bénigne Bossue 54
『개신교회 변동사』 54
보스코, 바르톨로메오Bartolommeo Bosco 66
복음주의 65, 67, 133
볼테르Voltaire 25, 26, 57, 112, 125, 134
볼프, 크리스티안Christian Wolff(철학) 106, 125, 126, 129, 130, 133, 134, 152, 156, 169, 172, 184
뵈메, 야코프Jakob Böhme 128, 129
부르셔, 요한 프리드리히Johann Friedrich Burscher 214
부르크도르프, 크리스토프 고틀로프 폰Christoph Gottlob von Burgsdorff 214
『불가타』 74
뷔퐁, 조르주 루이 르클레르 드Georges Louis Leclerc Comte de Buffon 151
브로켄 산 40
브루노, 조르다노Giordano Bruno 227
비르트, 요한 게오르크 아우구스트Johann Georg August Wirth 243
비잔틴 교회
비텐베르크 53, 73, 131
비히텔맨헨 41

ㅅ

사바트 음악 40
사변적 177, 178, 182, 212
『사변 물리학지』 247
사유 16, 23, 54, 68, 69, 70, 73, 74, 93, 95, 107, 111, 112, 113, 127, 151,

157, 163, 164, 166, 167, 169, 170, 171, 172, 179, 186, 188, 191, 192, 193, 196, 203, 204, 211, 220, 222, 223, 227, 228, 229, 230, 234, 252
사유방식 54, 114, 133
사유와 연장 111, 112, 113, 229
사유의 자유 68, 69, 70, 71, 73
사카렐리, 가스파레Gaspare Saccarelli 27
『교회사』 27
30년 전쟁 130
상퀼로트 122
생마르탱, 루이 클로드 드Louis Claude de Saint-Martin 128
생득적 관념 97, 98, 101
생시몽Saint-Simon(주의) 66, 123
생쥐스트Saint-Just 122, 258
생토노레 거리 165
선제후국 60
『성경』 15, 18, 26, 68, 74, 76, 77, 78, 132, 138, 145, 154, 155, 156, 163
　『구약성경』 17
　『신약성경』 49
성육신 236
세르반테스Cervantes 57
세속적 32, 60, 72, 85, 117, 152
『셉투아진타』 74
셰익스피어Shakespeare 122
셸링, 프리드리히 빌헬름 요제프 폰Friedrich Wilhelm Joseph von Schelling이 103, 113, 220, 221, 222, 223, 334, 225, 226, 227, 228, 229, 230, 231, 233, 234, 235
　『자연철학의 이념』 222
　『초월적 관념론 체계』 222
　『부르노 또는 사물의 신적 원리에 관하여』 227
　『철학과 종교』 228
소피스트 27
솔로몬Solomon 17, 138
쇤, 하인리히 테오도르 폰Heinrich Theodor von Schön 195
쉬츠, 크리스티안 고트프리트Christian Gottfried Schütz 168
슈뢰크, 요한 마티아스Johann Matthias Schröckh 26
슈바벤 방언 76
슈타우펜, 콘라딘 폰Conradin von Staufen 242
슈테펜스, 헨리크Henrik Steffens 237
슈틸링, 융Jung-Stilling 63
슈페너, 요하네스Johannes Spener 131, 132
　『경건한 대화』 132
슐레겔Schlegel 형제 206
슐츠, 요한Johann Schulz 168, 195, 196
스콜라(철학) 10, 23, 62, 68, 69, 94, 95
스토아 철학자 67
스피노자, 베네딕트 드Benedict de Spinoza(주의) 91, 106, 107, 108, 109, 110, 111, 112, 113, 114, 123, 125, 130, 147, 153, 205, 206, 225, 226, 229

『에티카』 110
『정치학 논고』 110
신비주의(자) 62, 106, 126, 128, 131, 132, 229
신성동맹 242
신지학(적) 128, 129

ㅇ

아델룽, 요한 크리스토프 Johann Christoph Adelung 77
아레오파기타, 디오니시우스 Dionysius Areopagita 131
아리스토텔레스 Aristoteles 104, 105, 131
아발론 섬 40
아세마니, 요세푸스 알로이시우스 Josephus Aloysius Assemani 27
『의례모음집』 27
아우구스티너 교회 53
아우구스티누스, 아우렐리우스 Aurelius Augustinus(파) 76, 114, 181
『자유의지론』 181
아이손 Aeson 135
아이스레벤의 백조 79
아이스킬로스 Aeschylus 135
아퀴나스, 토마스 Thomas von Aquin 35
아흐리만 30
안데르센 Andersen 47
안셀무스 Anselm von Canterbury 12
『알게마이네 도이체 비블리오테크』 141, 154
압트, 토머스 Thomas Abbt 143

앙슬로, 자크 Jacque Ancelot 248
야코비, 프리드리히 하인리히 Friedrich Heinrich Jacobi 124, 125
얀세니즘(얀세니스트) 56, 97
에라스뮈스 Erasmus 64
에리우게나, 요하네스 스코투스 Johannes Scotus Eriugena 131
에온 30
에우도키아, 아테나이 Athenais-Eudokia 28
엘레아학파 226
엘베시우스, 클로드 아드리앵 Claude-Adrien Helvétius 99
역사학파 255
연장 112, 211, 228, 229
영지주의 29, 30, 38
예수(그리스도) 28, 29, 31, 32, 33, 35, 36, 37, 80, 103, 108, 116. 136, 201, 205
예수회 56, 73, 231
예술 혁명 206
예술시대 255
오르마즈드 30
오켄, 로렌츠 Lorenz Oken 236
온건주의자 193
올랭드, 페르 Père Olinde 66
우상 숭배 86
유대교(적) 65, 108. 145
유대적 86, 145, 147
유물론(자) 95, 97, 98, 99, 100, 101, 103, 110, 121, 122, 123, 126, 137, 212, 226
유피테르 158, 209

융커 194, 217, 237
이시도르 Isidore 29
『교령집』 29
이신론(자) 12, 13, 65, 86, 99, 114, 115, 123, 125, 130, 136, 147, 154, 156, 157, 165, 177, 181~183, 204
이집트 53, 78, 113, 157
인도 30, 78, 105, 119
인도적·영지주의적 65, 83, 86
인문학파 257

ㅈ

자기의식 16, 87, 93, 120
자연 숭배 38, 207
자연철학(자) 102, 113, 127, 220, 221, 222, 225, 226, 230, 234, 235, 236, 239, 240
작센어 44, 77
작스, 한스 Hans Sachs 82
절대자 228, 229
절대주의 135, 231
절충주의자 193, 236
정신주의(자) 53, 54, 55, 56, 57, 58, 59, 63, 86, 95, 96, 97, 98, 100, 117, 119, 120, 126
정통주의자 131, 134, 136, 208
제국의회 59
제믈러, 요한 살로모 Johann Salomo Semler 136
존재론적 증명 178, 181, 182
좀머, 게오르크 미하엘 Georg Michael Sommer 195
종교개혁 48, 54, 58, 59, 69, 73, 86
줄처, 요한 게오르크 Johann Georg Sulzer 143
중세 문학 83, 85
지크프리트 Siegfried 205

ㅊ

찰스 1세 Charles I 128, 129
청교도주의 55
청년독일파 11
초월적 관념론(자) 193, 212, 222 224, 226, 239
최고 존재 165
출판 자유 71
7월 혁명 219, 236

ㅋ

카리아티드 151
카피톨리노 언덕 158
칸트, 이마누엘 Immanuel Kant 91, 109, 113, 156, 157, 164~170, 172~179, 181~190, 192, 194~199, 204, 216, 223, 226, 227, 230, 233, 234, 239, 240
『순수이성비판』 156, 165, 167, 169, 170, 172, 175, 177, 178, 183, 188~190, 195, 233
『일반 자연사와 천체의 이론』 168
『아름다움과 숭고함의 감정에 관한 고찰』 169

『시령자의 꿈』 169
『판단력비판』 170
『실천이성비판』 233
케린투스 Cerinthu 30
코볼트 41, 42~44, 46, 47, 49
코페르니쿠스 Kopernikus 174, 175
콩디약, 에티엔 보노 드 Etienne-Bonnot de Condillac 99
클로츠, 크리스티안 아돌프 Christian Adolf Klotz 150
키릴루스 Cyrillus 28

ㅌ

타불라 라사 96
타울러, 요하네스 Johannes Tauler 126, 127
탄호이저 Tannhäuser 37
『탈무드』 145~147
테첼, 요하네스 Johannes Tetzel 51
텔러, 빌헬름 아브라함 Wilhelm Abraham Teller 136, 154
티르소스 지팡이 164
티에르, 아돌프 Adolphe Thiers 185

ㅍ

파라켈수스 Paracelsus 127, 128, 234
파벨 1세 Paul I 214
파블리오 39
파울, 장 Jean Paul 191
　『괴히테를 여는 열쇠』 191
페이디아스 209

포교성성 72
포르스터, 게오르크 Georg Forster 218
포이어바흐, 루트비히 Ludwig Feuerbach 14
폴리치아노, 안젤로 Angelo Poliziano 52
폴터가이스터 42
퐁트넬, 베르나르 르 보비에 드 Bernard Le Bovier de Fontenelle 163
푸루샤 119
풀케리아, 아우구스타 아일리아 Augusta Aelia Pulcheria 28
프라크리티 119
프랑스 왕정복고파 94
프랑스 혁명 122, 185, 192
프랑케, 헤르만 August Hermann Francke 132
프레토리우스, 요하네스 Johannes Prätorius 41
　『놀라운 인간들의 새로운 세계 서술』 41
프로테스탄트 70, 71, 73, 106, 130, 131, 133, 136, 137, 201
프톨레마이오스 2세 Ptolemaeos II 18
플라톤 Plato 103~105, 126, 131, 173, 226
　『국가』 173
피타고라스 Pythagoras 171
피트, 윌리엄 William Pit 214
피히테, 요한 고틀리프 Johann Gottlieb Fichte 113, 186, 187, 188, 189, 190, 191~194, 198~204, 206, 208, 209,

211~213, 219~224, 230, 233, 234, 239, 240
『지식학』 189, 190, 221
『모든 계시에 대한 비판 시도』 194, 196, 198
『철학 잡지』 200, 202
『인간의 소명』 220
『행복한 삶을 위한 안내서』 220

ㅎ

하렘 58
하르퉁, 고트프리트 베르베흐트 Gottfried Lebrecht Hartung 198
하마드리아스 223
하이베르크, 피터 안드레아스 Peter Andreas Heiberg 218
학스트하우젠, 베르너 폰 Werner von Haxthausen 237
할레 대학 73, 131, 133, 134
함부르크의 목사들 152
합리주의(자) 96, 133, 136, 143
헤겔, 게오르크 빌헬름 프리드리히 Georg Wilhelm Friedrich Hegel 13, 15, 103, 134, 188, 230, 234, 235
헤르더, 요한 고트프리트 Johann Gottfried Herder 201, 206
헹스텐베르크, 에른스트 빌헬름 Ernst W. Hengstenberg 14
현상세계 12, 31, 38, 120, 175, 190, 191, 222, 226, 230, 239
형이상학 126, 238

호른, 프란츠 Franz Horn 132
호문쿨리 128
호엔슈타우펜 왕조 76
호프만, 프리드리히 로렌츠 Friedrich Lorenz Hoffmann 70
회의주의(자) 193, 226, 251, 252
후스, 얀 Jan Hus 155
후천적 관념 97
후텐, 울리히 폰 Ulrich von Hutten 75
『우둔한 자의 편지』 75
훅스트라텐, 야콥 판 Jakob van Hoogstraeten 75
휘데켄 44~46
후천적 관념 97
휘데켄 44~46